JN069033

The 1st step to career management

1からのキャリア・マネジメント

鈴木竜太
西尾久美子 編著
谷口智彦

発行所：碩学舎
発売元：中央経済社

序　文

本書は、主に大学生がキャリア・マネジメント（キャリア管理、キャリア・デザイン、キャリア形成など、大学の授業科目によって呼び方は様々ある）を学ぶことを目的に書かれたテキストである。

キャリアとは「過去、現在、将来にわたる自分の仕事の連なり」であり、一言でいえば「仕事人生」といえよう。大学を卒業すると多くの学生は社会人となり、仕事人生の旅をスタートさせる。

多くの人にとって仕事生活が始まる前の学校生活は、まるで修学旅行のように、いくつかのプランの中から選び、周りの先生や大人たちに見守られながら、皆で同じ電車に揺られ、同じ場所を巡って同じ宿に泊まり、自宅に戻ってくるという決められた旅である。しかし、学生生活以降の仕事人生の旅には、事前のプランは用意されていない。自分ひとりでプランを考え、選び、進んでいく長い旅となる。プラン通りにいかず、変更することもあれば、思いがけない出会いから旅のプランが変わることもある。むしろ当初のプラン通りに自分の仕事人生が進むことの方が稀であろう。そのため、目的地を決めるだけで終わりではなく、旅をしながら自分の「仕事人生＝キャリア」に「折り合いをつけながら対処する＝マネジメントする」ことが重要となる。旅先の天候が悪化した際に、当初の予定通りの目的地を目指すのか、それともプランを変更していくのか、あるいはそういうこともあると考え、特段にプランを用意せずに旅を始めるのか。どの考え方が優れているわけではないが、目的地を決めて最短距離にそこへ行って帰ってくるという旅のあり方しか知らなければ、思わぬことが起こる旅、特に長い旅を十分に楽しむことはできないであろう。

キャリアを歩むとは長い旅を続けていくようなものでもある。そこでは他の誰でもない、自分自身で自分の仕事人生（旅）を決め、時に立ち止まり、振り返りながら、自分にとってより良い仕事人生のために進んでいくこと（すなわち、キャリア・マネジメント）が求められるのだ。

◇本書の構成

誰もが自分の仕事人生をより良いものにしたいと考えている。本書は、そのためにキャリア・マネジメントに関する知識や考え方について、ぜひ知っておきたい話題の提供を心がけた。各章では、皆さんと同じ年齢のカリアさんという人物が登場し、遭遇する身近な出来事（事例）を通じて、わかりやすく学べるように工夫（事例を解説）している。

全体では16の章で構成されており、第１章から概ね時系列（年齢とともに遭遇するであろうキャリア上の話題）に沿って書かれているが、必ずしもすべての章を学ぶ必要があるわけではない。以下の大きな括りをイメージしながら、必要に応じて取捨選択し、体系的な学びにつなげてもらえれば幸いである。

１つ目は、多くの学生がくぐることになる仕事世界との最初の関わり合いについて書かれた第１章から第３章である。

２つ目は、仕事世界の中で生じる変化（仕事やライフスタイルの変化やそれに応じた心の変化）との関わり合いについて書かれた第４章から第９章である。

３つ目は、特定の仕事世界あるいは新しい仕事世界との関わり合いについて書かれた第10章から第13章である。

４つ目は、仕事世界の仕組み（企業の制度）や支援といった仕事世界を乗り越え、成長していくための知識やリソース（資源）について書かれた第14章と第15章である。

最後は、キャリアを統合しながら、仕事世界に区切りをつけ、引退していくことについて書かれた終章である。

◇本書の活用法

本書は、事例をもとにキャリアに関する理論を学べるよう工夫がされている。まずは、登場人物のカリアさんと、ご自分を重ねて読み進めてみよう。事例に親近感を持ったときには、ぜひ自分の身近な人たち、例えば家族や先輩、友人、アルバイト先の人たちなどのキャリアの歩みに、その章で紹介された理論をあてはめてみるといい。

また、単に読むだけにとどめず、できればカリアさんのようにキャリア・マネジメントの理論を使って考えみよう。そうすれば紹介された理論をより深く理解できる。そうすれば、キャリア・マネジメントすることの練習（他の人のキャリアの歩みを客観的に分析し、自分の将来に活用する）にもなるだろう。さらに、「コラム」を読むことで理論的な知識がさらに広がり、新たな視点にも気づけるので、おすすめだ。

今は想定していないかもしれないが、プロフェッショナル（専門職）を目指す、あるいは起業やフリーランスとして自分なりの働き方を模索するなど、多様な働き方をもしかすると自分が選択する可能性があることも想像して、本書を読んでみよう。それが、将来の仕事人生の可能性を広げることにつながるからだ。

本書を、あなたの身近なご家族に手に取ってもらうことも、活用方法として提案したい。卒業後の進路を考えるときの相談相手にキャリア・マネジメントの知識を持ってもらうことは、大切なことを話し合う際に必要だろう。

大学生だけでなく、短期大学や専修学校・各種学校など、仕事世界への旅を始める直前の学びの場にいる学生の皆さんや先生方にも、ぜひ活用してほしい。学ぶ場や専門性は異なるが、働くことへの一歩を踏み出そうとする人たちに全員にとって、キャリア・マネジメントを学ぶことは、仕事人生という未知の旅の歩みを円滑に進めることに役立つからだ。

これから未来の仕事人生の旅はどんな旅になるだろうか。実際、AI（人工知能）などIT技術の発展や感染症によるパンデミックなど世界規模で影響を与える予想もできない事象が次々と現れてきており、誰も確たる将来の見通しを持てない、まるで霧の中を歩んでいくような旅になるだろう。

そこで重要なことは、「自分」がこれまで歩んできた道をしっかりと振り返り、現在地を確認しながら、未来への希望を持って、「自分」が向かっている（向かおうとしている）方向に少しでも進んでいくということである。つまり、どんな旅にしようか（どんな人生にしようか）という考え（価値観）と、旅の過程（プロセス）を照らし合わせていく（統合していく）ことが求められる。それこそが、まさにキャリア・マネジメントなのである。

2023年２月

編著者一同

CONTENTS

第 1 章

キャリアとは何か

1　はじめに
2　キャリア・パスポート
3　キャリアとは何か
4　おわりに

1 はじめに

この章では、キャリアとは何か、キャリア・マネジメントとは何か、ということを学ぶ。キャリアとは過去、現在、将来にわたる自分の仕事の連なりを指すが、それは仕事の側面だけに止まらない。仕事生活そのものは自分の人生や生活、家族、学校生活などからも影響を受けることになる。また、その場その場のことだけを考えるのではなく、過去から現在、将来へと振り返りながら見通しをつける試みである。その中で自分のキャリアを舵取りしていくことが大事であり、それをキャリア・マネジメントと呼ぶ。

このキャリア・マネジメントの主体は自分だけではない。会社に勤めることになれば、会社側も従業員のキャリアをマネジメントしようと考える。また会社勤めをしない人であっても、仕事をする以上、好きな仕事に自由に就けるわけではなく、社会の需要があって初めて仕事を得ることができる。その点ではキャリアとは自分の意思だけではなく、会社や社会との相互作用の中で育まれるものでもある。

それはちょうど、馬車に乗ってどこか遠くへ向かっているようなものである。御者が馬をうまく御しながら目的地へ向かうように、自分以外の意思のある者と協調しながらキャリアを進めていくことになる。その旅程の途中では、自分の馬車に同乗者が増えるかもしれないし、同じような馬車を持った人と一緒に進めていくことになるかもしれない。そうなれば自分の意思だけで進むわけにもいかない。また目的地に向かっている間には街にも寄るし、色々な情報を得ることになる。さまざまなトラブルも起こるかもしれない。それゆえ、当初明確な目的地があったにも関わらず、それが変わっていくことも決して不思議なことはない。そもそも遠くの目的地を明確に決めずに、行き当たりばったりで進んでいく人もいるだろう。あるいは、早々に自分が目指していたところへ到着し、次の旅を始めようと考える人もいるかもしれない。

ただ、馬車は御者が何も指示を出さなければ、馬が行きたい方向へと進んでいくし、もしかすると馬があなたを置き去りにしてしまうかもしれない。故に、より良い旅をしたいと思えば、目的地がどこかあるいはどこに最終的に到着するかということよりもしっかりと馬車の手綱を持ち、時に馬なりに、時に手綱を捌いていくことが大事になる。つまり、自分がこの馬車を御しているという感覚をもつことが大事になる。

この章では、キャリアとは何かということを掴んでもらうために、まずキャリア・パスポートという小学校や中学校で行われているキャリアの取り組みから見ていくことにしよう。

2 キャリア・パスポート

カリアさんは自分のことをいたって普通の大学生と思っている。普通の大学生とは何かと言われると難しいが、（熱心に授業を受けているとは言えないが）周りと変わらない程度には単位をとっている（と思っている）し、バイトやサークルにもまずまず精を出している。ネットで芸能やスポーツなど流行りのニュースを読むことがほとんどだが、少しは社会のことを考えようと難しい記事も最近は見出しだけでも読むようにしている。何より将来のことをしっかりと考えているわけではないが、ぼんやりとは考えているという点で普通だろうと思っている。

今日も、授業とバイトを終え、家に帰る途中に電車の中でパラパラとネットニュースをみていると、ふと目に止まったのが「キャリア・パスポート」という言葉であった。キャリアという言葉はキャンパスでもよく見かけるし、自分の名前に似ているからか、友達からその言葉が出るとからかわれることもある。だからというわけではないが、キャリア・パスポートという初めて見る言葉が気になった。「『キャリア・パスポート』？　ディズニーランドのファストパスみたいな、持っていると早くキャリアが進むみたいなものかな？」降りる駅まではまだ時間があったので、もう少し記事の本文を読んでみると、キャリア・パスポートの説明が載っている。どうやら文科省が推進している取り組みのようだ。

記事によれば、キャリア・パスポートとは「子ども達が小学校から高等学校までのキャリア教育に関わる活動について記入し、記録を保管するポートフォリオ」を指すらしい。「ポートフォリオ？」早速、ポートフォリオを検索すると「複数の書類をひとまとめにするケース」とある。もう少し記事を読むとなんとなくわかってきた。どうやら小学校から高等学校までのキャリアに関する学習や活動の内容を記録して、振り返るためのものらしい。確かに自分も小学校で将来の夢について作文を書いたり、中学校などでお仕事体験をしたりした。ただそれだけに関わらず、色々な地域についての学びや、社会科見学や学年が終わる時に自分を振り返ったシートなど、広い個々の学校での取り組みをノートに記述していったり、ファイルを作ってまとめておくものをキャリア・パスポートと呼ぶようで、地域や学校によってはキャリア・ノートとかキャリア・ファイルとも読んだりもするらしい。「そんなものあったようななかったような」と思いながら読み進めると、記事には2020年度からスタートしたこのキャリア・パスポートの地域の具体的な取り組みが記載されていた。

◆大館と大館ふるさとキャリア教育

秋田県北部の大館市では、市立小学校が17校、市立中学校８校で「大館ふるさとキャリア教育」を柱に据えて取り組んでいる。具体的には、百花繚乱作戦、おおだて型学力を鍛える授業、子供ハローワークといった活動を行っている。百花繚乱作戦とは、各校が地域の教育資源を生かして、自分達の地域に目を向ける機会となる学習活動の実施であり、地域でのボランティアや地域の特産物の栽培・販売といった取り組みを各校が地域と一体となって取り組んでいる。

例えば、大館市の釈迦内小学校では、地域の休耕田を利用して子供たちがひまわりを栽培する。そして地域住民の協力を得て収穫した油から作ったひまわり油を製品化し、イベントなどで販売する活動を行い、子供たちは地域の人たちと一緒に活動することによって学校生活とは異なる体験をしている。このような取り組みは、各学校によって異なり、キャリア・ノートという名のキャリア・パスポートに蓄積し、時に振り返られるようにしていくことになる。

キャリア・ノートに記入されることは、先に挙げたような大きな取り組みだけではない。日々の学習やそこからの振り返りやそれらを通じて感じた自分の考え方の変化や感じたことを記入していく。日々の学習においても、振り返りを通じて自分の成長やなりたい自己の姿を考えるようにしているのである。例えば、下川沿中学校では、追求・探求型の授業の中で毎時間振り返りを行い、小学校で培った振り返

りの力をさらに伸ばそうとしている。また、キャリア・ノートに記した「なりたい自分」を踏まえ、自分の成長を確認しながら今後の生活を見通すといった授業を行なっている。

このような小中学校の一貫した取り組みはそれぞれの市町村で行われている。そこでの狙いは、大館市の取り組みにあるように、小学校や中学校さらには高校においてそれぞれ行われていた（広い意味の）キャリア教育に関わる取り組みを市町村の中で繋げていくことにある。自分が蓄積してきたものを振り返り、それらを踏まえて将来の見通しを立てていく。そのような活動を繰り返していくことがキャリアを考えることになると考えている。

3 キャリアとは何か

３－１　キャリアとは何か

就職や将来の仕事について考え始める時期になると、必ず耳にする言葉がキャリアという言葉である。キャリアは英語ではCareerと書き、車や馬車のわだち（車輪の跡）と同じ言葉である。故に、もともとキャリアとは自分自身の仕事の経歴を指し、それなりの期間働いた人の自分の仕事の歴史を意味していた。しかし、現在ではキャリアとは振り返るだけのものではなく、将来を見据えて展望するものでもある。つまり、現在から未来へと続く自分の仕事の歴史を展望するといった側面も持っている。いずれの側面にも共通しているのは、自分の仕事の過去と現在と未来をつなげていくという点である。すでに長く仕事をしてきている人にとっては、現在の仕事につながるこれまでの自分の仕事生活の跡であり、これからの仕事人生が長い若い人にとっては、今の仕事からつながっていくであろう自分の仕事生活の道筋の展望である。

これまでの仕事生活が長い人もいれば、これからの仕事生活の方が長い人もいるが、いずれにせよキャリアとは、過去、現在、未来の仕事の連なりである。キャリア・パスポートの事例では、将来の仕事に関わる様々な学校での取り組みの１つ１つをそれだけに終わらせずに、ポートフォリオという形で繋げていくことが特徴であった。今の自分のことだけを考えるのではなく、これまで自分がやってきたこと

Column 1 − 1

キャリア・レインボー

発達心理学の立場からキャリアを考えたドナルド・スーパー教授は、キャリア・レインボーとして**図表１−１**のような図を描いた。彼は仕事だけに焦点を絞ったキャリアをワークキャリアと呼び、このように生涯におけるキャリアをライフキャリアと呼んでいる。

【図表１−１　Superのライフキャリア・レインボー】

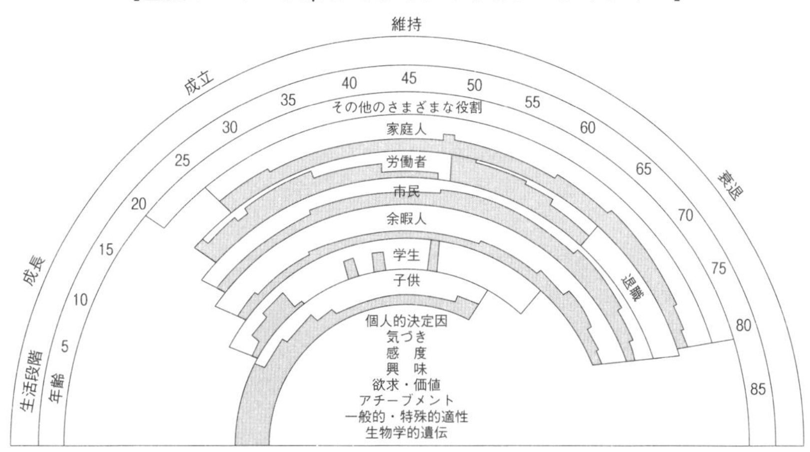

出所：渡辺三枝子・E.L.Herr著『キャリアカウンセリング入門─人と仕事の橋渡し』（2001・ナカニシヤ出版）

スーパーは、ライフキャリアとしてキャリアを生涯全体のものとして捉えた。人間には誕生から死までに（その他を入れ）７つの役割があり、その重なり合いをこの図で示した。それらは、子供、学生、余暇人、市民、労働者、家庭人とその他である。確かにワークキャリアは仕事の連なりを指すが、ワークキャリアにそれ以外のライフキャリアは大きな役割を果たすのであり、仕事を中心に置きながらもキャリアではその周りにあるいくつかの役割との関係も考えていく必要があるのである。

や小さいころ自分が考えていたことなどを振り返り、将来の見通しを考えることをキャリア・パスポートは促している。

このように、キャリアという言葉の特徴の１つは、今の仕事のことだけを考えるのではなく、現在に繋がってきている過去、そして現在からつながる未来といったように、仕事を連なりで捉える言葉であることである。つまり、キャリアを考えるとは、過去を振り返り・現在の自分を見つめ・未来への見通しを通して自分の仕事人生を考えることということができる。そう考えた時、キャリアを考えることとは単になりたい仕事は何か、将来の目標は何かを考えるだけではないことがわかるであろう。

３－２　キャリアの分類

キャリアとは過去・現在・未来における仕事の連なりを意味する。このようなキャリアには２つの側面がある。１つは実際の仕事の履歴である。それは職務経歴書のようなものである。例えば、Ａ氏は入社して営業部の神戸支店に配属され、そこで個人営業を行ってきたが、入社３年目に法人営業へと仕事が変わり、その後入社５年目に梅田支店へ移り、引き続き法人営業をこなし、入社10年目に本社の人事部へと配属される。人事部では採用担当を３年行ったのちに研修担当として現在に至っている。このような実際の仕事の履歴を客観的キャリアと言う。将来はこの会社の社長になりたいといったものは客観的キャリアでの将来のキャリアの展望ということになる。

一方で、主観的キャリアとはこのような客観的キャリアへの自分の意味づけを指す。例えば、Ａ氏で言えば、入社後の個人営業部時代はどんどん力がついていくとともにお客さんの声をダイレクトに聞けて、仕事をしていてとても楽しかったが、法人営業部はこれまでのやり方が全く通じずに随分苦労した。慣れたと思ったら梅田支店への異動でまた苦労をしたが、大きな案件も扱い、仕事人としての達成感があった。10年目に人事部に異動した時は営業の仕事がさらに面白くなってきたときだったので、とても残念な気持ちであり、初めての人事の仕事で随分戸惑った。ただ、そこで１から人事を学び、ようやく人事の仕事を面白いと思い始め、今後もこの仕事をしていきたいなと今では思っている、といったものである。自分のキャリアを考える上では、客観的な自分の仕事履歴を振り返るだけでなく、それらの仕事履歴とともに自分の価値観や意味づけを含んだキャリアとして捉えていくことが重要である。なぜならキャリアの成功は、客観的なものだけでは捉えきれない部分が大きいからである。

キャリアの成功に関して客観的キャリアでは社長などの具体的な地位や仕事内容

や年収などの報酬を指す。しかし社会的地位が低いから、あるいは高収入と呼ばれるような年収を得られなかったから、自分のキャリアが良くないものであるとは限らない。主観的なキャリアでは、キャリアの成功は自分の主観的な満足を指す。確かに、「年収１億の仕事人になりたい」「大企業の社長になりたい」という成功の目標は、「人生それだけではないよ」「働きがいややりがいも大事だよ」と言いたくもなるし、思いたくもなる。その点では客観的キャリアではなく、主観的キャリアの方が大事だと言えるかもしれない。しかし、では年収１億円や大企業の社長という目標を立てることがおかしいかといえばそうではない。それも自分が納得しているのであれば意味のあるキャリアの目標ということになる。

３－３　キャリアが視野に入れるもの

キャリアが過去・現在・未来の仕事の連なりと考えるのであれば、良いキャリアを歩むという時にまず考えるのは、どのような仕事をするかということであろう。しかし良いキャリアは仕事だけを考えていてもうまくいかない。キャリアを形成するのは仕事だけでなく、それ以外の要素も重要になるからである。例えば、弁護士になりたいとキャリアを考えた時に、仕事のことだけを考えるだろうか。まず司法試験に合格するためにはどんな勉強をするかを考えるのが普通である。また企業に勤めていれば転勤など勤務地が大きく変わることもある。このような時には家族が影響を受けるし、家族の状況次第では転勤を受け入れないこともある。

そう考えれば、小学校や中学校、高校からキャリアのことを考えることや、将来のキャリアを考えて現在の学びを考えるという活動の意味もわかるであろう。

３－４　キャリアをマネジメントする

では、キャリア・マネジメントは誰にとってのものであるだろうか。普通に考えれば、それは働く個々人それぞれにとってのものであると考えられる。自分が自分のキャリアの舵取りをする責任をもつのは当たり前の考え方であろう。前の節で触れたように、キャリアが単に仕事の側面だけを照らすのではなく、自分の人生や家族、生活とも密接に関係することを考えれば、自分自身が自分のキャリアをより良くするしかない。その点で、キャリア・マネジメントの第一の主体は自分自身である。

Column１－２

組織と個人の調整

会社に入ってキャリアを歩む場合、自分のキャリアは会社のマネジメントに大きく影響を受けることになる。例えば、自分がどの会社を選ぶかといったことは当然大きなキャリアの選択になるが、自分が入りたい会社に必ずしも入れるとは限らない。会社側も欲しい人材を選抜し採用するため、自分の望みが叶わないこともある。また、会社に入ってからも希望は出せるものの会社の都合で異動などがある。このような長期的な組織と個人の関係を示したものが**図表１－２**である。

【図表１－２　E. シャインによるキャリアと会社での仕事の調和過程】

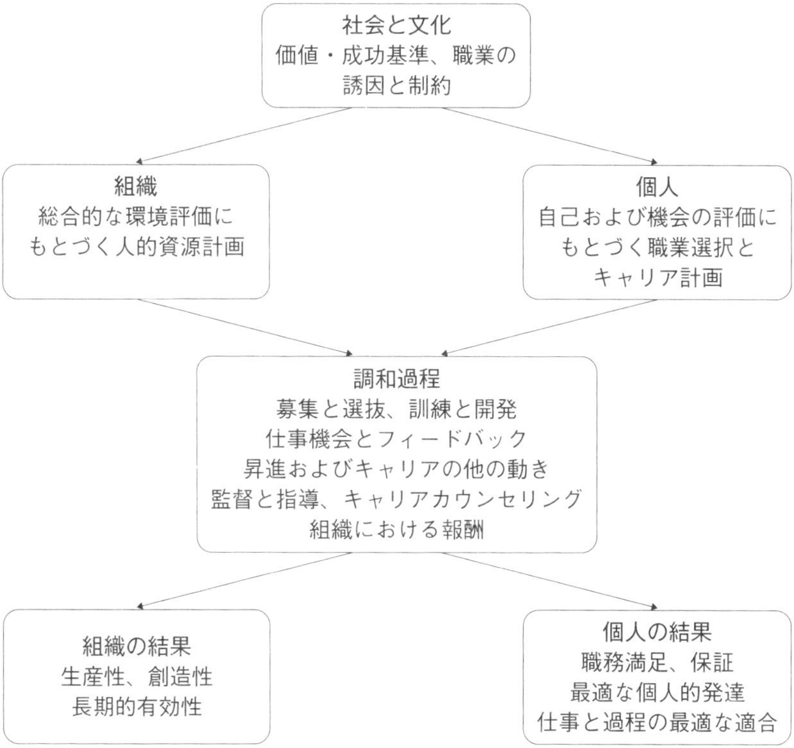

社会と文化
価値・成功基準、職業の
誘因と制約

組織
総合的な環境評価に
もとづく人的資源計画

個人
自己および機会の評価に
もとづく職業選択と
キャリア計画

調和過程
募集と選抜、訓練と開発
仕事機会とフィードバック
昇進およびキャリアの他の動き
監督と指導、キャリアカウンセリング
組織における報酬

組織の結果
生産性、創造性
長期的有効性

個人の結果
職務満足、保証
最適な個人的発達
仕事と過程の最適な適合

出所：『キャリア・ダイナミクス』（1978）より著者作成

この図にあるように、会社は会社で人的資源計画があり、個人は個人で自分のキャリア計画がある。またそれらは根ざしている社会や文化に影響を受ける。例えば、日本では新卒一括採用と言われるように、新卒者が一斉に横並びで採用活動を行う。このことから中途採用でより良い条件へと必ずしも移れるとは限らず、最初に入った会社との関係が長期にわたることも多い。また、戦後すぐの貧しい時代では、何より収入をより多くすることが一つのキャリアの成功であったが、最近では「働きがい」と呼ばれるように、自分にとってやりがいのある仕事ができているかということが成功の大きな部分を占めるようになっている。そしてこのような価値観や社会的状況は、組織の人的資源計画と個人のキャリア計画双方に影響を与えていくことになる。例えば、自分が希望する会社が中途採用をほとんど行っていなければ、なんとしてでも新卒で採用されなくてはと思うようになるだろう。この組織側の人事計画と個人のキャリア計画が調和する場が長期的にはいくつかある。1つは採用段階であり、組織側が欲しい人材が提示・募集され、個人側が働きたい組織に応募することで選抜という形で調和がなされる。会社に入った後も、どの分野でトレーニングを受け、キャリア開発をしていくのか、どのような仕事機会があり、それを望むのか、自身の仕事ぶりとそこへのフィードバック、などの形で会社側の計画と個人の計画の間で調和がなされる。もし調和がなされなければ、個人はその会社を離れるという選択肢をとることもあるだろう。これらの調和過程の結果として、会社は生産性や創造性、長期的な会社の有効性を得て、個人は満足や生活の保障、個人的な成長や発達、仕事と家庭の適合がなされることになる。

これを反対から見れば、会社側は会社としての生産性や創造性を踏まえて人的資源計画を立て、個人側は自身の満足や生活の安定、自分の成長や発達、仕事と家族との適合などを踏まえてキャリア計画を立て、その双方の調和が採用や仕事機会の提供などでなされるということになる。

しかし、働く人を受け入れる会社においてもそれぞれの従業員のキャリアのマネジメントは重要な問題なのである。実は、終身雇用制度のもとで従業員と会社の関係が長期に結びついている時代は、キャリア・マネジメントはむしろ個人よりも会社によって担われていた。なぜ、会社にとって従業員のキャリア・マネジメントは重要なのであろうか。その理由は2つある。

1つは、会社にとって従業員のキャリアをしっかりマネジメントすることで会社の力が大きくなることが考えられるからである。会社で行う仕事は、アルバイトとは異なり、学校を卒業した人であるなら誰もがすぐにできる仕事ばかりではない。一定の技術や経験を積むことによって初めて十分な仕事ができるようになるものも少なくない。そのため会社は、従業員のキャリアをきちんと考える必要があった。例えば、数年はやらないとコツや勘どころが掴めないような技術的な仕事があった時、その仕事に1年で次から次へと人を異動させていてもいつまでたってもその技術を習得する人が育たない。また、組織にとって重要ではあるが、それほど人数が必要ではない仕事の技術を多くの人に経験を積ませることは人材の無駄になる。

2つ目に、会社の中で必要な技術やノウハウを途切れることなく、さらに会社の中でだぶつかせることなく用意することが必要になるからである。そのためにも従業員のキャリア・マネジメントを個々人だけに任せるのではなく、会社が管理していく必要がある。ただこのマネジメントは簡単な話ではない。なぜなら今必要な人材が将来にわたって必要かどうかは不確実であり、あるべき人材像が見えにくいからである。たとえば環境が大きく変わりつつある業界において、会社として10年後に必要な人材像をはっきりとさせることは難しい。それゆえ、そのことを見越して必要な経験を積ませたり、スキルを習得させたりしたくとも実際にはなかなか難しいのである。

3－5　2つの主体があることが起こす問題

キャリア・マネジメントを担うものとして自分と会社の2つの主体があるが、どちらも常に主体的にマネジメントに関わるとは限らない。労働市場がある程度流動的になれば、必要なスキルをもった人材を労働市場から得られることになる。そうなれば従業員を積極的に育成していく必要性が少なくなることも考えられる。

一方、従業員は自分のキャリアであっても、会社の異動などを無視するわけにはいかず、そのうちに自分でキャリアをマネジメントするという意思が小さくなってしまうこともある。また、家族や生活の制約から今の仕事を変えることができないといった事情ができてしまえば、より自分のキャリアを主体的に考えることができなくなってしまう。これらのことから、それぞれのキャリアの主体がキャリアを主体的にマネジメントしようとしているかどうかについて、**図表1－3**のような図を作ることができよう。

まず、会社が主体的にキャリア・マネジメントする意思を強くもっているが、個人はその意思が低い状態である。これは終身雇用制度が機能している伝統的な日本企業にみられる姿であり、従業員は自分のキャリアを会社に預け、どのような仕事人生を送るかは会社に任せているような状況である。一方、個人がキャリア・マネジメントする意思を強くもっているが会社にはその意思がない状態は、キャリア自律が求められる状況である。弁護士や会計士や組織に属することのない専門職や自

【図表1－3　キャリア・マネジメントの四類型】

		組織のキャリア・マネジメントの意思	
		強い	弱い
個人のキャリア・マネジメントの意思	強い	キャリアの調和と対立	キャリア自律
	弱い	伝統的なキャリア	停滞

出所：筆者作成

営業もこのキャリアに含まれることになろう。

一方、会社と個人双方がキャリア・マネジメントの意思がある状況では、個人の歩みたいキャリアと会社がその人に望むキャリアの調整が行われ、時には対立が起こる。近年、管理職になりたくないと考える人が増えている。管理職は部署をまとめる分、責任も重い仕事であり、苦労もある。会社としては必要な役職であるが、中には責任の重い仕事はしたくないとなりたくないと考える人もいる。最後に、自分も会社もキャリア・マネジメントを主体的に考えていない状況がある。会社はキャリアは従業員が考えるものと考え、自分は会社の言う通りに仕事していれば会社がなんとかしてくれるだろうと考えていると、気付かぬうちに誰もキャリアの舵取りをしていないことになってしまうことがある。

3－6　キャリアの統合

客観的キャリアの観点から言えば、キャリアとは自分が行ってきた具体的な仕事群でできている。仕事を続けている以上、その仕事の連なりは続いていくことになる。今、ようやく自分のやりたいと思っていた仕事に就いたとしても、会社の都合で数年後は別の仕事を命ぜられるかもしれない。あるいは自分が全く想定していなかった仕事に配属されることもあるだろう。たとえ小学生の時に抱いた将来の夢に就けている人であっても、ここまでのプロセスや今後についても、全て予定通りに進んでいく人はまずいない。

ただそれはキャリア・マネジメントがうまくいっていないからではない。キャリア・マネジメントにはもう１つ統合ということも含まれている。一見バラバラに見える様々な仕事経験を振り返り、それを踏まえて自分の将来の見通しを考えることは、自分のキャリアを統合する試みでもある。全ての経験が、よくできたシナリオのように全て伏線のごとく回収されることはないかもしれないが、思いもよらなかったあの経験が次に生きてくるということは多くある。振り返り、現在地を確認し、将来を見通す中で思いもかけないこれまでのプロセスを統合していく試みは、言い換えれば一見バラバラに見えるこれまでの仕事経験を繋げて考えるということでもある。将来を定めるだけではなく、過去を振り返り、これまでのキャリアを統合することもキャリア・マネジメントの１つの重要な側面と捉えることができるのである。

4 おわりに

本章ではキャリアとは何か、キャリア・マネジメントとは何かということについて説明をしてきた。まずキャリアとは過去・現在・将来につながる仕事の連なりを指し、そこには具体的な仕事の経歴や年収、地位といった客観的なキャリアとそれらに対する自分の認識を含む主観的なキャリアがある。それぞれ重視する側面は人によって異なるが、客観的キャリアと主観的キャリアの双方をキャリアとして捉えることが重要である。また、キャリアは仕事だけの側面だけを見ていても不十分であり、家庭や人生、生活といった仕事の周辺にあることも視野に入れておく必要がある。なぜなら、家庭や人生、生活といったライフの部分が仕事としてのキャリアのありように大きな影響を与えるであろうし、仕事も家庭や人生、生活に大きな影響を与えるからであり、それらを切り離して考えることはできない。人生の多くの時間を仕事に費やす現代の人々にとって、どのように仕事人生を過ごしたいかという問いは、どのように人生や生活を過ごしたいかという問いと大きく関わるのである。これらを踏まえれば、キャリア・マネジメントとは、生活や人生、家族といったことを視野に入れつつ、自分のこれまでの学びや仕事経験を振り返り、現在の自分の置かれた状況を考え、将来の見通しを立てていくことを意味する。

ただ、自分のキャリア・マネジメントは自分だけがマネジメントの主体であるとは限らない。会社組織に属する人であれば、会社も従業員のキャリアをマネジメントしようと試みる。なぜなら経験を上手に積ませ、会社の成果につながる能力を身に付けてもらうことは会社にとっても重要なことであるからだ。就職ではなく就社と言われた時代には、会社に自分の生涯のキャリアを預けるがごとく、自分で積極的にキャリアをマネジメントせずに会社の命ずるがままにキャリアを積み重ねていく人は少なくなかった。現在でも、従業員のキャリアを積極的にマネジメントしようという会社は多い。ただ経営環境が不確実である現代において、自分のキャリアを全て会社に責任をもってマネジメントしてもらうと考えることはややリスクを伴う。会社の命ずるキャリアを歩むとしても、常に自分のキャリアをマネジメントする意識を持つことは重要である。

一方で自分の思い描くキャリアを歩もうとすることだけがキャリア・マネジメントではない。これまでを振り返り、現在地を確かめ、将来を見通すということがキャリア・マネジメントであることや会社や家庭などの影響をキャリアが受けることを踏まえれば、一見バラバラで真っ直ぐに見えない過去の経験や経歴を現在まで繋いでいき、その延長線上に見通しを立てていくこと、つまり自分のキャリアを統合していくことも重要なキャリア・マネジメントの一側面である。とはいえ、より良いキャリア・マネジメントには知っておくことや考える必要のあることがさまざまある。次の章からはキャリア・マネジメントに関わるさまざまなイシューを学んでいくことにする。

? 考えてみよう

① 小学校から高校までの間のキャリアに関わると思われる活動にはどのようなものがあったでしょうか、それらの活動は現在の自分のキャリア・マネジメントにどのようにつながっているだろうか。

② 生活や家族などキャリア・マネジメントに含まれる仕事以外の要素は、どのような場面でどのようにキャリアに影響を与えると考えられるだろうか。

③ 自分でキャリア・マネジメントを行わないことで起こりうることはどのようなことがあるだろうか。

参考文献

- 「学び合う授業と『ふるさとキャリア教育』で子ども・教育・地域が響き合う」VIEW21、教育委員会版、2019、2。

第2章

学生の世界から仕事の世界へ

1　はじめに
2　様々な職業の選び方
3　職業選択の理論
4　おわりに

1 はじめに

自分が就く仕事はどのように選ぶ（あるいは、選んだ）であろうか？「仕事選びは人生選び」と言われるように、どのような仕事に就くかで、私達の人生は大きく変わる。例えば、メガバンクに就職した場合と公務員として市役所に就職した場合を考えてみたい。扱う商品も全く異なれば、収入も違う。生活スタイルとしても、メガバンクの場合は、数年間隔で全国の支店に配属されるような生活になるし、公務員であれば、ほぼその地域で働き続けることになる。このように、どちらかの職に就くかで、生活が全く異なることになる。

そもそも日本には、いくつの仕事があるかご存知だろうか。総務省が「日本標準職業分類」を作成しており、そこには「大分類」の12種類（例えば、管理的職業や専門的・技術的職業）から「小分類」（例えば、議会議員や自然科学系研究者）などの324種類が掲載されている（「その他」や「分類不能の職業」も含まれているので、実際にはもっと多くの職業があると推測できる）。私達は、これほど多くの職業から、１つの職業を選択しなければならない。まして、人生の質を大きく変えてしまうのであれば、どのような職業を選択するのかは、とても時間と労力を必要とする重要な意思決定になる。

本章では、そのような人生の大きな転機となる職業選択について、５名の大学生を事例に、理論を用いながら考えていきたい。

2 様々な職業の選び方

カリアさんは、就職活動中の大学生である。夏休みに帰省し、久しぶりに高校時代の同級生や先輩５名と会った。そこでの話題の中心は、「将来の仕事や内定先」についてであった。同級生や先輩が、どのような考えで将来の職業を選択したのかを知り、カリアさんは刺激を受けたと同時に、自分自身の将来についても考える良いきっかけとなったようである。ここからは、カリアさんの友人５名のそれぞれの職業選択について、紹介していく。

２－１　Ａさんの職業選択の事例

歯学部に進学したＡさんは、祖父と父親が歯科医を開業している家庭環境で生まれ育った。幼い頃からＡさんが三代目になることを期待され、Ａさん自身もそれが自分の役割だと思っていた。それゆえ、大学進学の際も迷うことなく歯学部を選んだ。入学後も国家資格を取得するため、日々勉学に勤しみ、見事、歯科医師免許を取得。実家で歯科医として働くことになった。

２－２　Ｂさんの職業選択の事例

社会学部に進学したＢさんは、幼い頃からスポーツが好きだったため、洋服や靴はスポーツメーカーのものばかりを身に着けていた。それゆえ、就職活動の際は、具体的な仕事というよりは、スポーツメーカーを中心に就職活動を行ったそうである。Ｂさんは、「営業がやりたい」や「商品開発がやりたい」という具体的な仕事のイメージは持てなかったため、仕事に就くというよりは、会社に就くという職業選択のあり方と言える。

２－３　Ｃさんの職業選択の事例

芸術学部に進学したＣさんは、自分自身の性格上、人とコミュニケーションをとったり、協働したりすることがとても苦手で、そのことにストレスを感じてしまう。大学時代も仲間と協働で作品を作るプロジェクトに参加したが、その際の心理的負担があまりにも重すぎて、１人でできる仕事を選ぶことを決めたそうである。それがジュエリーデザイナーだった。もちろん、ジュエリーにもともと関心はあったが、それ以上にＣさんが重要視したのが、「自分の性格に合っているかどうか」だそうである。ジュエリーデザイナーは、在宅でコツコツ仕事ができるため、Ｃさんの性格に合った理想的な仕事だと思い、その職を選んだ。

２－４　Ｄさんの職業選択の事例

文学部に進学したＤさんは、芥川龍之介が大好きで、大学時代も芥川の本ばかり

Column 2 - 1

職業志向性と世代

職業志向性（occupational orientation）とは、職業選択の際に、職場や仕事に何を求めるかという仕事の条件やその結果に対する期待のことを言う。これは、就職を希望する仕事や職場に対して、どのような条件を求めているのかを言ったもので、パーソナリティや能力とは異なるイメージや期待に関するものと言える。

この職業志向性は、時代背景を反映する。例えば、"団塊の世代"は、同世代の人口の膨張から幼稚園から就職まで、常に過密と競争に直面した世代であり、それゆえ、彼（彼女）らは、ドライで主義主張に捉われず、要領よく自分の目的を達成する世代と言われていた。1980年代は、"共通一次世代"で、団塊の世代が踏み固めていった道を黙々とたどり、落ちこぼれないように、言われたことはきちんとやる生き方が身上となった世代である。1990年代の"団塊ジュニア世代"は、団塊の世代の上昇志向の反発からか、地元志向やUターン志向、安定志向の色合いがより一層濃厚になったと言われている。

現在の若者は、Z世代と呼ばれている。その特徴としては、幼少期からインターネットに触れるのが当たり前の環境で育ち、スマホやタブレットなどの端末を使いこなすことができ、デジタル機器への苦手意識はそれほどないという点である。また、自分自身の時間を大切にする傾向が強いのも特徴と言える。このような特徴は、仕事選びにも大いに関連してくるであろう。対面での仕事よりもテレワーク。プライベートを重視するために残業はやらないし、飲み会にも参加しない。採用する企業側はZ世代の職業志向性を把握し、それを満たせる仕事を提供していかなければ、Z世代にそっぽを向かれてしまい、優秀な人材を採用することができなくなるであろう。会社を存続させるためには、Z世代の職業志向性を理解することが求められる。

を読み漁っていた。Dさんは、小説が大好きだし、良い本の制作に関われる仕事や多くの良い本を、多くの人達に紹介できる仕事がしたいという理由で、出版社を中心に就職活動を行い、内定を得ることができた。好きな出版の仕事ができれば、会社はどこでも良かったとのことである。つまり、Dさんは、自分の好きなことにもとづく職業選択のあり方と言える。

２－５　Ｅさんの職業選択の事例

農学部に進学したＥさんは、多くの人と関わり、コミュニケーションが活発な仕事が向いていると思っていた。しかしながら、Ｅさんが現在取り組んでいる研究は、世界でも珍しい希少なもので、これからの社会に大きな役割を果たす可能性が高いこと、また、Ｅさんの研究者としての能力も高く評価され、有名な研究所に就職することが決まった。実はＥさんは、就職活動を始めた当初は、朝から晩まで研究室にこもりっきりで、１人でコツコツと研究に取り組む研究者という仕事自体にそれほど興味はなかったそうである。

しかしながら、就職活動の過程で「自分がやりたい仕事」ではなく、「自分ができる仕事、自分だからこそできる仕事」という観点で仕事選びをすることも悪くないことに気づいたと言う。その方が、社会に貢献しているという実感も得やすいし、自分の存在価値も高めることができるだろうと思ったそうである。Ｅさんの職業選択のあり方は、「自分の好きなことややりたいこと（興味）」にもとづくものというよりは、「自分ができること（能力）」にもとづく職業選択のあり方と言える。

3　職業選択の理論

ここまで５人の大学生の職業選択の事例を見てきた。ここでの５人は、職業選択という共通のことを行っているにもかかわらず、その決め方は多様であることがわかる。ここからは、それぞれの事例について解説していきたい。

２－１のＡさんの職業選択の事例は、比較的身近にも存在しているのではないだろうか。実家が開業医だから医学部に進学し、医師になった人。父親が会社の社長をやっているから父親の後を引き継ぎ社長になるため、父親の会社に入社した人。このような職業選択のあり方は、「社会構造決定理論」で説明できる。社会構造決定理論とは、個人が属している社会構造によって、個人が受ける教育や一般的な経験は規定され、これらによって個人の人格、能力が形成されるという考え方である。つまり、個人が埋め込まれた環境によって、その人の人生が決まっているという、運命論的なキャリアの歩み方と言える。

このような職業選択のあり方は、早い時期からその仕事に関する意識を高めさせ、専門知識やスキルを身に付けさせることができるというメリットがある。そして、このような就職前の事前準備は、就職後の仕事生活にとても有意義になる。一方で、この社会構造決定理論で気をつけなければならないのは、本人の意志が尊重されているかどうかをしっかりと把握する必要があることである。生まれながらにして、どのような仕事に就くのかを決められているため、本当にその仕事がやりたいのであれば問題ないが、好きでもないし、やりたくもないのであれば、不幸な結末が待っていると言える。

2－2のBさんのように、自分が具体的にどのような仕事に就くのかのイメージが湧かない（湧かなかった）という大学生は多い。これは、日本企業の新卒採用のあり方と関連している。日本企業の新卒採用は、新卒一括採用と呼ばれる採用方法が長く続いている。この採用方法は、就業経験のない新規学卒者を一定の期間内に集中して採用選考を行う採用方法のことを言う。日本企業の多くは、長期雇用を前提としており、同質的な人材で構成された集団となっているため、組織に同化するには、就業経験のない白紙の状態である新卒者の方が自社の色に染め易い。集団主義や和を尊ぶ日本的な採用のあり方であり、どのような知識やスキルを有するかよりも人間性を評価の軸に置いている。この新卒一括採用は、入社後、自分がどのような仕事に携わるのかわからない場合がほとんどである。つまり、自分が働く会社は決まっているが、自分がどのような仕事に就くのかわからないのである。それゆえ、日本における新卒一括採用は、「就職」ではなく「就社」と呼ばれている。「やりたいことを明確にして、就職活動に臨みましょう」と言うが、それができないのが日本の新卒一括採用なのである。

Bさんの職業選択は、「やりたい仕事」ではなく「好きな会社」に入社するという、まさに日本における新卒一括採用のあり方を反映した職業選択のあり方と言える。つまり、仕事選びには、日本企業の雇用慣行も影響を及ぼすことになる。

2－1のAさんや、**2－2**のBさんの事例からわかるように、生まれ育った環境や雇用慣行といった、個人を取り巻く環境が職業選択に影響を及ぼしている。

職業選択時に影響を及ぼすものとして、**2－3**のCさんの事例のように、個人の性格（personality）をあげることができる。パーソナリティと個人の職業選択に関する理論として、ジョン・ホランドのリアセック（RIASEC）があげられる。ホランドは、6つのパーソナリティ・タイプと環境を軸とした職業選択理論を構築した。それが、リアセックである。リアセックとは、6つの人格の英単語の頭文字（図表2－1参照）をとった造語で、ホランドは、個人の人格特性を6つの基本的

【図表２－１　リアセックの具体的内容】

６つのタイプ	適した職業
現実的タイプ (realistic)	物、道具、機械や動物などを対象とした明確で秩序的かつ組織的な操作を伴う活動を好む
研究的タイプ (investigative)	物理的、生物的、文化的現象の理解やコントロールを目的とした、それらの観察、言語的記述、体系的、創造的な研究を伴う活動を好む
芸術的タイプ (artistic)	芸術的な形態や作品の創造を目的とした、物、言語、人間性に関する素材の操作を伴う活動を好む
社会的タイプ (social)	情報伝達、訓練、教育、治療、啓蒙を目的とした他者との対人接触を伴う活動を好む
企業的タイプ (enterprising)	組織目標の達成や経済的利益を目的とした他者との交渉を伴う活動を好む
慣習的タイプ (conventional)	組織や経済目標の達成を目的としたデータの具体的、秩序的、体系的操作を伴う活動を好む

出所：筆者作成

なタイプに分類し、さらに、特定の人格特性を持つ個人は同じ特性を示す環境へと引き寄せられ、適合すると主張した。ホランドが提示した６つの人格ならびに環境特性は**図表２－１**になる。

さらに、ホランドは、これらの人格と環境特性の関係を六角形の図を用いて表現した（**図表２－２**）。そして、それぞれのパーソナリティ・タイプは、職業を選択する際、調和する環境モデルを求めると主張したのである。

【図表2－2　リアセックの六角形モデル】

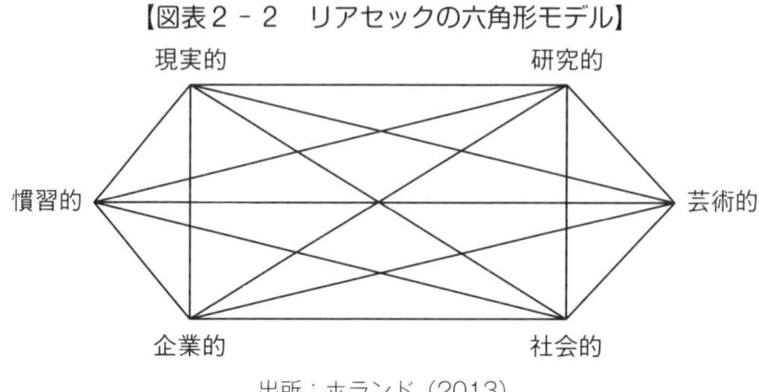

出所：ホランド（2013）

ホランドのリアセックは、個人のパーソナリティによって適職を判断しようとしたものであり、職業選択に影響を及ぼすパーソナリティの意義について理解することができる。

このリアセックは、パーソナリティを理解することで、自分自身の適職が把握できるというメリットがある。これは、職業選択者に明確な方向性を示し、自信を与えることが可能になる。その一方で、職業選択時という一時点のパーソナリティと環境との関係性を捉えているだけに過ぎず、個人特性そのものや環境としての職務特性が時間的に変化する可能性が見落とされているというデメリットもあげられる。それゆえ、その時は不向きであったとしても、仕事経験や学習経験を積むことで、適職ではなかった仕事も適職になりうるという可能性は考慮されていない。私達の成長は動的なものであるが、リアセックはそれを静的に捉えているという点が問題点として指摘できる。

2－4のＤさんや、**2－5**のＥさんのような職業選択は、「何を大事にして仕事を選ぶか」という仕事選びの「軸」に関するものと言える。Ｄさんの場合であれば、「自分の好きなことを軸とする仕事選び」で、Ｅさんの場合であれば、「自分の優れた能力を軸とする仕事選び」である。このような職業選択の際の「軸」として、キャリア・アンカー（career anchor）をあげることができる。キャリア・アンカーとは、個人が自分のキャリアを決める際、指針にも制約にもなる自己イメージのこと。つまり、仕事選びの際に、「どうしてもこれだけは諦めたくない」と思う重要な領域を示すのがキャリア・アンカーである（シャイン、1990）。

キャリア・アンカーを提唱したエドガー・シャインは、キャリアの様々な段階にいる数百人の人に実施した経歴に関するインタビューを分析したところ、キャリ

Column 2 － 2

予期的社会化を促進するインターンシップとOB/OG訪問

会社に入社し、そこで上手くなじみ、メンバーとして受け入れられ、高いパフォーマンスを発揮できるようになることを組織社会化（organizational socialization）と言う。そして、この組織社会化の成否を左右するのが、入社前の段階と言われている。この入社前の段階を予期的社会化（anticipatory socialization）と言う。予期的社会化の段階で、就職する会社や自分自身が携わる仕事について理解度を高めておくことで、入社後に上手く職場になじむことができるようになる。

この予期的社会化を促進させるのがインターンシップとOB/OG訪問である。現在、就職活動前に多くの学生がインターンシップに参加する。個人がインターンシップに参加することの効果として、①学生の仕事に対する興味と価値観を明確にする、②学生の仕事に対する興味と価値観を明確にする、③学校から職場へのキャリア・トランジションに伴うリアリティ・ショックを低減するの３つがあげられる。これらの３つからもわかる通り、インターンシップへの参加は、職業選択にも、入社後の組織社会化にとても有意義であることが理解できる。

予期的社会化の程度を高める２つ目が、OB/OG訪問である。OB/OG訪問には、４つの機能があると言われている。１つ目が、企業の生の情報が得られる、他社の評判がわかる、業界についてわかるという情報機能である。２つ目が、自己分析が深まる、就職活動全般のアドバイスが得られるという自己理解援助機能、３つ目が、OB/OGの人柄からその会社ではどのような人が働いているのか、会社や職場の雰囲気がわかるというシグナル機能、４つ目が、OB/OG訪問が面接に有利になるという選抜機能である。

インターンシップにせよ、OB/OG訪問にせよ、自分自身で積極的に良質な情報を探索する行動が予期的社会化を促進し、入社後の円滑な組織社会化に効果を発揮する。インターンシップやOB/OG訪問を積極的に活用することが重要である。

ア・アンカーには８つのカテゴリーがあることを見出した。それらが、専門・職能別コンピタンス（Technical/Functional Competence）、全般管理コンピタンス（General Management Competence）、自律・独立（Autonomy/Independence）、保障・安定（Security/Stability）、起業家的創造性（Entrepreneurial Creativity）、奉仕・社会貢献（Service/Dedication to a

Cause)、純粋な挑戦（Pure Challenge)、生活様式（lifestyle）の８つである。個人が仕事を選ぶ際の指針には、これら８つのアンカーが存在しているということがわかった。Ｄさんの場合であれば、純粋に好きなことに挑戦したいというアンカーと捉えられるし、Ｅさんの場合であれば、奉仕・社会貢献というアンカーと捉えることができる。

以上のように、「好きなこと」や「できること」にもとづく職業選択は、キャリア・アンカーで説明することが可能になる。しかしながら、このキャリア・アンカーを提唱したシャインによると、個人のキャリア・アンカーは、現実の職種について十分な経験を重ね、能力、動機、価値観をよく理解できるようになるまでは、はっきり成熟したものにはならないと指摘している。それゆえ、仕事に就いたことのない大学生には、職業選択の段階では、まだキャリア・アンカーは備わっていない可能性が高い。しかしながら、学生の場合であれば、自分自身の職業選択の「軸」は何なのかを考え、顕在化させ、把握させることができるという点で有意義なものとなる。

ジョアン・キウーラ（2003）も、仕事を選ぶときの４つの価値を提示している。それらは、「意味のある仕事」「余暇」「お金」「安定」の４つである。私達は仕事を選ぶとき、この４つの条件を必ず考え、職業を選択する。最も理想的なのは、社会に貢献していると実感できるような仕事で、たっぷりの休暇と、欲しいものは何でも買えるだけの給料と、終身雇用の保障がある状態であると言える。しかしながら、そのような仕事に就いている人は、ほとんど存在していないであろう。私達はこの４つの取捨選択や順位付けを迫られることになる。そして、その優先順位は、１人ひとりの価値観が反映される。有意味な仕事を最優先にするのか、給料を最優先にするのか、安定性を最優先にするのか。自分自身の軸をどれにするかで、どのような職業を選択するのかは異なってくる。

軸を何にすべきか。その軸を明確にすることの重要性とその軸は個人の価値観によって多様であり、正解はないということが言えよう。

ここまでの５人の職業選択に影響を及ぼす要因をまとめたのが、**図表２－３**になる。

【図表２－３　職業選択に影響を及ぼす要因と理論のまとめ】

事例	影響を及ぼす要因	関連する理論や慣行
Ａさん	育った家庭環境	社会構造決定理論
Ｂさん	雇用慣行	就社
Ｃさん	パーソナリティ	リアセック
Ｄさん	自分の好きなこと（興味）	キャリア・アンカー（軸）
Ｅさん	自分のできること（能力）	

出所：筆者作成

・職業選択時に問うべき３つの質問

ここまで５名の大学生の職業選択の事例をもとに、職業選択時に影響を及ぼす要因について関連する理論を用いながら解説してきた。そこでは、生まれ育った環境や雇用慣行といった環境要因、パーソナリティ、大切にしている軸（興味や能力）といった個人要因が、職業選択に影響を及ぼしていることがわかった（図表２－３）。

そこで大事になるのが、これらのうち何にもとづく職業選択が最も良い職業選択に結びつくのかという点であろう。しかしながら、先にも論じたように、１人ひとりの価値観によって異なるため、「どれを最も優先すると良いキャリアを歩めるのか」という問いの正解はない。

１つだけ言えることがあるとすれば、人生を左右する職業選択には、誠実に取り組むことが重要だということであろう。決して、適当に取り組んだり、友達がやっているからというような軽い気持ちで取り組むべきものではない。本人が「どのような人生を歩みたいのか」が重要になってくる。その際に、自分自身に問うべき３つの問いがある。それが以下の３つである。

①　自分は何が得意か

②　何がやりたいのか

③　どういう仕事なら社会に貢献していると感じられるか

これらの質問について自問自答することがキャリアについて考える基盤となるし、このような自分自身の「内なる声」に従い、何を自分自身の職業選択の軸にするのかを決めることが、満足度の高いキャリア選択につながる可能性を高めるであろう。

4 おわりに

カリアさんは「仕事選び」という誰もが経験するキャリアイベントであっても、個人によって何を大切に、何を基準にして仕事を選んでいるのかについては、人それぞれで多様性があることを学んだ。

何を軸に仕事を選ぶべきか。環境？　興味？　能力？　いずれにせよ、仕事選びは今後の人生を左右する重要なイベントになるため、しっかりと取り組むことが重要である。「仕事選びは人生選び」である。そのことが理解できる三井財閥の創始者である三井高利の言葉を紹介したい。

「働くことの喜びは人間としての人生最大の喜びである。仕事が楽しみならば人生は楽園だ。仕事が義務ならば人生は地獄だ。」

どのような仕事を選ぶかで、人生は大きく異なる。人生が楽園になるような職業選択をしよう。

? 考えてみよう

① より満足度の高い職業選択を行うためには、どのような行動が求められるだろうか。具体的に考えてみよう。

② 私達の職業選択に影響を及ぼす環境要因には何があるだろうか。具体的に考えてみよう。

③ あなた自身の職業選択時の「軸」は何になるだろうか。具体的に考えてみよう。

参考文献

- ジョアン・キウーラ『仕事の裏切り―なぜ、私たちは働くのか―』（中嶋愛訳、金井壽宏監修）翔泳社、2003年。
- ジョン・L・ホランド『ホランドの職業選択理論―パーソナリティと働く環境―』（渡辺三枝子・松本純平・道谷里英共訳）雇用問題研究会、2013年。
- エドガー H. シャイン『キャリア・アンカー―自分のほんとうの価値を発見しよう―』（金井壽宏訳）白桃書房、2003年。

次に読んで欲しい本

- 金井壽宏『働くひとのためのキャリア・デザイン』PHP新書、2002年。
- 加藤一郎『語りとしてのキャリア―メタファーを通じたキャリアの構成―』白桃書房、2004年。
- エドガー H. シャイン『キャリア・ダイナミクス―キャリアとは、生涯を通しての人間の生き方・表現である―』（二村敏子・三善勝代訳）白桃書房、1991年。

第3章

仕事世界への適応

1　はじめに

この章では、おおむね20歳代までを意味することが多い「キャリア初期」の問題を扱う。キャリア初期に起こる問題は、仕事の世界に入る前と後の問題に大別できる。ここで扱うのは後者、つまり仕事世界への参入後の議論である。

就職活動を経て仕事世界へ参入を果たした個人が対応すべき問題には、仕事世界への適応という問題とキャリア中期（概ね30歳以降）に向けた土台形成という問題がある。言い換えれば、どうしたら最初の就職先にうまく適応することができるのか、続くキャリア中期に向けてどのような準備をすればよいのか、である。ここでは主に前者の問題に紙面を割き、最後にキャリア中期への備えについて議論しよう。

この章で出てくる耳慣れない用語に「組織社会化」という言葉がある。この言葉は、企業などの組織に参入しようとする個人が、そこでの職務や役割をうまく果たせるようになるための学習や適応のプロセスのことを指す。現代日本の大学生は、欧米で見られるようなギャップ・イヤー（1－2年の空白期間でアルバイトや旅行等をして過ごす自由な無所属期間）を経ず、多くが卒業と同時に民間企業や公共機関といった組織に就職している。つまり、現代日本の文脈で「仕事世界への適応」を言い換えるなら、それは「組織社会化の過程における諸課題をクリアすること」と言ってよい。

したがって、以下では組織社会化の過程とその際の諸課題について概観していく。そのうえで、キャリア中期に向けて土台となるのは一体何か、それにいかに備えていくのかについても考えていこう。

2　就職とは会社と個人の結婚だ!?

2－1　七五三離職とミスマッチ

カリアさんのサークルの先輩Ａ君は、首尾よく第一希望群の会社から内定を得た。

その後、喜びも束の間、入社までに某資格を取得するよう内定先から課題が与えられた。もちろん、ここで失敗するわけにはいかない。一方で、学生時代に力を入れてきたTOEICの試験もあるし、卒業研究を仕上げなければいけない。サークル仲間との卒業旅行に備えてアルバイトも忙しい。

充実した毎日のなか、ふとスマホのニュース・アプリを見ると、若年者の離職問題が取り上げられていた。七五三離職についての特集だった。中卒者で七割、高卒者で五割、そして大卒者で三割が就職後三年以内に離職したり転職したりしているという（**図表３－１、３－２**）。転職も一般的になってきたようだし、合わないなら早く見切りをつけるのも見識かもしれない。しかし、やっとの思いで内定した就職先を簡単に辞めてしまうのももったいない気がする。内定先は知名度もあるし待遇も悪くないようだ。せっかくなら長く勤めたい。

記事によれば、若年離職の原因の多くは、若者と会社とのミスマッチにあるという。一応希望した業界の、希望した会社だ。会社も度重なる選抜試験を経て、適切な人材を選んだはずだ。三社ほど内定をもらったが、一番希望に合っている会社を選んだ。人事部をはじめ社員の人たちは親切で輝いていたし、互いに「一緒に働きたい」と思ったはずだ。一体どこにミスマッチが生じるのだろう。自分がすぐ辞めるようには思えない。しかし大卒者が三年で三割辞めているというのは事実のようだ。

【図表３－１　学歴別就職後３年以内離職率の推移（10年間）】

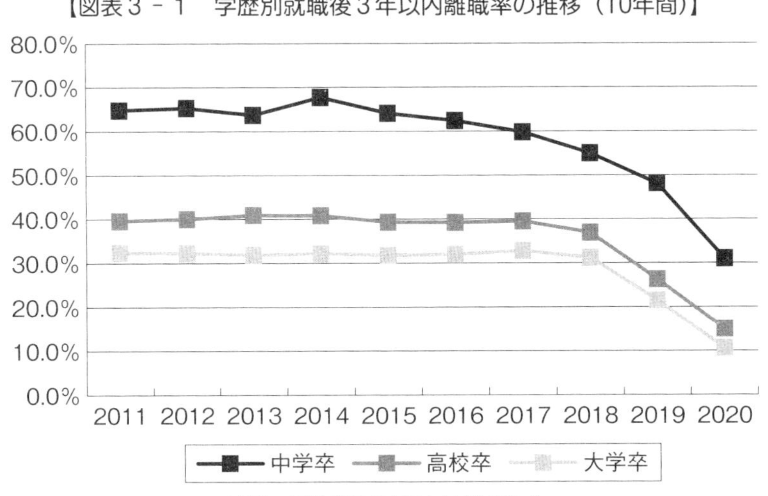

出所：厚生労働省HPより筆者作成

【図表3－2　大卒者の就職後3年以内離職率の10年間の推移（単位は%)】

	2011	2012	2013	2014	2015	2016	2017	2018	2019	2020
1年目	13.4	13.1	12.8	12.3	11.9	11.4	11.6	11.6	11.8	10.6
2年目	10.1	10.3	10.0	10.6	10.4	10.6	11.4	11.3	9.7	－
3年目	8.8	8.9	9.1	9.4	9.5	10.0	9.9	8.3	－	－
計	32.4	32.2	31.9	32.2	31.8	32.0	32.8	31.2	21.5	10.6

出所：厚生労働省HPより筆者作成

2－2　リアリティ・ショック

入社直後の適応問題で必ず言及される現象に「リアリティ・ショック」がある。入社前に抱いていた会社や仕事に対する期待と、入社後に知覚された「現実」との差に対する心理的衝撃のことで、若年早期離職の主な原因とされる（尾形、2020)。「こんなはずではなかった」、「思っていたのとは違った」という経験がこれに相当する。

そんなことにならないよう、A君はHPや業界本を読み、OB・OG訪問をしたりインターンに参加したりしてきた。面接でも社員の苦労話について尋ね、仕事の厳しさについての説明も受けた。入社前に仕事や会社のネガティブな側面について伝えておくことで、心の備えを促す会社側の施策をRJP（Realistic Job Preview：現実的職務予告）と言う。ワクチンを投与するように、現実的で厳しい情報を事前に提供することで、心理的な耐性を付けようというわけだ。実際、RJPをしない場合よりも離職率が低いという研究結果が示されることも多い。しかしワクチン同様、RJPも万能ではない。離職等の重症化のリスクは下げるが、あくまで可能性を下げるだけだ。罹患することも、重症化することもある。

取り繕って面接に臨む応募者と同様、会社もまた見せたい姿をアピールして求職者を引き付ける。面接官やOB・OGが「いい人」だからと言って、全ての社員がそうだとは限らない。事前にいくら調べてもわからないことはあるし、実際に経験したとき、自分がどう感じるかは経験するまでわからない。嘘の情報を伝えるブラック企業もさることながら、あまりにホワイト企業すぎて辞める者さえいる。17時までしか仕事ができず、早く仕事を覚えたいのにさせてもらえないことがストレスで、ベンチャー企業に転職した者もいると言う。残業をさせてほしいという期待や要望を事前に予想できる学生は多くないだろう。要するに、個人と会社組織との間のミスマッチを完全に防ぎ、リアリティ・ショックをなくすことも、完全に適合させることも、現実的ではないということだ。

かつて、就職は結婚に例えられた。いくら事前に付き合ったとしても、生まれも育ちも異なる他人同士なのだから、最初からうまくいくはずがない。むしろ、夫婦生活を営む中ですり合わせ、妥協点を見出していくものである。就職もそこがゴールではない。結婚と同様に、その後こそが肝心だ。会社の要望と自分の要望をうまく調整していく必要がある。どうしても妥協点が見出せなければ離婚しかないだろうが、せっかく一緒にやっていこうと決めた者同士なら、前向きな努力が必要だろう。

最初からマッチさせることはなかなか難しい。入ってから調整していくことが重要だということは分かった。では、どうやって調整し、すり合わせていくことができるだろうか。

3 入社の後のすり合わせ

3－1　段階的な適応

新卒採用を定期的に行っているような企業では、入社後、新卒者に向けた集合研修が行われることも多い。ほとんどのケースでは半年以内に終わるようである。その後は、配属先で見習い的に雑用をしたり、先輩や上司に同行したりする中で仕事を覚えていく。コピー取りや先輩の資料作りといった、つまらない仕事もままある。しかし、そんなことすら手間取り、認められる基準に至らない自分を知る。ダメ出しやフィードバックを受けて試行錯誤し、うまくできるようになったら少し難易度の高い仕事が与えられる。そうこうする中で次第に任せられる仕事が増えていく。いわゆるOJT（On the Job Training：実際の仕事を通じた訓練）である。

ある組織のメンバーとして、与えられた職務や役割をうまく遂行できるようになっていく学習のプロセスが組織社会化であった。組織という社会の一員になっていく過程が組織社会化であるが、いくつかのステップを経て段階的に進むとされる。

その様子を描いた様々なモデルが提起されてきたが、ここでは一例としてラルフ・カッツ（1980）のモデルを紹介しよう。同じ職務に就いている期間の長さに伴う個人の関心や行動の変化について、①社会化段階、②革新段階、③適応段階という三段階で描いている（**図表３－３**）。

①　社会化段階

ある職務に就き始めてからの数ヶ月間を指す。新しい環境についてよくわからない状態の新人は、不確実な状況に対し不安を感じる。その不安をなくそうと、新しい状況を自分なりに意味付け、その中での自分の位置づけを確立しようとする。そのために、まず仕事集団に受け入れられるよう、メンバーとしてふさわしい社会的行動や態度を学ぶ。上司や同僚との相互作用を通じて職務環境を知ると同時に、自身の役割アイデンティティを形成することで、心理的な安全あるいは受容感を得ることができる。

逆にこの時期、自分の当初の期待が上司や同僚のそれと異なることを発見すると、

【図表3－3　カッツ（1980）の組織社会化モデル】

関心領域	在職期間の段階		
	社会化	革　新	適　応
現実構築	a）状況におけるアイデンティティの確立 b）状況の規範を読み解き、基準に適合的な報酬を受ける行動をつきとめること c）社会的関係を築き、他者から受け入れられること d）上司や同僚、および部下の期待を学ぶこと e）貢献できる重要なメンバーであることを示すこと ・ ・ ・		
影響と達成		a）挑戦的な仕事を任されること b）可視性や昇進可能性を高めること c）特別な技能や能力を上達させること d）参加や貢献の範囲を広げること e）自身の組織環境に影響を与えること ・ ・ ・	
維持強化			a）タスク行動の慣習化 b）自己タスクの手続きや諸資源の神秘化・儀式化 c）自治の保護 d）脆弱さの最小化 e）社会的環境を深め固める ・ ・ ・

出所：小川（2006）より一部修正

Column 3 - 1

組織社会化

組織社会化は「社会化」の下位概念にあたる。社会化を簡単に言えば、ある社会での行動や価値観を学習する過程である。社会化には、⑴日本語を習得すること、人に会ったら挨拶をすること、親兄弟を敬い慈しむことなど、家族等を準拠集団として幼少期から始まる第一次社会化、⑵学校を準拠集団として、時間を守ることなど他人から成る集団での行動様式や一般常識、あるいは職業準備を含んだ「社会人」になるまでの第二次社会化、そして⑶社会人つまり職業人や企業人としての役割を果たす場としての会社等が準拠集団となる第三次社会化が知られている（江淵、1976）。

この章で扱っている組織社会化は、例えば法曹界などの任意の職業領域における社会化である職業社会化と同様に、第三次社会化の一部である。つまり、全くの白紙から始まる第一次社会化と異なり、第二次社会化以降では、その前段階の社会化との関係を踏まえて考えるほうがよい。

この際に問題となるのが、前段階の社会化で得た行動様式や価値観が、次の段階の社会化における学習内容と矛盾するような場合である。例えば、第二次社会化の主たる場となる学校では、同じ年齢の同級生同士、しばしば男女別に過ごし、類似性が高い者同士で仲良く平等に、といった価値観が内面化されるかもしれない。一方の第三次社会化の主たる場となる企業では、性別・年齢・人種等の多様性が高く、また必ずしも皆が仲良く平等というわけではない。得られる報酬も与えられる権限も異なるどころか、むしろその差が強調される。学校で公正さが強調される一方、ビジネス社会では法の許す範囲でという条件付きではあるが、他社・他者を出し抜くほうが評価されるかもしれない。

つまり、第三次社会化を含む第二次社会化以降では、それ以前に身に付けた考え方や行動を修正したり、場合によっては180度転換させたりといったような「再」社会化の側面が出てくる。再社会化という言葉を使わずとも、実は、組織社会化を含む第三次社会化は基本的にすべて再社会化である。それは入社段階だけの話ではなく、異動で職能・職務内容が変わった場合、昇進した場合、転職した場合等、様々な場面で前提となっている。

リアリティ・ショックとは、言い換えれば、それ以前の社会の文化と新しい社会における文化衝突の認知であり、カルチャー・ショックの一種ととらえることができる。近年では長寿化を背景に、生産活動からの引退後の社会への適応である、⑷第四次社会化（*op. cit.*）の重要性も高まっていくだろう。入社にせよ引退にせよ、異国で暮らし始めるように、異文化を楽しむくらいの気持ちで臨むとよいかもしれない。

先に述べたリアリティ・ショックを感知する。これを契機に、期待が妥当なものかどうかを再検討し調整する場合もあるし、離職する場合も出てくる。

大切なことは、自分の認識と他者のそれにズレがあるならば修正する、ということである。期待通りでなかったからと理想の職場を探しても、それは幸せの青い鳥を探すようなものかもしれない。期待を修正し、認識や行動を改めるからこそ、うまくやっていけるようになる。その意味では、リアリティ・ショックというのは、多かれ少なかれ誰しも経験する通過儀礼くらいに思っておくほうがよいだろう。

②　革新段階

同じ職務に従事して６ヶ月から３年くらいの期間を指す。新たな環境に戸惑っていた新人も、いったん安全の欲求が満たされると、集団に受け入れられたいという社会的関心から、本来行うべきタスクへと関心が向かう。

この段階では職務への挑戦や職務達成の欲求が増す。そして実際に職務を遂行することで組織への貢献意識を高める。さらには職務環境に対し働きかけることで環境を変化させようとする。仕事環境を変化させるという行為によって、仕事や仕事状況に新たな意味を見出し、職務自体から得られる内発的動機付けを高める。入社２、３年目の若手社員が新卒担当のリクルーターとして自らの仕事を誇らし気に話す姿はよく見受けられるだろう。

③　適応段階

そのまま新しい職務や地位に移らず同じ仕事に従事し続けていると、５年目くらいから適応段階へ移行する。長く同じ仕事を続けることで仕事が慣習化し、仕事自体に面白みを感じなくなってくる。

職務上の挑戦や職務を通じた自己成長が見出せなくなると、自らの仕事の意義に疑問を持ち始め、人によっては転職を考える。在職を続ける場合、地位への安定感が増す一方、仕事そのものには興味を感じにくくなる。その結果、職務上の特権や給与といった外的な報酬を重視したり、仕事外の環境に価値を見出すことで、仕事自体から失われたやりがいを埋め合わせようとする。また、同じ環境で長く過ごすことにより保守的・自己防衛的になり変化を避けるようになるとされる。ラルフ・

Column 3 - 2

通過儀礼

バンジー・ジャンプを楽しんだことはあるだろうか。実はこのアトラクション、元来は成人への通過儀礼である。オーストラリア大陸のはるか東に位置するバヌアツ共和国ペナマ州ペンテコスト島で、毎年4－5月のヤムイモ収穫の時期に行われる「ナゴール」が由来と言われている。

ナゴールでは、数週間かけて高さ30メートルほどの櫓（やぐら）を組み立て、櫓と両足首とをヤムイモのツルで結び、村人が歌い踊って見守る中、豊作を祈りつつ飛び降りる。高い場所から飛ぶほど勇敢ということだが、バンジー・ジャンプと異なり、足や足首への負担は相当なものになる。衝撃でツルが千切れたり、長すぎて地面に激突したりと、怪我はもちろん、時には死人が出ると言われる。10歳前後から30歳くらいまでの男性が参加し、この試練を乗り越えたとき、成人男性と認められるようだ。

通過儀礼と言えば必ず言及されるのは、フランス民俗学の父ファン・ヘネップの手による1909年の古典的研究である。彼はここで、妊娠出産、出生、集団加入、婚約と結婚、葬式など様々な通過儀礼には、通過する以前からの「分離」、通過境界上の「過度期」、そして通過後の「統合」という段階が普遍的に見られることを指摘した。「終焉」、「中立圏」、「開始」から成るウィリアム・ブリッジス（1980）のトランジション・モデルは、これに影響を受けていると思われる。

現代日本における成人への通過儀礼は、就活から入社に至る一連の社会現象がこれに当たるのかもしれない。ここでの「分離」とは、それまでの学校社会との決別過程である。必要な単位数もわずか、大学やサークルに顔を出さなくなり、学生生活から距離を置く。就活や内定後の期間、あるいは入社後の研修は「過渡期」に当たるだろう。内定者研修で与えられた課題に取り組む一方、依然として人間関係は大学でのそれが中心であることが多い。実際に入社しても、研修中は仕事の現場とは別の場で学校のような座学が行われたり、配属先も人事部預かりで仮のものであったりする。この学生と社会人のどっちつかずの時期が過渡期である。実際に配属され、タスクが与えられるようになると、本格的な「統合」が始まると言えるかもしれない。

ナゴール成功のポイントはツルの選択のようだ。適当な長さや強度のものを個々で準備する。命まで懸ける必要はないが、本書で組織適応のポイントを押さえながら現代の通過儀礼に臨んでほしい。

カッツ（1980）における「適応」は環境になじみ切ってしまった状態を指し、必ずしも理想的な状態としては捉えられていない。

最後に、このモデルの重要なポイントとして、組織社会化を一過性のものとは捉えていない点を指摘したい。図表の矢印で示されているように、②革新段階や、③適応段階に至った後にも、再び、①社会化段階等へ回帰することが想定されている。組織社会化を、新卒入社時の一度で終わるものではなく、異動や転職などを含む長いキャリアで繰り返される過程として捉えているのである。

3－2　何をどう学べばいいのか

組織社会化は段階的に進むとされたが、時間の経過に沿って自動的な変化が訪れるわけではない。研修やOJTを受け身で経験している場合と、何が必要なのか、何が求められているのかを自ら考えて積極的に学習している場合とでは、自ずと学習スピードや結果も変わるだろう。

組織社会化という文脈において、試行錯誤をしたり、先輩や上司から学んだり交流したり等、環境適応に向けて自分から積極的に学ぼうとする働きかけ全般のことをプロアクティブ行動と呼ぶ。先輩や同僚の観察を通じた代理学習、上司や先輩への直接的質問、仕事そのものから学ぶこと、仕事等について新聞や書籍で自学自習することなども含まれる。

では具体的に何を学べばよいのだろうか。大まかに言えば、①仕事やその方法、②人間関係、③会社全体、④役割、および⑤自分自身について、学ぶ必要がある。

①仕事やその方法は言うまでもないだろう。仕事の目標は何か、その達成のために何をすべきか。優先事項や肝となる活動は何か。ある職務を遂行するにあたっては必要な知識、スキル、手続きは諸々にある。入社前に取得するよう言われた資格もその一部である。コピー機の使い方や資料の綴じ方すら学ぶ必要があるかもしれない。

②人間関係も重要である。１人でできる仕事というものは、あまり多くない。新人ならば特にそうだろう。分からないことも多いため、教えてもらったり、直接手助けをしてもらったりすることだろう。そのためには先輩の名前や性格、職場のルールや規範、暗黙の了解といったものを習得する必要があるだろう。新人でなくとも、互いに助け合えるような人間関係を築かなければ、組織や集団の中でスムー

ズな仕事はできない。

③会社全体の学習とは、その社会の文脈を知る、ということである。会社は言うまでもなく組織である。組織とは1人でできない仕事を大勢で遂行する仕組みである。そこには共通の目標があり、目標の達成に向けた分業があり、コミュニケーションを通じて互いに連携し補完し合っている。この会社が何を目指しているのか、何を大切にしているのか、どの部門がどんな仕事をしているのか、セクションのキーマンは誰か。派閥や社内政治、企業文化等の学習もここに含まれる。

④担当している職務も役割であるが、ここで言う役割とは、広く他者から期待されている事柄である。教員という役割に対し、学生に物事を教えるという職務遂行だけでなく、公正さや親切な態度を期待していないだろうか。親切でなくても教えるという職務は遂行できるだろう。しかし、親切で好かれるほうが、効果的な教育ができるかもしれない。営業職であっても、ただ売ればよいわけではないかもしれない。特に新人の場合、上司は売ること自体よりも、正しい手順や手続きの流れ、売り方の中にある自社らしい考え方の習得を期待しているかもしれない。新人には新人に期待される態度もあるだろう。無礼な後輩に対し、手取り足取り教えてあげようと思うだろうか。組織は血の通った人間の集まりである。そうした社会関係の中で仕事をするには、上司や先輩あるいは顧客といった他者からの期待を理解し、うまく応えていく必要がある。

⑤最後は、意外に思うかもしれないが、自分自身について学ぶ必要性である。仕事をした時どう感じるのか、楽しめているのか、何が得意で何が苦手なのか。今の仕事に意味や意義を感じるだろうか。自分の興味・関心や適性あるいは価値観を知るためには、経験するだけでなく、仕事の出来栄えを評価したりフィードバックをもらったりする一方、それらを内省する必要がある。向いている仕事や職場ならパフォーマンスも発揮でき、自身も満足できるだろう。自分を知ることで持ち味を発揮できるよう、自らのキャリアを方向づけることが重要である。それは自律的なキャリア・マネジメントのために必要なことでもあるが、健全な「適応」とはどういうことか、という問題にも関わる。

3－3　組織適応と自己学習

何をもって組織や職場に適応したというのだろうか。そのゴールはどこにあるのだろうか。定年まで勤め続けることだろうか。何もかも完全に組織や仕事とマッチすればよいのだろうか。答えは否である。周囲と連携し仕事をしっかりこなしながらも、プラス・アルファの発揮が重要である。プラス・アルファをもたらすのは、他ならぬ自分という個性である。自分の持ち味を活かすことで仕事が自分のものになる。組織の歯車化するのではなく、仕事を通じた自己能力の開発、すなわち自己実現が可能になる。

カッツ同様、適応に否定的な意味を含意するシャインは、組織社会化を経て習得する役割行動を、①中枢的行動、②関連的行動、および③周辺的行動の３つに区分した。

①中枢的行動は、役割遂行者と認められるために必須の、最低限必要な行動である。高校の数学教師であれば、高校数学の知識に基づく授業の実施が最低限求められる。②関連的行動は、役割遂行者が行うことが望ましいが、しかし絶対に必要というわけではない行動である。高校教師であれば、勉強以外の相談に乗ったり、落ち込んでいる生徒を気にかけたりするほうが望ましいかもしれない。しかし、それをしないからと言って数学教師の役割失格とは言えないだろう。③周辺的行動は、役割の遂行に必要でも望ましいわけでもないが、許容されるような行動である。「君たちは全然わかってないな」という口癖から解説を始める数学教師の行動はおそらく許容されるだろう。だからと言って、それが数学教師にとって必要な、あるいは望ましい行動と言えるかどうかは疑問である。

組織への適応において最も重要なのは、中枢的行動を身に付けることである。しかし、ここで注目したいのは、関連的行動と周辺的行動である。それらは役割を遂行する個人の個性の発露となる可能性があるからである。ある高校では、校則違反者への抑止力として、すべての体育教師はいつも竹刀を携帯するよう求められるかもしれない。竹刀を持ち歩くという周辺的行動は、校長の役割期待に適応した結果という可能性もある。したがって、周辺的行動や関連的行動のすべてが個性だとは言えない。しかし、関連的行動や周辺的行動に見られうる教師の個性によって、教育サービスを受ける生徒も親しみを感じたり、授業を楽しめたりするだろう。同じ時間数、同じ教科書を使っても教師によって教育成果が異なるのは、その個性が発揮された結果かもしれない。

経営学的に言うのであれば、企業のみならず、個人においても差別化が重要である。差別化の源泉は、個々人の個性であり持ち味である。このため、前述したように、求められる知識やスキルの学習だけでなく、自分自身に関する学習も重要だというのである。自己学習、すなわち自らの個性を知り、磨くことがキャリア上の差別化につながる。個人は組織にとっては職能を遂行する人的資源かもしれないが、同時に１人の人間でもある。したがって、完全に自分を殺し、組織や他者の期待に合わせた振る舞いをするのではなく、仕事にプラス・アルファをもたらす個性を発揮しながら応えていくことが健全な適応だと言えるだろう。

３－４　創造的個人主義と個性化

組織内での役割を引き受けるために必要な知識・スキル・価値観・態度・行動等を身に付けることが組織社会化であった。組織社会化は、組織や管理する側にとっては、個人をある組織という社会関係の中に取り込み、組織目標達成のために教化していく過程である。

しかし我々は、ある組織のために生まれたわけではない。ある会社の価値観、規範、考え方をすべて受け入れたとしたら、それは会社人間どころか目的を遂行するための道具あるいはロボットであろう。だからと言って、会社の価値観や考え方をすべて拒絶してしまえば、職務や役割を果たすことができずに解雇されるだろう。

前述のシャインは、理想的な組織社会化の成果として「創造的個人主義」という概念を提起した。会社の事業や取り組みに同意して入社した以上、その中心的な価値観や目標は共有しているほうが望ましい。しかし、中核的・本質的でない価値観や考え方は受け入れなくてもよい。自分なりの考え方や価値観があり、すべて会社と同じである必要はない。共有すべき中核的な価値観は共有し、それ以外については、逆に自分の欲求を満たすよう組織へ働きかける。こういう態度が創造的個人主義である。

労働を通じて会社に貢献する対価として報酬がある。報酬には金銭のみならず、仕事上の裁量や進め方の自由など広範なものが含まれる。それらの報酬を求めることは労働者にとって当然である。自らの要求を満たす働きかけも同様である。むしろ、独自の考え方を組織に持ち込むことで、組織や仕事に変革や生産性の向上をもたらすかもしれない。

個性化という言葉を聞いたことがあるだろうか。これは社会化と対置される概念とも言えるし、社会化の過程を通じた独自性の発揮という意味で、社会化の下位次元とも捉えられる。自分に関する学習が重要であると言ったのは、創造的個人主義、すなわち個性化を伴った健全な適応あるいは社会化にとって、自分という軸を自覚することが必要だからである。

ただし、創造的個人主義の実現はそう簡単ではない。モノのみならず人にも慣性が働く。長く１つの環境にいると、それが当たり前になる。成功し認められれば、その環境を肯定したくなるのが人間の性（さが）だ。ある業界、ある会社に長く浸かっていると、知らず知らずのうちに、その環境下での当たり前、考え方、価値観に染まることになる。過剰に適応した結果、世の中の常識のみならず、法令にすら違反するような価値観を当然視することにもなりかねない。不祥事が公になって、初めてその過ちに気づく。それは一部の悪人に生じたことではなく、「適応」した個人誰にでも起こりうることである。会社の正義とは独立した、自分自身の正義や基準を持つためにも、自覚的な自己学習が求められる。

4　おわりに

染まり切った適応ではなく、自己学習によって個性を自覚し、組織と自分とを別の存在として理解することは、実はキャリア中期への備えでもある。基礎を学び、一定の成果を上げて認められるようになると、管理者としての役割が求められるようになる（第10章参照）。多くの場合、その始まりはキャリア中期である（シャイン、1991）。

ただし、管理者に求められるのは、円滑な事業運営や現状維持だけではない。組織の中核メンバーとして認められ高い階層に進めば進むほど、皮肉にも、自らが認められてきたこれまでの文脈や現状の否定に基づいた改善や変革が求められるようになる。経営環境が絶えず変化する以上、環境適応的に組織を変化させる必要があるためである。それができるのは、あるいは期待されるのは、現場の従業員ではなく管理者である。

変革を主導するにあたっては、冷静な分析に基づいた指針も重要である。しかし、変革者としての管理者を動機づけるのは、自らの考えであり意思である。組織をどうしたいのか、今後どうすべきなのかについて、経済合理性は１つの指針である。しかし、その実現には無数の選択肢がある。つまりは意思決定者の主観的判断がどうしても付きまとう。

また、上位の意思決定者には、上の指示に従って目標を達成する方法のみならず、目標そのものを生み出していくことが求められる。目標や選択肢は複数ありうるが、その取捨選択は、かつて抱いた夢や希望、あるいは大切にしたい価値観が反映される機会となる。組織社会化において自身の欲求や価値観の学習が必要だというのはこのためである。若い間は金太郎飴のように個性を消して仕え、管理者になったら急遽個性を発揮し自分の考えに基づいて変革を主導せよと言っても、それは無理な相談である。キャリアの初期から、自己学習を伴う健全な適応、すなわち個性化を伴った社会化を進めることが必要であろう。

一方でキャリアの中期は、キャリア初期で培ったスキルや態度を、新しいフィールドで活用するスタートの時期とも重なる。1つの会社で上を目指すキャリアがすべてではない。転職時に求められるのは、具体的に何ができるのかであるが、それを証明するには実績が必要だ。スキルを身に付け、実績を積み重ねることは、社内での信用のみならず、社外でのエンプロイヤビリティ（雇用される能力）へとつながる。

仕事の基礎を身に付けつつ、自分の強みや個性を学び、それを活かして実績を上げ、事業あるいはある専門領域での役割を遂行できるようになること、そして組織の目標と整合性を取りながら、自身が意義を感じる仕事目標を立てて自律的に取り組むことが求められる。シャイン博士の言葉を借りるなら、創造的個人主義の発揮である。

本章では、どうしたら最初の就職先にうまく適応することができるのか、続くキャリア中期に向けてどのような準備をすればよいのかについて考えてきた。基本的な考え方は上述の通りであるが、ある領域における個々の個性が何なのか、それを自分のフィールドでいかに活用するのかは、自分で探求していく他ない。20代の若い時期から、それらを自覚的に考え、さらなる先へと備えてほしい。

？考えてみよう

① 学校社会で大切にされる価値観や行動様式にはどんなものがあるだろうか。考えてみよう。

② そのような価値観や行動様式で、ビジネス社会でも通用するものはどのようなものだろうか。逆に、ビジネス社会と大きく異なるものは何があるだろうか。考えてみよう。

③ 職務役割の遂行には、中枢的行動、関連的行動、周辺的行動の３種類がある。アルバイト先や自分の興味を持った仕事について、どのようなものがあるか調べてみよう。

参考文献

- 江淵一公「社会化研究への提言―文化人類学の立場から」『教育社会学研究』第31集、80-83頁、1976年。
- エドガー・H. シャイン『キャリア・ダイナミクス―キャリアとは、生涯を通しての人間の生き方・表現である』（二村敏子・三善勝代訳）白桃書房、1991年。
- 尾形真実哉『若年就業者の組織適応　リアリティ・ショックからの成長』白桃書房、2020年。
- 小川憲彦「組織における社会化過程と個人化行動に関する理論的・実証的研究」神戸大学大学院経営学研究科博士学位論文、2006年。
（http://www.lib.kobe-u.ac.jp/repository/thesis/d1/D1003637.pdf）

次に読んで欲しい本

- ウォレン・ベニス『リーダーになる［増補改訂版］』（伊東奈美子訳）、海と月社、2008年。
- 金井壽宏・鈴木竜太編著『日本のキャリア研究―組織人のキャリア・ダイナミクス』白桃書房、2013年。
- モーガン マッコール『ハイ・フライヤー―次世代リーダーの育成法』（金井壽宏・リクルートワークス研究所訳）、プレジデント社、2002年。
- ビル・ジョージ、ピーター・シムズ『リーダーへの旅路―本当の自分、キャリア、価値観の探求』（梅津祐良訳）、生産性出版、2007年。

第4章

キャリアにおける停滞と組織との関係

1 はじめに

学生の皆さんは、就職してからフルタイムで働くことについてどのようなイメージをお持ちだろうか。就職は中学、高校、大学とすごろくのように決められたステップを経てついにたどり着く「あがり」だろうか。

実は就職して社会人として頑張っている人でも、仕事生活に関して行き詰まりを感じることがある。就職したら組織内の階層を順に昇って行って、スーっと知らない間に偉くなっているというわけでなく、時々停滞することが知られている。そのような時には組織の中の人に相談したり、部署の異動を希望したりすることもある。あるいは仕事に意味が感じられなくなったり、人生の新たな可能性を探ってみたくなったりすることもある。週五日勤務の単調な連続だけが組織におけるキャリアではない。

ここでは人が組織でキャリアを形成するにあたって、どのような停滞を経験するのか、その時どのように感じるのか、またそれにどのようにして対処し得るのかについてみてみよう。

2 キャリアにおける先の見通し

カリアさんがある日、サークルの部室に行くと見慣れない人がいた。30歳前後の社会人に見えるが、単なるお客さんではなさそうだ。話を聞いてみると、サークルの卒業生とのことであった。カリアさんは就職活動中ということもあり、さっそく社会人になるにあたっての心構えなどを聞こうと思い、話しかけた。

カリアさん：先輩は今どういったお仕事をされているんですか？

先　輩：ああ、今はね、洋上風力発電のスタートアップで人事を担当してるんだ。実はね、この間までA社で働いていたんだけど、ちょっと前に辞めちゃったんだ。

カリアさん：え！　A社といえば業界のトップ企業じゃないですか。入社するのもすごく難しいと聞いてますけど、どうして辞めちゃったんですか？　仕事が大変だったんですか？　希望する部署に行けなかったとか？

多少突っ込んだ話となるのを自覚しながらも、どうしても知りたかったカリアさんは先輩に質問した。

先　輩：ははは。いや、そういうわけじゃなくてね……

そういうと先輩は多少戸惑いながらも不思議な話をしてくれた。

先輩は入社してしばらく営業職を担当していた。しかし先輩は営業という仕事よりも、大学時代からずっと興味のあった人事部の仕事がしたいと考えていた。それは「いつか行けたらいいな」という程度の希望であったが、それを心に持っていると営業の仕事も頑張ることができた。ところがそんなある日、本当に人事部へと異動になった。先輩はその人事部に異動になった後で退職を選択したのである。最後は人事部の国際部門で海外勤務者のサポートを担当していたという。カリアさんが不思議に思ったのが、せっかく希望していた人事部に配属になったのになぜ会社を去ったのか、ということである。

先輩いわく、入社後すぐに営業を担当していた時は「将来の仕事のイメージや、理想と思われる先輩や上司がいなかった」のが不満で、どうなっていくのかと上司に聞いてみたという。

先　輩：だからその時、将来どうなるのか上司に聞いてみたんだけど、なんか、うやむやにされちゃって……。部署のマネジャーとしての、私に対する期待が何なのかとかの指示はなかったんだよね。その時は仕事自体がイヤだったわけではないけれども、毎日毎日雨の日も雪の日も歩いて得意先を回ってさ、そんなに大して売れるわけでもないものを営業するっていうのはなんか、体力的にも精神的にもきつかったよ。

ただ、不思議なのは、きつかった営業を担当していた時には会社を去らなかったことである。

カリアさん：じゃあ、その時に会社を辞めようという気は起きなかったんですか？

先　輩：そうだね。その時は学生時代に勉強した労務管理の知識を活かせる人事部に異動したいと思ってて、やっぱ人事で働く夢は捨てきれなかったから、長い時間かけてでも、いつかは人事に行きたいなって思ってて。営業からマーケティング担当とかになってからでもいいから、最終的には人事に行きたいなというのは思ってたし、常に人事面接ではそう言ってたしね。

カリアさん：そうなんですね。でもなおさら、どうしてせっかく人事担当になったのに、会社を辞めちゃったんですか？

とカリアさんが聞くと、先輩は次のように語るのだった。

先　輩：うんとね、自分のキャリアって、だいたい入社５年目くらいになってくると分かってきちゃうんだよ。「これからいろんなローテーションをされながら、まぁ、課長とか、課長補佐ぐらいにはなれて、でも部長にはなれないか……」とか。で、その時感じたのが、たぶん私はこのまま人事部から出ないだろうから、この人たちとずっといっしょにやっていくのかって思ったら、なんかちょっと……いやな気分になってきて。そこで実はもう、人事に異動になってしばらくした時くらいから、いろいろ転職活動は始めてて……

先輩の話を聞いてカリアさんはいろんな意味で驚いた。

まずは社会人になって、Ａ社のような大企業で毎日仕事に追われながらもこういったキャリアの戦略を自分で考えるものなのだ、という点に驚いた。カリアさんのアルバイト先の店長は毎日店を回すことしか考えてなさそうだし、「休日はずっと寝てる」といっていた。どう考えても目の前のことに必死で、そんな先のことまで考えてなさそうだ。

次に、先輩が一番仕事のつらかった時には会社を去らず、むしろ「いつか人事部に行きたい」という思いで頑張れたということにも驚いた。それまでカリアさんは人が会社を辞めるのは仕事がつらい時に違いない、とぼんやりと考えていたからだ。こういった将来に対する希望があるだけで人はつらい仕事でも頑張れるのか、とも思った。

さらに、先輩の思い切りのよさにびっくりした。そんな、「先が見えちゃったような気がした」といった理由で名の通った立派な会社を辞めてしまえるものなのだろうか。カリアさんはひそかに「それはそうでも、我慢していたらいいお給料もらえるし、社会的にも高く評価されている会社だし、それを辞めて先の見えないスタートアップに行くなんてあまりにももったいないんじゃないの？」「親が聞いたら泣き出すんじゃないだろうか」などと他人事ながら心配してしまった。

先は見える方がいいのか、見えない方がいいのか、ほんのちょっと見えるのがいいのか。はたまた、うちの店長みたいに何も考えない方がいいのか。カリアさんは深く考え込んでしまった。

3 組織におけるキャリアに対する個人の認識

３－１　自発的離職と個人の認識

カリアさんの先輩について皆さんはどう思うだろうか。せっかく苦労して入った企業を辞めるにあたって、「何となく先が見えちゃった気がしたから」という理由は受け入れられるだろうか。個人は組織における職業生活を歩むうえで、自分のキャリアについてさまざまな認識をもつ。それは楽観的なものであったり、絶望的なものであったり、停滞感であったり、はたまた、カリアさんのバイト先の店長みたいにキャリアそのものに関心を失っている状態かもしれない。キャリアについてのこれまでの研究ではこういった個人の認識が仕事生活における意思決定に大きな影響を及ぼすことが発見されてきた。

例えば、人が自分の意思で組織を去るとき（専門用語では自発的離職という）についての研究では最近まで人が組織を去るときの理由は大きく2つに分けて考えられてきた。それらは「仕事が嫌だから」（職務満足の低下）と「ほかにしたいことがあるから」（代替的職務機会の存在）であった。いわれてみれば当たり前であるが、たしかにこれらは今でも人が組織を去るときの大きな理由であることに変わりはない。組織にとって優秀な人材が流出していくのは当然痛手であるから、どのような事柄がこの2つの理由からなる離職をひきおこすのかについて、多くの要因が研究の対象となってきた。ただ、そこではキャリア全体に対する戦略的な個人の認識ではなく、もっぱらその時々の仕事に対する認識が研究の対象となっていた。

しかしより現代に近いキャリア研究からは、人は目先の仕事に対する認識だけで自発的離職を決意するわけではないということが知られるようになった。キャリア・マネジメントの考え方が個人にも普及するようになり、キャリア全体を見渡すより大きな視点からの意思決定とそれに続く行動が観察されるようになったのである。

日本における自発的離職の研究の中から見つかったのは、霧と希望のメタファーからなる離職の意思決定プロセスである。30歳前後で自発的に離職を決意した個人に対するインタビュー調査から見つかったのは次のような意味付けだ。それは「キャリアの初期においては将来の不透明感に悩まされていた。しかしそのような不透明感の中においても、もしかしたら希望した部署に行けるかもしれないという希望があったので、不本意な仕事でも頑張ることができた。ただ、念願かなって実際に希望していた部署に行ってみたら今度は将来がすべて見えてしまったような気になり、新たな可能性を求めて離職を決意した」というものである。このような語りを収集した結果、生み出されたのが、キャリア・ミストとキャリア・ホープの2つの概念である（加藤、2004）。

また、こういった積極的なキャリアの舵取りを行うこと自体に関心を失っている状態として示されたキャリア・ドリフトについてもくわしく見てみよう。

3－2　キャリア・ミストとキャリア・ホープ

キャリア・ミストは「将来キャリアについての不透明感」であり、自身の将来キャリアがどの程度予想できないかの程度を表している。霧（ミスト）のメタファーを用いるのは、第1に霧が立ち込めたり晴れたりするように、キャリアについての不透明感もその程度が変化するという様子を表すためである。第2に霧の中では近い場所は見えるものの、遠くなるにつれてはっきり見えなくなるように、キャリアに関して時間的に近い事柄は予想がつくものの、時間的に離れた将来は予測がつかないという様子を表現するためである。

不透明感の種類としては3つが想定されている。1つは目標のミストである。これは職場の中に目標として設定できるような人物が存在せず、自分自身の将来像が描けない、というものである。2つ目はプロセスのミストである。これは自分がどのような仕事を担当しながら発達していくのかという過程が見えないことからくる将来の不透明感である。職種間のローテーションが行われる企業においては特に濃くなることが考えられる。3つ目は仕事内容のミストである。これは将来就くであろう仕事において具体的に何をするのかが見えない、という意味での不透明感である。

キャリア・ミストについて個人はネガティブな感情を抱くことが多い。誰しもある程度の見通しが自分の仕事生活についてほしいからである。また、キャリア・ミストをあつかった既存研究においてもそれをいかに晴らすかといった視点からのアプローチが多い。ただ、キャリア・ミストが必ずしも直接的に離職行動などにつながるわけではない。

一方、先のキャリア・ミストと対をなす概念としてのキャリア・ホープは「無数に存在する将来キャリアに関する可能性の束の内に、自分にとって望ましい状態に到達するもの（可能性）が存在しているという感覚」と定義される。つまり、「どうなるかはわからないけれども何かいいことが起こる可能性はある」と感じている程度である。これは具体的な目標とそれを達成したことから得られそうな便益の関係といった具体的なものではなく、良い状態に到達する可能性がないわけではない、といった感覚である。インタビュー調査から示唆されたのは、キャリア・ホープはキャリア・ミストの中間領域に存在しており、先が全く見えない時にも、先が全部見えてしまったと感じた時にも、存在しえないということである。

人はキャリア・ミストのさなかにあっても、キャリア・ホープを感じられるときにはいわば「辛抱」の時期を過ごしているといえよう。

3－3　キャリア・ドリフト

ただ、すべての人が絶えず自分のキャリアに関心を持ち、将来について考えているわけではない。中には目の前の仕事をこなすのに一生懸命で、将来が全く見えていないにもかかわらず、そのことに関心を失っている状態もあり得る。逆に、将来が見えてしまったからと言って、皆が不透明感の中に希望を求めるわけでもない。見えている将来を受容し、その状態から特に変化を起こさない、という選択肢もあり得るのである。カリアさんのアルバイト先の店長はこのような状態にあるのかもしれない。

こういった、自分のキャリアに関心を失っている状態をキャリア・ドリフトという（金井、2002）。キャリア・ドリフトには前述のように、先が見えない状態でありながら関心を失う「漂い型」と、先が見えているにもかかわらず関心を失う「流され型」が想定されている（鈴木、2007）。流され型のキャリア・ドリフトは、自分自身のキャリアについては関心が低い状態であるが、自分の将来のキャリアについてはある程度予測できる状態である。ただし、予測される将来のキャリアは自分が決断したキャリアではなく、何もしなければそのように流れていくような状態である。

・キャリアについての認識と行動のモデル

これらの概念を組み合わせると、人は不透明感の中でどのようにキャリアの舵取りをしているのかについて、あるモデルを考えることができる。**図表4－1**をみてみよう。

ここでは、キャリア・ミスト（不透明感）が縦軸に、横軸に時間の経過が設定されている。キャリア・ミストは先がほとんど見えている状態から、全く将来が予測できない状態までの範囲が想定される。そのキャリア・ミストの軸の中間域にキャリア・ホープ、すなわち希望が感じられるゾーンが設定されている。これは、個人は時間の経過の中で将来のキャリアの見通しについての不透明感が移り変わるのを経験するものの、それに対して「絶えず希望が感じられる領域」を求めて職業生活を舵取りしているというモデルである。このモデルの中で描かれている個人がもっているのは、「将来が全く見えないのは困るのである程度方向性が感じられるようにはしたいが、先が見えすぎてしまうのも困るので見えない部分も残しておきた

Column 4 - 1

回顧的意味形成にまつわるバイアス

本章で出てきた、霧と希望のメタファーからなる離職プロセスの説明について皆さんはどのようにお感じだろうか。先が見えないのは困るが、先が見えすぎてしまうのも困る。それゆえ、不確実ではあるが希望の感じられる世界へと踏み出したという語りは、当時の心境を正確に表現しているだろうか。

インタビューを通じて人の主観的なキャリアに接近するという研究上の手法は、実はある危険性を常にはらんでいる。それが回顧的意味形成にまつわるバイアスだ。人は過去を振り返りながら、その当時自分がどう感じたのか、どのような動機から行動を起こしたのかを思い出すのであるが、その作業は思い出すときの本人を取り巻く状況から大いに影響を受けるということが知られている。

たとえば、語りの時点において仕事が充実している人は、かつては「最高に楽しかった」出来事の自分にとっての意味あいが小さくなってくる。目の前のことに一生懸命になれているので、過去の小さな栄光はさして重みをもたないわけだ。逆に、語りの時点において仕事上の不遇に見舞われている人は過去の楽しかった出来事や成功体験を「あの頃はよかった」と美化しがちである。

つまり人の過去についての思い出は、それを思い出す時の状況によって影響を受けるのである。出来事を回顧的に振り返ってもらうインタビューはこの影響を無視することができない。実際、同一人物に対して過去の出来事の意味づけを、時間をあけながら何回も聞く調査からは、特定の出来事のもつ意味が時間の中で変化することが観察されている。個人を取り巻く状況が変化するにつれ、かつては悔しかった思い出も美談となり、かつての栄光もいつのまにか些細な出来事へと変化していく。霧と希望のメタファーで語られたキャリアは真実か、それとも語り手自身すら気づかないフィクションなのか。個人にとっての主観的なキャリアとは絶えず意味が書き換えられていく物語としての性質も備えているといえよう。

い」という心境である。

このモデルの中で、未来が見通せない時について考えてみよう。

たとえば、メンバーシップ型の雇用慣行が残っている日本企業に就職した場合、新入社員は将来の仕事像を描くことが難しい。思ってもみなかった部署に配属されたり、そこで何年過ごすのかを提示されなかったりするからである。また、そう

【図表4－1　キャリア・ミストとキャリア・ホープ、キャリア・ドリフトの関係】

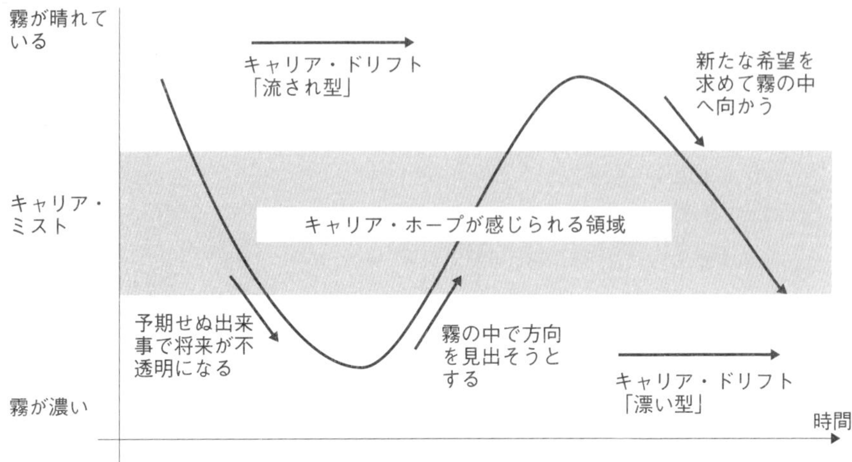

出所：筆者作成

いった企業では営業からマーケティング、経理から人事といった職種間のローテーションも行われるので、将来の仕事内容を思い描くことも難しい。こういったキャリア・ミストの中にあっては、組織からの期待や将来像の提示がないことに不満を感じることが多い。

そういった時は将来の不透明感が濃すぎるので、個人としては上司に将来のプランを聞いてみたり、自分で行きたいと思っている部署を面談でアピールしたり、人によっては特定の職種に就けるように資格等のスキル習得に励むかもしれない。こういった行為は個人のキャリアについての将来像に一定のビジョンをもたらすと考えられる。また、そこに一筋の希望としてのキャリア・ホープが感じられるようになれば、現状の仕事内容に満足していなくとも「いつかいいことがあるかもしれない」という気持ちを抱いて頑張ることができよう。

では、このモデルの中で未来を見通してしまった時についてはどうだろうか。

先の見えない状況とは逆に、キャリア・ホープの源泉となっていた希望の部署への異動が叶ったり、変動の少ない仕事環境に変化したりした場合はどうだろうか。「定年までこの職場で同じメンバーと頑張っていくのだ」ということを認識した時に、人によってはあまりにも不確実性が低いために「ここは居心地がいいけれど、本当にこのままでいいのだろうか」と感じることもあろう。それは先が見えなかった時の不安感からくる不満ではなく、逆にすべてがわかってしまったことからくる絶望である。

そのような時には、人は新たな可能性を求めて転職市場を模索したり、別の仕事にチャレンジしてみたり、よく知らないけれどあこがれのある地域での仕事を探し始めたりするかもしれない。これらの行動はキャリア・ミストを濃くすることで、「見通してしまった」と感じていた未来にふたたび未知の希望を復活させるとも考えられるのである。

では、そもそもキャリアに関心を持てない時はどのような状態にあるといえるだろうか。

図の中のキャリア・ドリフトの状態は「流され型」も「漂い型」も一見すると不健全な状態にあると考えられるかもしれない。特にこの本を手に取っている読者の皆さんのようにキャリアに興味ある人は自分のキャリアに関心を失っている状態というのは考えられないのではないだろうか。しかし、キャリア・ドリフトは必ずしも避けるべき状態とは限らない。目の前のことに一生懸命になっている、夢中になっているがゆえに先のことを考えられないのなら、それはキャリアの中で振り返った時に大きな意味を持つかもしれない。あるいは、先が見えてしまっているにもかかわらずそのままの状態を変化させないのは、未来のポジティブな受け入れとも考えられる。自分の仕事・組織に対して覚悟を決め、わかっている未来に向かって生きていくのも、変化よりも安定を求める人にとっては魅力的なキャリアなのである。

キャリア・ドリフトが問題となるのは避けがたい節目や転機が迫っているにもかかわらず自分のキャリアに関心を失っている時である。業界全体として市場の縮小が進んでいるような時、所属する企業が競争についていけなくなっている時、あるいは組織を去らねばならない時期が近づいているような時には、もう一度キャリア・マネジメントについての関心を回復する必要があるといえよう。

このように、働きながらも人はキャリアに対する認識を変化させ、さまざまな停滞を経験する。こういった停滞への対処は組織内で解決できることもあるし、今回のカリアさんの先輩の事例のように転職することで新たな方向へ進むということもあり得る。あるいはその状態の中で目の前の仕事に集中する、覚悟を決めてあえて変化を求めないというのも一種の対処法である。現代のように組織間や産業間の移動にかかる障壁が低くなった時代においては、自分の将来のあり方とそこで感じられる希望について、現在所属している組織や業界を越えて、より広い視野で考えることが大切だといえよう。

Column 4 - 2

キャリア・プラトー

将来が見えすぎてしまうことに関連するキャリアの概念として、キャリア・プラトーがあげられる。プラトーとは地形における台地のことを意味しており、ある程度標高はあるものの、それ以上高い場所が上に見当たらない特徴がある。すなわち、組織のベースから一定程度の昇進を経ている状態ではあるが、それ以上の高みには上りようがないと感じているとき、あるいは自分自身のキャリアがある程度発達したものの、それ以上の発達はないと感じられた状態である。キャリア・ミストやホープが30歳前後の比較的若年層から形成された概念であるのに対し、キャリア・プラトーは中年期のキャリアの危機として語られることが多い。つまり、中年期に差し掛かると自分の能力や今後どこまで昇進できそうなのかなどがある程度見えてきた状態にあり、それが原因の１つと考えられるのである。そのような状態にあって新しい仕事に挑戦したり、そのための能力開発に励んだりすることもできないとなると、キャリア発達が停滞してしまうのである（山本、2016年）。

職場における心理の専門家であるジュディス・バードウィックによると昇進におけるキャリアの停滞にともなう心理的なプラトー化は徐々に進むという。最初は理性的対応段階と呼ばれ、昇進が遅れたことなどに対してポジティブに対処し、仕事努力を増そうとする。しかし昇進の遅れが決定的になるにつれ、抵抗段階に入る。ここでは現実を受け止めることができないまま、いまだ発達の限界には達していないと考えることから能率の低い惰性的な長時間労働などがみられるという。最後は服従段階である。ここでは徐々に仕事から離れるようになり、消極的になる。

マネジメントの立場からは、メンバーをこのような状態にしないことが組織全体の業績にとって肝要である。そのためには部門間ローテーションや新たな能力開発、昇進とは異なるルートである専門職制度の導入などが対策として考えられよう。

また、組織のマネジメントの視点からも個人のキャリアの停滞に対処することは重要である。かつての、組織の成長が伴うことで可能であった年功序列のシステムは限界を迎えつつある。昇進以外の形でのキャリアの発達を提示する必要があろうが、変化の激しい現代においてはそれも困難が予想される。そのような時、組織のメンバーを導くのはより大きな希望を提示してくれる組織のビジョンである。不透明感の中にあっても、メンバーが希望を感じられるようなビジョンを提供できているのかは、組織にとってそれを背負ってくれるメンバーの継続的な確保に必要不可欠であると考えられる。

4 おわりに

人はフルタイムで仕事に就くようになってからも、自分のこれからについていろんな考えを抱く。組織に入っても、単に組織の階層を昇るということに専心するわけではない。仕事を通じたやりがいを求めたり、別の仕事が面白そうに感じたりすることもある。忙しい毎日の仕事の中にあっても、ふとした時に将来に思いをはせ、希望が感じられるかどうかを考えたりもするのである。

就職活動を控えている学生の皆さんは今まさしく自分の将来についてビジョンを描こうとしていると思う。圧倒的に情報が少ない中でその意思決定を支えるのは希望だ。「なにかおもしろそうだ」「きっといいことがあるに違いない」といった将来への希望に基づく今回の意思決定は多くの選択肢の中から１つを選ぶことであり、その後のキャリアに大きな影響を及ぼすだろう。ただし、仕事についての意思決定はこれでおしまいではない。仕事を始めても必ず停滞を経験する時が来るだろう。そのような時、自分にとって希望が感じられるのはどの方向だろうか。この探求はキャリアを通じて続くものなのである。

？考えてみよう

①　自分自身が理想とするキャリアについて、そのイメージがどこから来たのか考えてみよう。

②　不透明な未来に対してどのようにすれば人は希望を持ち続けることができるか考えてみよう。

③　今の自分自身にとって、キャリアの先が見えることと、わからない部分が残されていることのどちらが大切に思えるか、考えてみよう。

参考文献

- 加藤一郎『語りとしてのキャリア　メタファーを通じたキャリアの構成』白桃書房、2004年
- 金井壽宏『働く人のためのキャリア・デザイン』PHP新書、2002年
- 鈴木竜太『自律する組織人　組織コミットメントとキャリア論からの展望』生産性出版、2007年
- 山本寛編『働く人のキャリアの停滞―伸び悩みから飛躍へのステップ―』創成社、2016年

次に読んで欲しい本

- ダニエル・ギルバート著　熊谷淳子訳『幸せはいつもちょっと先にある―期待と妄想の心理学』早川書房、2007年
- ジュディス・M・バードウィック著　江田順子訳『「仕事に燃えなくなったとき」どうするか』ティービーエス・ブリタニカ　1988年
- やまだようこ編『人生を物語る―生成のライフストーリー』ミネルヴァ書房、2000年

第5章

新たな道を探る（転職・再適応）

1 はじめに

大学を卒業し、入社した会社に退職まで働き続けたいと思う人はどれくらいいるだろうか。

以前の日本企業では、入社してから退職するまで1つの企業で勤めあげる終身雇用によるキャリア形成のあり方が一般的であった。しかしながら、バブルが崩壊した1990年代以降、日本企業でもリストラが当たり前となり、終身雇用制は崩壊したと言われている。昨今は、1つの会社で退職まで勤めあげるとイメージしている人は少ないのではないだろうか。つまり、転職は当たり前の社会になったと言うことである。

終身雇用の時代は、自分自身のキャリア形成は、会社に任せておけば良かった。しかしながら、リストラが一般的になると、自分自身のキャリアを会社に任せておくだけでは、リスクが高まる。それゆえ、もし会社や自分に何かあれば、すぐに他の会社に転職できるような能力を身に付けなければならなくなり、自分自身のキャリアは自分自身で管理しなければならない時代になった。

また、少子高齢化の問題は、企業の人材獲得に大きな影響を及ぼしている。少子高齢化により、日本の労働力はどんどん乏しくなっていく。そうなると、新卒採用で人材を確保することが難しくなるため、企業の人材確保は中途採用が中心となると推測できる。

以上のように、個人のキャリア形成の観点からも、企業の人材獲得の観点からも、今後の日本社会において、転職は重要な意味を持つことになる。そこで本章では、転職について考えていくことにしたい。

2 転職の難しさ

カリアさんは、大学に入学してから飲食店でアルバイトをしていた。そこでは多くの友人もできたし、仕事の知識やスキルも身に付いて、社員からも後輩からも信頼される存在だった。それゆえ、アルバイトは楽しかったし、そのおかげか、大学生活は充実していた。

しかしながら、次年度からキャンパスが異なるため、地理的に便利なアパレルのお店でアルバイトをすることにした。いわゆる、転職である。この転職が、カリアさんの大学生活を一変させてしまう。

以前のアルバイト先では、仕事の知識やスキルも身に付けていて、社員や後輩アルバイトからも信頼されていたため、アルバイト先が変わっても、すぐに仕事になじめるだろうと思っていた。しかしながら、異なる仕事の仕方や専門用語、接客方法など、多くの点で前のアルバイトとは異なっており、ミスが続く日々となった。それゆえ、店長や先輩アルバイトからは、「あいつは使えない」というレッテルを貼られてしまい、新しい人間関係を築くことも難しくなった。新しいアルバイト先では既に人間関係ができていて、その輪の中に入っていくこともできず、孤独感を味わうようにもなった。毎日のようにミスをして店長から注意され、友人もできない孤独な状況が続き、以前は充実していた大学生活も楽しくなくなっていった。

大学生であってもこのような経験をした人はいるのではないだろうか。アルバイトであれば、比較的辞め易いため、このような状況であれば、すぐにアルバイト先を変えることもできるであろう。しかしながら、社会人はそうはいかない。長く１つの職場で仕事経験を積めない人間は忍耐力がなく、すぐに辞めてしまうというレッテルを貼られてしまい、なかなか次の職場が見つからないという状況に直面してしまう。そのようなキャリアの空白が長くなれば長くなるほど、新しい職に就くことが難しくなってしまうという負の連鎖に陥ってしまう。

「入社した会社が自分に合わないなら、すぐに転職すれば良い」と思っているのであれば、それは間違いである。確かに以前より転職は容易にできるようになったが、難しいのは転職した後、いかに新しい環境になじみ、高いパフォーマンスを発揮できるかのほうなのである。

転職者の新しい環境への適応課題とパフォーマンスを発揮するために必要な要素について、元プロ野球選手の稲葉篤紀氏の所属チームの移籍（転職）の事例から考えていきたい。以下が稲葉篤紀氏に関する記事になる。

『稲葉篤紀は現役時代、ヤクルトと日本ハムで、ちょうど10年ずつ現役生活を送っている。その前半と後半とで、選手としてのキャラがまったく変わった。ヤクルトでは当時の主力の陰に隠れていたが、日本ハムではチームリーダーにのし上がり、主砲として勝利に貢献、若手の教育係も務めて、地元の札幌では

「ミスター北海道」と呼ばれるほどになった。

単なる“キャラ変”を超えて、新たな稲葉像を確立したと言っていい。どうやってかくも大胆な“変身”を遂げたのか、稲葉が引退した年に聞いたことがある。

「日本ハムに来た最初は“壁”を感じましたよ。当時のパリーグ球団の人たちにはまだ、ぼくのようなセリーグ球団出身の選手に“チャラいやつ”とか“テングになってる”という偏見を抱いていたようでね。移籍後１～２年は、生え抜きの選手に一線を画されてる感じで、まったく溶け込めませんでした」

最近の稲葉ファンには意外に思われるかもしれない。稲葉はいかにしてその壁を崩したのか。

「一番大切なのはやはり結果ですよ。ぼくはFAで来たから、結果を出さなければいけなかった。自分で相手投手のデータを集め、ノートをつけて研究しました。そうしながら、チームの人間関係をじっと観察していたんです。たとえば、裏方さんを食事に誘うタイミングひとつとっても、外様のぼくがそんなことをして波風が立たないか、そういう雰囲気を見極めようと努力していました」

ようやく日本ハムになじみ始めたころ、年上の看板選手などが引退し、稲葉がチーム最年長となり、誰に気兼ねすることもなくリーダーシップを発揮する環境が整った、というわけだ。』（東スポWeb（tokyo-sports.co.jp）2017

年７月26日、侍ジャパン稲葉“新監督”）

この稲葉選手に関する記事には、転職者が新しい環境で直面する適応課題とそれをうまく乗り越えるためのコツが記されている。それは、アルバイト先を変え、新しい環境に上手くなじめていないカリアさんにとっても参考になるものである。以下で、考えていきたい。

3 転職者の組織適応課題

ここからは、元プロ野球選手の稲葉篤紀氏の事例を用いながら、転職者はどのような適応課題に遭遇し、新しい環境に適応していくのかについて考えていきたい。

３－１　既存社員と中途採用者の間の心理的障壁の解消とアンラーニング

稲葉氏はインタビューで、「日本ハムに来た最初は“壁”を感じ、まったく溶け込めませんでした」と発言している。

このように、転職者は、長くその会社で働いている先輩社員との人間関係の構築が重要な課題となるが、これがなかなか難しい。その点について、既存社員の心理から考えてみたい。既存社員からすれば、転職者がどのような人物で、どのような知識やスキルを有しているのか、自分のライバルになる存在かを見極めることから始まる。それが既存社員の「お手並み拝見意識」である。このお手並み拝見意識は、転職者にひしひしと伝わり、既存社員と転職者の間に心理的障壁を生み出すことにつながる。それが、稲葉氏も感じた“壁”のことである。

さらに、転職者の意識もこの心理的障壁に影響を及ぼす。転職者も長く所属している既存社員に対して、遠慮意識を抱く人が多い。確かに、新しい環境に来たばかりであれば、自分から積極的に意見を出したり、提案したりすることは難しい。このような転職者固有の遠慮意識は、転職者と既存社員とのコミュニケーションを停滞させたり、仲間意識を構築させたりするのを阻害してしまう。そうなると、転職者と既存社員の間の壁は、より一層高くなってしまう。

それゆえ、転職者は、転職時に抱きがちな遠慮意識を取り除き、積極的に既存社員とコミュニケーションを取り合うことが重要になる。そこで求められるのが、転職者のアンラーニング（unlearning）である。アンラーニングとは、「学習棄却」と訳され、いったん学習したことを意識的に忘れ、学び直す（学びほぐす）ことを言う。新しい環境に移行した際は、古い環境で染み付いた知識や習慣、行動特性を棄却し、新しい環境に合うように修正していかなければ、上手く環境になじむことはできなくなる。転職者は、前職でそれなりのパフォーマンスを発揮してきた人も多く、そのような経験から得られた持論やプライドを容易に捨て切れず、過去の経験に固執してしまう可能性がある。そのような過去の成功体験に固執してしまうと、既存社員の助言やアドバイスを聞き入れようとしなかったり、そもそも既存社員とコミュニケーションをとらず、心を閉ざしてしまいかねない。それでは、上手く環境になじむことはできなくなる。既存社員との間に生じる心理的障壁を取り除くためには、転職者が前職での経験や知識をアンラーニングし、既存社員のアドバイスを得ながら、現状に合う型に学びほぐすことが求められている。まさに「郷に入りては、郷に従え」と言えよう。

このアンラーニングは、転職者個人が意識しても簡単にできることではない。組織として、転職者のアンラーニングを促進する働きかけも求められ、中途採用者が携わる仕事の特性（多くのスキルを用いる仕事や問題解決に取り組む仕事）や職場のコミュニケーション風土が、アンラーニングと相関していることが示されている（尾形（2021））。多くのスキルを用いる仕事や問題解決に取り組む仕事では、今までの知識や経験だけでは仕事を遂行することが難しく、それらに依存し過ぎることは危険で、新しい知識やスキルを習得しなければならないことに転職者は気づかされるであろう。職場のコミュニケーションが活発であれば、同僚から多くを教授してもらうことが可能になるし、同僚同士の会話を聞くことで、自分の知識やスキルの欠けている部分に気づくことができ、学び直しの必要性を認識することができる。このように、転職者にアンラーニングの必要性に気づいてもらうことが重要である。また、転職者にアンラーニングとは何かを理解してもらい、実践してもらうための研修（脱色教育）も有益である。

以上のように、既存社員の「お手並み拝見意識」と転職者の「中途意識」の衝突が、両者の間に“壁”を生み出してしまうが、それを生じさせないためには、転職者がアンラーニングし、既存社員と積極的にコミュニケーションをとることが重要になる。職場の上司は、既存社員と転職者が、双方向でコミュニケーションを取り合える「場」を設けたり、双方の活発なコミュニケーションをファシリテートしたりして、コミュニケーションの活発な職場をデザインすることが重要である。人事

Column 5 - 1

転職活動に重要な弱連結

転職時に有益な情報はどこから入手されるのであろうか。M. グラノヴェター（1998）は、米国の専門職、技術者、管理職の人びとで、転職経験者を対象に、転職時に有用な情報が誰から得られるのかを調査した。その結果、転職時に貴重で役立つ情報の大半（83%）が「時々、あるいは稀にしか会わない人達」からもたらされていることを見出した。これを「弱連結の強み」と言う。職務情報探索という文脈で、弱連結の強みという逆説的な現象が発見された。

人生を左右する転職に関する情報なので、頻繁に会い、信頼できる強いつながり（強連結）の人達から得られるものであろうと考えた人も多いかもしれないが、結果としては、頻繁に会っている人達が有益な情報をもたらしたケースは残りの17%に過ぎなかったのである。その理由としては、頻繁に会う親しい友人は、いろんなことを親しく語り合えるという長所はあるが、行き交う情報や発想はマンネリ化してしまい、目新しい情報は得られない。

一方で、あまり会うわけでもない、単なる知り会い程度の人達の方が、日頃接する人達とは違う情報や発想を持っているため、より広い世界に連れて行ってくれる情報を有している可能性が高い。つまり、強連結ではなく弱連結が、異なる世界を結びつける架け橋になるということである。

皆さんも、携帯電話の中に、ほとんど連絡も取らないし、顔を合わせることもない人の連絡先が入っているのではないだろうか。そのような人の連絡先は、削除してしまおうと考えている人も多いかもしれないが、そのような人こそ、自分の知らない世界の情報を多く有し、新しい世界に連れて行ってくれる架け橋になる可能性を秘めている。グラノヴェターの発見事実に従うのであれば、削除せず、もう少し携帯電話の中に留めておく方が良いであろう。

部には、そのような壁を作らせないための知識の提供（研修）を実施することが求められる。

3-2　暗黙のルールの理解

前述の稲葉氏は、「裏方さんを食事に誘うタイミングひとつとっても、外様のぼくがそんなことをして波風が立たないか、そういう雰囲気を見極めようと努力していました」とインタビューで答えている。このような、場の雰囲気などを見極めることも転職者の重要な課題になる。

ほとんどの会社には、その会社固有の文化や慣習があり、目に見えない暗黙のルールも存在している。このような暗黙のルールや慣習、仕事のやり方などは、目に見える規則以上に職務遂行に影響を及ぼすと言われており、高いパフォーマンスが求められる転職者にとっては早急にそれらを理解し、それに見合った振舞いをしなければならない。特に「どことどこの部署は仲が悪いから、話の持っていき方には注意が必要」「あの人に理解してもらわなければ話は通らない」「根回しは絶対に必要」といった社内政治に関する情報は、仕事を円滑に遂行するためには、重要なものとなる。

しかしながら、このような情報は明示的に示されているわけでもないし、既存社員でも積極的に教えてくれるような情報ではない。さらに、このような情報は、長い仕事経験の中で無意識に習得している場合が多く、言語化できないため、教えることが難しい。それゆえ、転職者は、職場の慣習や暗黙のルールに関しては、自分自身で感じ取ったり、観察したりして理解していくしかない。稲葉氏も言っているように、自分自身で見極める努力が必要になる。

組織としてもそのような組織の文化や職場の暗黙のルールなどを明示化したカルチャーブックのようなものを作成し、転職者に配布するなどの工夫が求められる。

3－3　信頼関係の構築

仕事を円滑に行い、高いパフォーマンスを発揮するためには、有益な情報が必要になる。そのような情報は、多くの苦労や努力を経験することで習得できる。既存社員からすれば、長く、苦しい経験から得られた知識やスキルを、最近入社してきた転職者に簡単に教えるようなことはしたくないのが本音ではないだろうか。転職者が、そのような有益な情報を得るためには、既存社員と信頼関係を構築することが重要になる。皆さんも自分しか持っていない貴重な情報を誰かに提供しなければならなくなったとしたら、数日前に転校してきた付き合いの浅い友人と、長い付き合いで信頼している友人のどちらに提供するだろうか。おそらく、長い付き合いの信頼できる友人に提供する人がほとんどであろう。

他人と信頼関係を築くために必要なことは、「時間をかけること」である。しかしながら、即戦力として採用された転職者は、早急にパフォーマンスを発揮することが求められているため、ゆっくりと既存社員と信頼関係を構築している時間的猶予が与えられていない。

では、既存社員と短期間のうちに信頼関係を築くために必要なことは何だろうか。それが稲葉氏の以下の発言から理解できる。

「一番大切なのはやはり結果ですよ。ぼくはFAで来たから、結果を出さなければいけなかった。自分で相手投手のデータを集め、ノートをつけて研究しました。」

この稲葉氏の発言からも理解できるように、転職者には成果を出すことが求められている。転職者は、即戦力で採用されていることを考えれば、プロ野球におけるFA選手のようなものである。社会人経験があり、すぐに高いパフォーマンスを発揮してもらうために採用される人材である。その期待に応えることで、周囲からも「あの人は仕事ができる」と認められ、信頼される人材になれる。そうなれば、多くの有益な情報も入手することができるようになり、仕事のパフォーマンスにもつながる。

３－４　社内における人的ネットワークの構築

仕事は個人の力で達成できるものではなく、他者との協働作業を通じて遂行され、達成される。それゆえ、仕事でパフォーマンスを発揮するためには、良質な人間関係の構築が求められる。また、高いパフォーマンスを発揮するためには、多様な情報を入手したり、個別に協力を求めたりすることも必要になり、そのためには、広く、良質な人的ネットワークが不可欠になる。

しかしながら、新しい環境に転職してきた転職者は、人的ネットワークがほとんど構築されていない。それゆえ、「誰に、何を聞いて良いのかが分からない」状況に陥ることが多い。このような状況が長く続けば、パフォーマンスを発揮することはできないし、うまく新しい環境になじむことも難しい。

人的ネットワークの構築で特に重要になるのが、知人の数以上に、“Know who”の情報である。つまり、「誰が、どのような知識やスキルを有しているか、どのような経験をし、どのような情報を有しているか、この課題を解決するために必要な情報を持つ人物は誰か」を知っているかどうかである。そのような存在は、自分の仕事を円滑に行うためのキーパーソンになるため、高いパフォーマンスを発

Column 5 - 2

オンボーディング

オンボーディング（On-boarding）という言葉をご存知だろうか？　これは、船や飛行機に乗っているという意味で、それを会社に例えたものである。新入社員を同じ船（会社）の乗組員としてなじませ、一人前にしていくプロセスのことをオンボーディングと言う。つまり、新卒採用者や中途採用者など、新しく組織に参加してきた個人（新入社員）の円滑な適応をサポートする組織の制度や施策のことである。

このオンボーディングには３つの行動がある。１つ目は、情報を与える「インフォーム（Inform）行動」である。これは、新入社員に情報を提供すること、また新入社員の新しい役割や組織について円滑に活動していく方法について学ぶことができる経験を提供する会社の行動である。

２つ目が「迎える（Welcome）行動」である。これは、新入社員を歓迎したり、新入社員と同僚が顔合わせできる機会を提供するなどのプログラムや制度のことを言う。インフォーム行動は、新入社員にとって有益な情報面に焦点が当てられているのに対して、ウェルカム行動は、新入社員の感情面と人間関係の構築に重要となる。

３つ目が「ガイド（Guide）行動」である。新入社員のトランジションをサポートする個人的な指南役（バディやメンター）を提供することがガイド行動に該当する。新入社員には、多くの適応課題があり、そのような課題を１人で克服することは難しいため、身近に何でも相談できるガイド役が存在していることは有意義と言える。

日本企業416社に対する調査では、転職者に対するオンボーディングの具体的内容を調査しており、「入社１ヵ月以内の導入研修」（275社：66.1%）が最も実施している企業が多く、次に「ランチや飲み会などの歓迎イベント」（269社：64.7%）、「ハラスメントなどの相談窓口の開設」（249社：59.9%）「上司と中途採用者の定期的な面談」（245社：58.9%）、「職場内コミュニケーションの活性化の推進」（228社：54.8%）の５施策を実施している企業が多いことが分かった。

揮するためには重要な情報となる。転職者は、入社後、すぐに新しい環境での人脈づくりに尽力し、Know whoの情報を得られる広い人的ネットワークの構築が求められる。

3-5　中途ジレンマ

そのように考えると、「人的ネットワークの構築→多様な情報源→成果→信頼関係の構築」というプロセスが存在しているということができる。そして、信頼関係を構築することによって、さらに社内の人的ネットワークが広がったり、さらなるパフォーマンスを生み出したりすることができるというポジティブサイクルが生み出されることにつながる。

しかしながら、それが難しいのも事実である。転職者がこのようなプロセスにうまく乗るためには、誰もが直面するジレンマを乗り越えなければならない。それは「早急なパフォーマンスの発揮」と「時間を要する既存社員との信頼関係／人的ネットワークの構築」という“早急”と“時間を要する”のジレンマである。新しく組織に参加してきた転職者の多くが、このジレンマに苦しむことになる（**図表5-1**）。この転職者が遭遇するジレンマを「中途ジレンマ」と呼んでいる（尾形，2022）。

• 組織内の人的ネットワークを広げるコネクター

この中途ジレンマや転職者の適応課題を解決するために最初に取り組むべきことが人的ネットワークの構築である。中途採用者が社内の人的ネットワークを構築・広範化させることが可能になれば、中途採用者の適応課題の多くが、解決につながる可能性が高い。そこで重要になる存在が、転職者の人的ネットワークを広げてくれるコネクター（つなぎ役）である。コネクターは、なるべく当該組織での経験が豊富で、会社に精通している人物が良い。そのほうが、転職者が直面している課題を解決してくれる人材（Know who）を見極める能力が高いからである。さらに、他部署にも影響力を持つ役職者のほうが望ましい。役職者であれば、他部署の社員も紹介し易いし、依頼された人物も転職者とコンタクトを取らざるを得なくなる。そのように、社内の人的ネットワークを広げてくれる存在がコネクターであり、社内に知り合いがほとんどいない転職者にとって、非常に心強い存在となる。

社会人経験のある転職者でも、自分から積極的に既存社員に声をかけて人脈を広げることができない人は多い。それゆえ、組織として、このようなコネクターを割り当てることが有益なサポートになる。そして、組織内の人的ネットワーク構築・広範化することができれば、それ以外の適応課題の解決にもつながる。転職者は、

【図表5－1　中途ジレンマ】

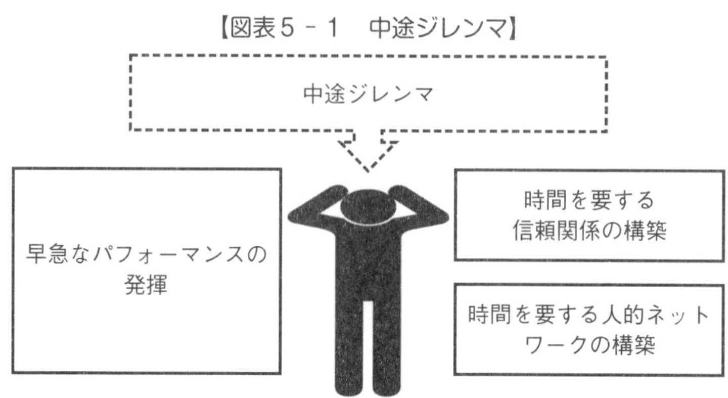

出所：尾形（2022）

新しい環境において、良質で広範な人的ネットワークを構築することに尽力すること。組織は、転職者に社内の人的ネットワークを広げてくれるコネクターを割り当てること。これらの行動やサポートが、転職者がうまく新しい会社に適応するために転職者自身と組織に求められる第1ステップと言える。

4 おわりに

ここまで見てきたように、転職者には、多くの適応課題が存在している。このような課題は、転職者自身の力で乗り越えることもできるが、組織からのサポートも必要不可欠になる。

稲葉氏の記事の中にも「ようやく日本ハムになじみ始めたころ、年上の看板選手などが引退し、稲葉がチーム最年長となり、誰に気兼ねすることもなくリーダーシップを発揮する環境が整った」と稲葉氏を取り巻く環境が異なってきたことで、上手くチームに影響を及ぼせるようになってきたことが記されている。

転職者が新しい環境で自分らしさを発揮できるように、会社側も転職者をいかに上手く環境になじませるかを考え、転職者がパフォーマンスを発揮し易い環境や制度を整備することが重要になる。

ここまで、人生の重要な転機になりうる転職について見てきた。今後の日本社会は、転職が当たり前の社会になり、転職を繰り返すキャリア形成のあり方（バウンダリーレス・キャリア）が一般的になるであろう。それゆえ、これを読んでいる多くの読者も、将来転職を経験することになる。日本人の多くが経験することになる転職をしっかりと理解し、転職者はどのような課題に直面することになるのかを事前に把握しておくことで、冷静にその課題に対処でき、円滑に適応課題を克服し、新しい環境になじむことが可能になる。その知識は今後の日本社会で充実したキャリアを歩むために必要な知識と言える。会社側も、転職者が円滑に中途ジレンマを克服できるように、サポートを提供することが求められる。転職者と会社の双方の転職に関する知識を増やすことが、幸福な転職社会の実現につながるであろう。

？考えてみよう

① 中途採用者として新しい職場に入社した時、上手く環境になじむために中途採用者個人に求められる行動は、どのような行動だろうか。具体的に考えてみよう。

② 中途採用者が入社した時、上手く環境になじませるために会社側（人事部）に求められることは、どのようなことだろうか。具体的に考えてみよう。

③ 自分自身が転職をすることになった際、新しい会社で活躍するために、どのようなことを意識しなければならないだろうか。具体的に考えてみよう。

参考文献

- マーク・グラノヴェター『転職―ネットワークとキャリアの研究―』（渡辺深訳）ミネルヴァ書房、1998年。
- 尾形真実哉『中途採用人材を活かすマネジメント―転職者の組織再適応を促進するために―』生産性出版、2021年
- 尾形真実哉『組織になじませる力―オンボーディングが新卒・中途の離職を防ぐ―』アルク、2022年

次に読んで欲しい本

- 中原淳・小林祐児『働くみんなの必修講義　転職学―人生が豊かになる科学的なキャリア行動とは』KADOKAWA、2021年
- 尾形真実哉『中途採用人材を活かすマネジメント―転職者の組織再適応を促進するために―』生産性出版、2021年
- 尾形真実哉『組織になじませる力―オンボーディングが新卒・中途の離職を防ぐ―』アルク、2022年

第6章

キャリア・アンカーとキャリア・サバイバル

1 はじめに

この章で扱うのは、キャリアの中期以降で有用な2つの概念的ツール、すなわちキャリア・アンカーとキャリア・サバイバルである（以下ではアンカーもしくはサバイバルという表記も併用する）。耳慣れない言葉で戸惑うかもしれないが、自分のキャリアを歩むうえでの長期的な軸となるのがアンカー、中・短期的な周囲の環境に適応することを支援するのがサバイバルである。

自分らしさを失って親や教師あるいは上司の言いなりでは、他ならぬ自分のキャリアとは言えないだろう。しかし自分にこだわり過ぎて周囲を無視しては、仕事にならない。社会的な仕事というものが自分以外の誰かに価値をもたらす行為だとすれば、それは他者の期待に応えることだとも言える。キャリアというものは、一方で自分を大切にしながら、他方で他者とうまく関わることによって開けてくる。アンカーによって内的な軸を把握しながら、サバイバルによって外的適応を考えることで具体的なキャリア上の指針を得ることができる。

もちろん、この考え方自体はキャリアの初期でも当てはまる。就職活動でお馴染みの自己分析と業界・会社・職種分析をイメージするとよいだろう。自分を知る一方で他者を知ることにより、両者のマッチングを検討するはずだ。自分がなぜその仕事に就きたいのかを説明する志望動機では、自分の内的な動機や価値観の理解が重要になる。また自己PRでは、他者である会社や仕事に対し、いかに自分が適しているのかを伝えることになるだろう。この時、相手を無視した志望理由や自己PRでは内定はおぼつかない。労働市場における売り手であり労働力商品でもある自分を理解するだけでなく、労働力の買い手、言い換えれば顧客としての企業側・採用側のニーズを理解し、これに適合させる必要がある。

就職活動のみならず、ワーク・キャリアを歩むうえでは、自分の理解と自分以外という広義の他者のニーズを把握しつつ、両者を調和させることが必要になる。この両輪を考えるツールが、アンカーとサバイバルである。

2 ある起業家のキャリア

テレビで、ある経営者の逝去のニュースが流れた。カリアさんは、その会社は知っていたし、経営者の名前に聞き覚えもあったが、彼がどのようなキャリアを歩んできたかはよく知らなかった。逝去がニュースになるような経営者K氏はどんな仕事人生を歩んできたのだろう。

K氏は７人兄弟の次男であった。兄や妹たちは進学をあきらめ、彼の大学進学を支援してくれた。鹿児島大学工学部を卒業後、絶縁体を扱う関西のあるメーカーに研究職として入社した。テレビ放送の開始を背景に需要が増えたテレビのブラウン管。そこで使う絶縁体部品のためのセラミック合成に１年がかりで取り組み、製品化にまでこぎつけた。それは日本初の合成成功であり、技術者冥利に尽きる思いだった。

入社３年で主任に昇格し、日立製作所からの要請を受け、セラミック真空管の試作に取り組んでいた。開発が難航する日が続き、他社から来た新任の技術部長に真空管開発の仕事を取り上げられそうになった。K氏では能力不足だと言うのである。「素人のお前に何がわかる？」という思いだった。技術者としての自分を否定された彼は７人の同僚とともに会社を辞め、K氏を買っていた前任の技術部長など周囲の支援を得て、新会社を設立した。

朝から晩まで働いた甲斐もあり、創業２年目には高校新卒者を11名採用できた。しかし、１年が経ち彼らが仕事を覚え出した頃、団結して処遇改善を訴えてきた。昇給とボーナスの最低額の保障など要求は多岐にわたり、受け入れられなければ皆

で辞める、とまで言う。裕福とは言えない実家に仕送りを続けていたK氏だが、決して十分な額を送れているわけではなかった。進学を支援してくれた親兄弟すら支えきれない自分が、たまたま就職してきた1年の付き合いしかない他人の将来まで保障しなければならないのか。「安定的とは言えない会社だが一緒に大きくしていこう」。採用時、そう伝えたではないか。

要求は断固として受け入れられない、と伝えた。実際、そのような約束をできる状況ではなかった。嘘は付けない。三日三晩にわたって議論し、最後には説得したものの、この時の経験はK氏の考え方に大きな変更を迫るものだった。

技術者としてのキャリアをあきらめたくないがための起業だった。しかし社員はそんなこととは関係なく、一生を託して入社してくる。会社は技術者としての自分の夢をかなえる道具ではなくなった。社員やその家族の生活を守り、幸せを目指すための存在になった。「全従業員の物心両面の幸福を追求すると同時に、人類、社会の進歩発展に貢献すること」という経営理念は、この時の思いをしたためたものだ。

それはK氏亡き今も受け継がれ、従業員数2万人、売上高1.8兆円を誇る京セラの経営理念として掲げられている。K氏とはもちろん故・稲盛和夫氏であり、京セラ・グループの拡大とともに、KDDIの前身である第二電電の設立や日本航空（JAL）の経営再建などにも尽力した。

組織論の授業で課された課題図書『アメーバ経営』を読んだカリアさんは思う。「人としての正しさ」を大切にした偉大な経営者。ユニークな経営手法はもちろん、その哲学ゆえに、没後なお彼を慕う実務家は多い。自分も彼の考えに従えば成功者になれるのだろうか。

3 キャリア・アンカーとキャリア・サバイバル分析

3－1 キャリア・アンカーとその働き

キャリア・アンカーとは、主に仕事に関わる自己イメージである（第2章参照）。仕事に関する自己の諸側面について自身をどう認識しているのか、ということである。とりわけ、自分は①何が得意だと感じているのか（能力・適性・強み）、仕事に②何を求めているのか、何を求めていないのか、何によって動機づけられるのか（欲求・興味関心）、仕事上の選択をする際に③何を重視し優先するのか、何に意義を感じるのか（価値観・意味）という3つの側面に関する自己認識である。これら相互に関連する側面について、自分自身をどう捉えているか、という自己像がアンカーである。

自己認識あるいは自己イメージに合わない活動は、仕事に限らず苦痛をもたらすことが多い。例えば「縁の下の力持ちタイプなので人前に立つ人間ではない」という自己イメージの人は、大勢の前で自分を表現することに強いストレスを感じるだろう。もちろん、意外に楽しいと感じる自分を発見することもあるが、そうした発見を含め、様々な仕事経験を経て形成された自己イメージは、やがて自分というものの中核をなすようになる。これがアンカーである。アンカーが明確になるには、少なくとも10年程度の実務経験、これに伴うキャリア上の意思決定の経験が必要だとされている。

そういう経験の中で磨かれ見出された自分らしさ（アンカー）に合った仕事あるいは仕事環境は、キャリアへの満足感をもたらすだろう。自分のイメージに合った服装に身を包んだ時と、そうではない格好をした時とを思い浮かべるとよいかもしれない。楽しく居心地が良いのはどちらであるか自明であろう。

現在のところアンカーには8種類が提起されているが、いずれもキャリア上の意思決定をする際の内的な基準として機能する（**図表6－1**）。アンカーに適合的な仕事へ個人を誘導すると同時に、適合的でない仕事や環境へ向かわないよう抑制する働きを持つ。あるいは適合的でない環境から適合的な環境へゆり戻す働きを持つ。ちょうど、自分のイメージに合わない服装を脱いで自分に合った服装へと着替えたくなるように、仕事や仕事環境を自己イメージに適合的なものへと導く働きをする。

3－2　稲盛和夫氏のキャリア・アンカー

キャリア・アンカーは、適性や持って生まれた素養のようなものとして捉えられがちだが、これは誤りである。繰り返しになるが、キャリア・アンカーは長年のキャリア上の意思決定の繰り返しの中で自覚される譲れない軸である。あれも大事だがこれも大事、右か左かという二律背反の中にあって選択される自己認識である。

適性という見方をすれば、稲盛氏は出身学部やキャリア初期の実績、あるいは独立起業の背景からTF（専門／職能能力）がキャリア・アンカーのように見える。

【図表6－1　8種類のキャリア・アンカー】

アンカー	TF：専門／職能能力	GM：総合管理能力
動機・欲求	専門能力や専門技能の発揮、技術的挑戦	組織階層上の昇進
能力・適性	専門外の職能横断的総合管理は苦手、専門部門内管理は可	専門能力は出世の手段
価値観	専門知識・技能の重視、全般管理の拒否	地位の高さ、階層の上昇、管理範囲の拡大を重視
アンカー	AU：自律／自立	SE：安全／安定
動機・欲求	仕事生活の自己管理	経済的安全・安定性
能力・適性	組織の制約が苦手	様々
価値観	自己決定を重視、他律の拒否	安全、安定性
アンカー	EC：企業家的創造性	SV：奉仕／献身
動機・欲求	事業・製品・サービスを作り出すこと、創造性発揮、起業独立	環境問題や世界平和、人類や途上国の福利厚生の向上・使命感
能力・適性	学生時代からの事業開始、新規事業を常に思索している	様々
価値観	収入を創造性測定の基準として重視、自己顕示の重視	他者や自身が信じる主義主張・信念・理想の重視
アンカー	CH：純粋な挑戦	LS：ライフスタイル
動機・欲求	障害の克服、困難への挑戦、難問の解決、強敵に勝つこと	仕事とそれ以外の生活（家族の状況や個人的成長等）との調和
能力・適性	競争的環境を好む、仕事内容（競争分野）に無関心	様々
価値観	勝つことの重視 勝ち負け、成否に固執	キャリア重視の決定はしない、それ以外の生活を同等に重視

出所：Schein, E. H. (1990) "Career anchors and job/role planning: The link between career pathing and career development," WP #3192-90-BPS, pp.1-21の記述より筆者作成

Column 6 - 1

キャリア・アンカー

キャリア・アンカーという言葉は奇妙に聞こえるかもしれない。キャリアの錨（いかり）とはどういう意味だろうか。アンカー生みの親であるシャイン博士はMIT（マサチューセッツ工科大学）のビジネス・スクールで教鞭をとりながら、卒業生が就職先の会社に染まっていく様子（組織社会化）を研究していた。

彼（彼女）らが入社後どのように変化していくのか、10年以上にわたるパネル調査（同じ人々に1年ごとなど一定間隔をおいて調査する手法）を行った結果、個々の経験は様々であったが、キャリア上での意思決定を行った理由に、あるパターンを見出すことができた。卒業生が適していない仕事に就いたとき、もっと適した何かに「引き戻された」というイメージについて語ったことから、アンカーという概念の着想が得られたという。

波の流れの中に漂う船は、広大な海さながらの世界でキャリアを進む人々に似ている。次の旅に備え準備する時や大きな嵐の時、どこかでしっかり留まるためには錨が重要だ。頼りない小舟のような個人にとっては特にそうだろう。錨がなければフラフラと波まかせに漂流してしまう。拠り所があればこそ、未知の旅へと赴くことができる。

心理学の愛着理論でいう「心の安全基地（secure base）」になぞらえれば、キャリア・アンカーは、キャリアを歩む人々にとっての安全基地だと言えるかもしれない。小さな子供は、愛着対象である母親という安全基地があればこそ、知らない外の世界を探検することができる。これが愛着理論だ。現代では母親に限らないかもしれないが、不安になったり疲れてしまったりした時、振り返ればそこにあり、安心して戻れる場所が安全基地である。寄る辺となるアンカーがあればこそ、変わりゆく世界の中での生き残りや適応に取り組めるのかもしれない。

一方のキャリア・サバイバルという名称だが、博士自身はこの言葉を好んでいないようだ。研究成果として出版した際、編集者に勝手に命名されたことが原因と言われる。自律がアンカーだという博士には自身の研究成果の他律的な命名は耐えがたかったのかもしれない。したがって、博士自身はこれを「職務／役割プランニング」と呼んでいるが、ここではわかりやすさを優先しサバイバルと呼んだ。

アンカーもサバイバルも耳慣れない言葉かもしれないが、誕生の経緯を知ることで、少しは身近に感じてもらえただろうか。

第6章

一方、成功した起業家、名だたる経営者というステータスはEC（企業家的創造性）アンカーを想起させる。あるいは京セラの成功後、NTT一強時代に第二電電（後のKDDI）の立ち上げに手を挙げ、日本航空の再建に乗り出すなど、困難に向かう様はCH（純粋な挑戦）アンカーのようにも映る。

しかし、こうした客観的なキャリアのありようから、彼の主観的な自己イメージであるキャリア・アンカーを特定することは不可能である。それは他人が見定める適性などではなく、自分が自分に対して持つ認識なのである。したがって、稲盛氏亡き今、そのアンカーを把握することはできない。以下は筆者の主観に過ぎないが、彼がどうしても捨てられなかったもの、キャリア上の選択で迷ったときに大切にしたアンカーは、世のため人のために自身を捧げるという態度からSV（奉仕／献身）であったろうと考えている。

以下は、稲盛氏の『私の履歴書』からの引用である。当時NTT独占であった電気通信事業に1,500億円の資金から1,000億円を投じた際の葛藤にSVアンカーを感じ取ることができる。

「『稲盛和夫の名を残したいという私心から出ていないか』『国民の利益のためにという使命感に一点の曇りもないか』。夜ごと、もう一人の私が『動機善なりや、私心なかりしか』と厳しく問いつめる。半年ほど迷いに迷った末、純粋な動機に基づく社会的な事業であれば、必ず広範な支持を得て成功するとの確信を持つことができた。」

その著書等の記述に従うのであれば、オイルショック下の雇用の死守、数々の買収を行った動機など、経営者としてのキャリアの中での様々な意思決定において彼が大切にしたことは、働く人々のため、広く世の中のため、という奉仕の精神であったように思われる。

3-3　キャリア・サバイバルとその活用

アンカーが自分の心の中にある譲れない軸あるいはキャリア選択上の内的基準だとすると、仕事や組織といった自分の外的な環境に適応するためのツールがサバイバルである。我々は、自分以外の他者の期待に応えることで社会的に認められ、給与のみならず昇進や能力開発の機会と言った様々な報酬を得ることが出来る。このような他者からの期待を整理し、現時点あるいは近い将来の環境適応に向けた指針

Column 6 - 2

ネットワーク

キャリア・サバイバルの分析では、ある役割を中心とした利害関係者（その役割に何らかの期待を持つ人たち）を、自分を中心に配置したネットワーク図に描く。この図は自分が中心のネットワークという意味でエゴ・セントリック・ネットワークと呼ぶ。

我々は社会のネットワークの中で生きていると言ってよい。キャリアにおいてもネットワーク、言い換えれば人脈の研究が行われている。その古典的なものの1つに、マーク・グラノヴェターの『転職の研究』がある（グラノヴェター、1998）。この研究は、社内や親しい友人のような強い繋がりがある関係、すなわち強い紐帯（チュウタイ）ではなく、むしろ別組織や別の地域にいて普段あまり接する機会がないような人たちとの弱い紐帯の方が、転職をする際に有用な情報源となることを示した画期的なものであった。親しく濃密な関係にある人たちは、同じ情報を共有し、似たようなモノの見方をする。しかし、そうでない人たちは、自分とは違った情報や観点をもたらしてくれる。結果として、思わぬチャンスに気が付くことができるというのが、その主な理由だ。弱い紐帯のほうが転職活動では強みになるという点がパラドクシカルで興味深い。

ところが、わが国で同様の調査を行った渡辺深教授の研究では、むしろ強い紐帯の方が転職に有用であったという（渡辺、2014）。何ができるかが問われるジョブ型ではなく、どういう人物なのかが重視されるメンバーシップ型の雇用関係では、コネや有力者からの後ろ盾がある方が信用につながり、次の仕事が得やすいということかもしれない。

現代の日本は、従来のメンバーシップ型と欧米で主流のジョブ型が混在する雇用環境と言えるかもしれない。弱い紐帯と強い紐帯という多様なネットワークあるいは人脈を持っていることがキャリアの上では強みとなるだろう。言うまでもないが、強い紐帯からは、例えば家族関係のように、より具体的で親密な支援や共感を得ることが出来る。ストレスフルな社会の中で、そういう人間関係は重要な資源である。

なお、2つ以上のネットワークのまとまり同士をつなぐ位置にある個人は、異質な情報を橋渡しできるという強みによって、革新的アイデアの産出や昇進において有利になりやすいことが知られている。この橋渡し的なネットワーク上の位置を構造的空隙（ストラクチュアル・ホール）と言う（バート、2006）。弱い紐帯の意味を批判的に検討した結果の産物と言えるだろう。

を与えてくれるツールがキャリア・サバイバルである。これは、自分を中心とした利害関係者のネットワークと、利害関係者から向けられた期待とを視覚化して整理したものである。

この上で、自身のアンカーと照らし合わせながら、自身のキャリア形成に対して大きな影響を与えうる重要な他者は誰なのか、その期待はどういうものなのか、誰の期待と誰の期待が矛盾しているのか、それらにどう対処するとよいのか、あるいは期待に応えるべく、どのような能力を高める必要があるのか等を考える。さらに言えば、それら利害関係者や期待内容は今後５年先にどのように変化するのか、誰が重要になってくるのか、重要な期待には何があり、どうすることでそうした期待にうまく応えることが出来るのかを考え、中・短期的な適応指針とすることができる。

３－４　起業３年目のサバイバル分析

新しい上司に技術職を外された27歳の稲盛氏は退職を決意し、自身の技術を世に問うべく、新たな会社「京都セラミック」を仲間と立ち上げた。仲間とは、20代前半の元部下７名と56歳の元上司（元技術部部長）の青山氏だった。稲盛氏を含む彼ら９名は血判状を作って将来を誓い合った。稲盛氏の技術開発を支え、新たな会社の成功に向けて朝も夜もなく尽力した。

とりわけ青山氏は京大工学部の同窓である宮木電機製作所の西枝専務と交川常務に掛け合って新会社設立のための出資を嘆願し、稲盛氏とともに何度も自宅に押し掛けて頭を下げた。その熱意に押され、資本金300万円のうち、宮木電機製作所の社長が130万、西枝専務が40万、交川常務が30万を各々出資することになった。残りの100万円は青山氏や稲盛氏を含む創業メンバーが出資した。西枝専務に至っては事業開始に向けた銀行借入れ1,000万円のために自宅をも抵当に入れた。こうして周囲の人々に支えられ、稲盛氏は自らの技術を世に問う場を得た。社長に筆頭株主の宮木電機社長、専務に元上司の青山氏を据え、稲盛氏自身は取締役技術部長として現場を指揮した。

幸い、松下電子工業がテレビ用のフォルステライト磁器製品を大量発注してくれた。しかし、限られた機械と不慣れな人員では思うように量産できず、連日の徹夜作業が続いた。１年間、脇目も振らず一丸となって働いた結果、2,600万円を売り上げ、300万円の経常利益を上げた。翌年も利益は倍増し一見順調に思えた。

【図表6－2　稲盛和夫氏のキャリア・サバイバル分析（創業3年目)】

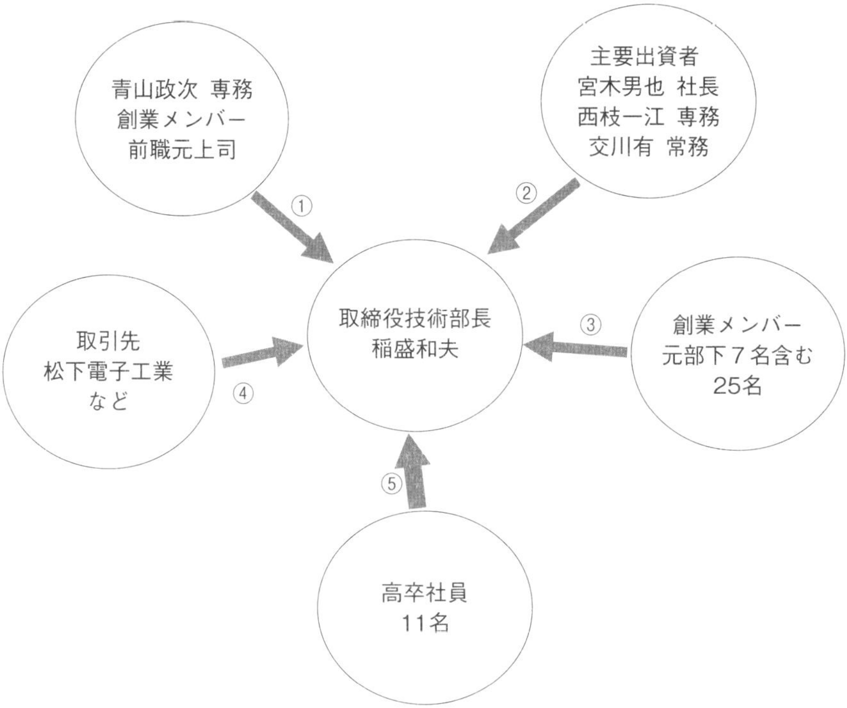

青山政次 専務
創業メンバー
前職元上司

主要出資者
宮木男也 社長
西枝一江 専務
交川有 常務

取締役技術部長
稲盛和夫

取引先
松下電子工業
など

創業メンバー
元部下7名含む
25名

高卒社員
11名

①（青山政次 専務 → 稲盛和夫）
②（主要出資者 → 稲盛和夫）
③（創業メンバー → 稲盛和夫）
④（取引先 → 稲盛和夫）
⑤（高卒社員 → 稲盛和夫）

	稲盛和夫氏（京都セラミック取締役技術部長）への期待内容
①	元上司で稲盛氏の技術力や人間性を高く評価。宮木電機に出資を働き掛け、自らも出資。稲盛氏の技術、熱意、会社や事業の成功を期待していると思われる。
②	青山氏らの説得を経て出資し、工場も提供。稲盛氏の成功、事業の成功、早期の黒字化を願っているが、一方で赤字や自宅を抵当で取られることも覚悟している。
③	稲盛氏の技術力を信じて稲盛氏とともに離職。事業や新会社の成功を願い、必死で働いている。
④	テレビ用のフォルステライト磁気製品を大量発注しており、部品の安定供給を願っている。
⑤	真面目に働く見返りに、安定的な昇給、安定的なボーナス、将来の雇用の保障などを求めている。

出所：筆者作成

しかし会社設立３年目の４月末、前年度に入社した高卒社員11名が団結し「要求書」を突き付けてきた。定期昇給、ボーナスなどの保障をしなければ会社を辞めるという。朝８時から深夜に至る真面目な勤務ぶりであっただけに青天の霹靂だった。この当時の稲盛氏のキャリア・サバイバル分析の結果を、その著書等に従って図示してみよう（**図表６－２**）。

サバイバル分析でわかることは、出資者や創業メンバーあるいは取引先と、新卒メンバーの期待の相違である。前者の多くは、稲盛氏の情熱、技術力、志を信じ、創業メンバーに至っては会社を辞め、昼夜を問わず、待遇も構わず必死で働いている。会社設立後に新卒入社したメンバーも休日返上で働いたが、前職を辞めたり出資したりと、大きなリスクを負ってまで稲盛氏個人を信じ、ついてきたわけではなかった。それでも熱心に働いていたがゆえに、１年間蓄積してきた不満が限界に達したのだろう。11名の若者を責めることはできない。５年、10年と会社が順調に成長したとしても、今の働き方や待遇では、創業メンバーではない新たに入社する未来の従業員も、11名と同じ不満や要望を抱くことだろう。

稲盛氏が出資者や創業メンバーの期待に応えるためには、会社の存続はもちろん、事業を拡大し成功させなければならない。そのためには多くの人材の確保が重要になってくる。サバイバル図の５年先を考えたとき、高卒社員11名の期待は、将来的に、より多くの従業員の期待になっていることが予想できる。サバイバル分析からは、少数の、新参者の要望だからと軽く見ることはできないことがわかる。

３－５　アンカーとサバイバルの調和

ここでの顛末は第２節で述べた通りである。稲盛氏は若手社員の要望そのものは飲まなかった。しかし若手の「反乱」によって考え方は変わった。自らの技術を世に問うための会社から、全社員のための会社へ。専心してきたセラミック技術の開発を通じた自己実現を、より大局的な視点から捉え直すことで、自らの使命を、従業員をはじめ広く社会全体への貢献だと改めた。

この時点までの稲盛氏は、自らの技術を頼みに懸命に働いてきた。30歳前後であり、仮に当時、アンカーという概念があったとしても、まだ自らのアンカーを同定することはできなかっただろう。ただし起業の経緯からわかるように、技術者としてのアイデンティティが重要であり、アンカーで表現するならばTF（専門／職能能力）と答えた可能性が高い。

一方、サバイバル分析から、若手の要望は他の重要なステークホルダー（利害関係者）の期待とは異なっていた。また、少なくともその時点では非現実的な期待に思えた。しかし、サバイバル分析に基づいて、その5年先、10年先の変化を考えたとき、11人の要望はまだ見ぬ100人の、あるいは1,000人の要望へと拡大することが予想できた。出資者や創業メンバーの期待に応えるためには、経営を軌道に乗せ事業を拡大していく必要がある。そのためには優れた従業員を確保し、力を発揮し続けてもらう必要がある。自らの技術開発にのみこだわって、あるいは短期的視点だけで彼らの要望を軽く見ていれば、会社の成長にはいずれ限界が訪れたかもしれない。

4 おわりに

TF（専門／職能能力）アンカーの者は技術の追求やそのための管理は行うものの、全般的なヒトの管理は好まない傾向にある。もし稲盛氏のアンカーがTFで、アンカーのみに基づいて意思決定をしたならば、自らの専門外のことに関わらず、他の管理者に任せたり、技術追求の道を邪魔する存在として若手の声を切って捨てたりしていたかもしれない。

しかし、サバイバル図の変化についても分析を行うことによって、彼らの要望は潜在的に重要なものであること、正面から対処すべき問題であると気づくことができる。また、こうした分析自体に取り組むことにより、将来的にも、この種の問題に対峙していく必要性が自覚される。そうしたピープル・マネジメントの問題に対処するマインドや能力を身に付けるか、ヒトの管理は他者に任せ、自らは技術の追求のみに専心する道を探るかなど、複数の選択肢を検討することができる。つまり、アンカーとサバイバルの双方を用いて検討することによって、喫緊の課題への対応策とともに、自らのキャリア開発の道筋を得ることができる。

稲盛氏が生きた時代にこうしたツールはなかったし、それらに頼らずとも、彼は自らの軸を定め、時流をつかみ続けることができた。しかし、彼のような稀代の経営者でなくとも、このようなツールを使うことによって効果的なキャリア開発は可能である。

稲盛氏の真似をすれば成功者になれるのか、というカリアさんの疑問があった。アンカーとサバイバルの観点からは、必ずしもそうだとは言えない。アンカーは自己イメージであるから、人によって異なるものであり、キャリアから得られる満足や自らにとっての成功はアンカーによって異なる。もちろんアンカー間に優劣はない。他者からの期待も、置かれた時代や状況も異なる。つまりキャリアの成功に唯一の正解はない。したがって「成功」に至る道筋も様々だ。それは経験の中で自らの軸を得、一方で他者の期待をつかみ、双方の調整を行うことによって個々が独自に切り開いていくものである。その時に利用できるツールとしてアンカーやサバイバルを知っておくとよいだろう。

? 考えてみよう

① 10年以上の仕事経験がある身近な人（お父さんやお母さん）のキャリア・アンカーを探ってみよう。参考文献を使ってアンカー発見のインタビューを実施してみよう。

② 同じようにキャリア・サバイバル（職務・役割プランニング）を行ってみよう。練習にサークル等の所属組織における自分自身の現在の環境を分析してみてもよい。

③ 以上を踏まえて、中・短期的に学習・適応すべきことや、より長期的に今後どのようなキャリア計画が適切なのかをインタビュー相手と一緒に考えてみよう。

参考文献

- 稲盛和夫『アメーバ経営：ひとりひとりの社員が主役』日経ビジネス人文庫、2010年。
- エドガー・H. シャイン『キャリア・アンカー―自分のほんとうの価値を発見しよう』（金井壽宏訳）白桃書房、2003年。
- エドガー・H. シャイン『キャリア・サバイバル―職務と役割の戦略的プラニング』（金井壽宏訳）白桃書房、2003年。
- エドガー・H. シャイン『キャリア・ダイナミクス―キャリアとは、生涯を通しての人間の生き方・表現である』（二村敏子・三善勝代訳）白桃書房、1991年。
- 日本経済新聞（Web版）「私の履歴書　稲盛和夫（京セラ名誉会長）全30回」（2001年3月掲載）

次に読んで欲しい本

- マーク・グラノヴェター『転職―ネットワークとキャリアの研究』（渡辺深訳）ミネルヴァ書房、1998年。

- ロナルド・S.・バート『競争の社会的構造―構造的空隙の理論』（安田雪訳）新曜社、2006年。
- 渡辺深『転職の社会学―人と仕事のソーシャル・ネットワーク』ミネルヴァ書房、2014年。

第7章

偶然を増やす、偶然を活かす

1 はじめに

誰もが、進学や就職といった節目に、両親や先生から進路や職業人生を計画することの重要性を諭された経験があるだろう。その通りいくはずがない、面倒だなと思いながらも、しぶしぶ計画を立てた人は少なくないだろう。だが、これまでの自身の歩みは計画通りだっただろうか。一方で、たまたま○○した、というように偶然の出来事が、仕事や職業生活に影響を及ぼしたことはないだろうか。

われわれのキャリアはデザインしきれるものではなく、偶然や予期せぬ出来事によって影響される。顕著な業績を挙げた人物でさえ、実は計画に沿って１つひとつ事を進めたというよりは、偶然をきっかけに飛躍を遂げた、ということが珍しくない。

本章では、偶然がキャリアに及ぼす影響の大きさを実感してもらうために、偶然がキャリア上の転機となった４人の事例を紹介しよう。実は、このような現象を説明するうえで有用な考え方がキャリア論で提示されている。読み進めると、その考え方と計画的にキャリアを管理するという伝統的な考え方とがいかに対照的なものであるかを確認できるだろう。ぜひ、キャリアにおける偶然について理解を深め、皆さんが良いキャリアを重ねるための一助としてほしい。

2 偶然の出来事とキャリア

就職活動中のカリアさん。友達が、進みたい業界の企業のインターンシップに参加したことを耳にした。将来を考え真剣に計画を立てて頑張っている姿が目に浮かび内心焦るが、どうもやる気がでない。その晩だらだらとYouTubeを見ていると、さくらももこ氏についての動画をたまたま見つけた。

２－１　偶然の出来事１：審査員の激賞

さくらももこ氏と言えば「ちびまる子ちゃん」の作者として有名であるが、漫画家を目指すまでには紆余曲折があったという。

本人曰く高校２年生まで「怠けものの日々」を過ごしていたのだが、春休みに流石に何かを始めないとまずいという気持ちになったとのこと。そこで以前から目指していた正統派ラブコメ少女漫画を描くことにしたのだが、うまくいかない。ようやく描き終えた作品を投稿するも相手にされず、そこで深く落胆したらしい。その後お笑い芸人になろうとも考えたらしいのだが、こちらも挫折。そこでようやく「まともな人生」を歩もうと決意し、地元の短大を受験することにした。

ところが受験対策として模擬テストを受けたところ、添削した審査員がさくら氏の作文を絶賛。「清少納言が現代に現れて書いたようだ」とまでほめてもらえたことに感激し、そこからエッセイを漫画で描いてみたらどうだろうか、と思い立ったのだという。あきらめかけた道について、このちょっとした偶然が方向を示してくれて、後の漫画家さくらももこ氏が誕生したという話にカリアさんはびっくりした。

カリアさんは、さくらももこ氏のキャリアを知って、就職への焦りと不安が少し和らいだ。「どうせ人生は計画通りに進むわけではない」と思った。自分が計画的に動いていないことが肯定されるような気がして、他にも似たような経験のある人がいないか、ネットで調べてみることにした。

２－２　偶然の出来事２：家族旅行でのハプニング

すると、大好きな中条あやみ氏も驚くべきキャリアのスタートについてテレビで語っていたのである。中条氏といえばモデルとして活躍する一方、テレビやドラマでもひっぱりだこの女優であるが、その活躍のきっかけは、なんと空港の手荷物検査場であったらしい。中条氏が14歳の時に家族でグアムに旅行したとき、お土産として中条氏はバスソルトを購入した。ところがそれが空港の手荷物検査で「麻薬ではないか」と間違われ、検査を受けることになった。すると、その検査場にたまたま芸能界への入り口となった人がいて、そこでスカウトされたとのことであった。

その後のある日の団欒。話題はいつの間にかカリアさんの進路に。父親から就職活動の進展状況を聞かれて、カリアさんは最近調べて知った、さくら氏や中条氏のキャリアをかいつまんで話した。すると、テレビのニュースやバラエティで聞いた話だけれどと、北海道知事の鈴木直道氏と実業家の来栖けい氏のエピソードを教えてくれた。

2－3　偶然の出来事3：思いがけない地方への派遣

鈴木直道氏は高校を卒業後、東京都庁に勤めることになった。そこには自身が高校時代に母子家庭で経験した苦労から、困っている人を助けられる仕事に就きたいという思いがあったという。

都庁では難病を患った人やその家族を支援する部署で仕事をしていたが、ある日突然、作家としても著名だった副知事の猪瀬直樹氏から呼びだされる。「財政破綻した夕張市に東京都の職員を派遣する」というプロジェクトの派遣候補として選ばれたのだ。悩んだ末に行くことを決意し夕張に赴くのだが、そこには財政破綻した自治体の厳しい現実が待ち構えていた。夕張で鈴木氏は定時を過ぎると暖房が止まり氷点下になる役場での仕事や、お祭り会場での鹿のフン拾い、その他地元のボランティア活動で様々な苦労を経験することとなる。

当初は戸惑いや不満を抱えていた鈴木氏であったが、そこで次第に人脈を形成し、地域住民の信頼を勝ち取っていく。その後市長への出馬要請を受け、安定した都庁職員の身分を捨てて立候補。見事当選したという。鈴木氏はその時まだ30歳であった。その後財政が厳しい中で様々な工夫やアイデアにもとづく施策を実行し、財政再建団体からの脱却に道筋をつけ、今度は北海道知事に立候補。38歳で当選し、全国最年少の知事になったということであった。

カリアさんは、一見すると「大変そうな仕事が回ってきた」という困難が、鈴木氏のその後のキャリアのスタートとなっていることにびっくりした。

２－４　偶然の出来事４：20歳の幸運

来栖けい氏は1979年に埼玉で生まれ、茨城で育った。５歳の頃に飴細工のデザートに出会ったことで食に興味を持ち、高校１年生で親元を離れてから食べ歩きを始めたという。

大学進学後もお金に余裕はなく、１円単位で生活費を切り詰めて高級フレンチやイタリアンなどを巡りつづけた。そんなある日、目的がなければ出掛けない東京にふと遊びに行った。ただ手持ちぶさただったため「20歳を迎えるし、宝くじでも買ってみよう」と思い立ったという。当たると評判の新橋駅烏森口の売り場を訪ね、バラ10枚を購入した。買ったことをしばらく忘れていたが、新聞で確認したところなんと１等２億円に当選していた。来栖氏は頭が真っ白になったらしい。その後、現金との引き換えで銀行を訪れた際は「よく考えて使ってくださいね」と注意を促された。予想だにしない大金を手に入れたが、当選したことを誰にも言わなかった。親にさえ告げず、仕送りももらっていた。

高額当選したことで生活費を切り詰める必要がなくなった来栖氏は、２億円を元手にひたすら一人で食べ歩きの毎日を送ったという。１日10店、１年間で1,000店訪ねた年もあった。大学卒業後も実家の自営業を手伝いながら朝から深夜まで食べ歩いた。「ことごとく食べ尽くしている変なやつ」がいることが業界で知れ渡り、学生時代から記録していた食のメモをある編集者がたまたま目にした。出版を依頼され、25歳の時に『美食の王様：究極の167店　珠玉の180皿』を書き上げた。当選後の５年間で訪れた店は実に6,000軒に達していた。一方で、デビュー作を出版した日の当選金の残額は200万円だった。

この本の出版をきっかけに、美食家としての仕事が数多く舞い込み、様々なメディアで活躍するようになった。現在は、レストラン経営や料理の監修などを通して自らの膨大な経験やノウハウを積極的に発信しているということであった。

カリアさんの父親は、ひとしきり２人のエピソードを話してくれた。横で聞いていた母親は「確かに人生は計画通りにはいかないけど、就職活動は続けなさいよ」とカリアさんに釘を刺した。

3 キャリアにおける偶然を理解する

3－1　プランド・ハップンスタンスとは

前節で取り上げた４人のキャリアにおける偶然の出来事について、皆さんはどのような印象を持たれただろうか。偶然や予期せぬ出来事が、それぞれのキャリアに多大な影響を及ぼしたことを読み取れたのではないだろうか。このようなキャリアにおける偶然を理解するうえで有用な考え方が、プランド・ハップンスタンス（planned happenstance）である。

この概念は、スタンフォード大学名誉教授だったジョン・クランボルツらによって提唱された。彼らによると、われわれのキャリアは往々にして偶然の出来事に左右される。そのため、個々の望ましいキャリアに向けて、予期せぬ出来事を日常的に活用することが大切と説かれている。皆さんのなかには、「計画」された「偶然」という対照的な表現の組み合わせに違和感を覚える人がいるかもしれない。これには、偶然は全くコントロールできないものではなく、日常の積極的な行動によって望ましい偶然が生じる可能性を意図的に高める、という意味が込められている。

3－2　クランボルツのハップンスタンス

実は、クランボルツ自身のキャリアも偶然に彩られている。彼は来日時の講演で自身のキャリアにまつわるハップンスタンスについて語った。クランボルツ曰く、「これまでずっとキャリアについては計画を立てなさいと人に言い続けてきたものの、最近それは間違いだと気づいた」とのことであった。彼は当時スタンフォード大学の心理学の教授であったが、子供のころから学者を目指していたわけでは全くなかったという。

子どものころ、彼は友人と自宅の地下室でよく卓球をしていた。ところがある日、たまたまその友人が「今日は自転車で隣町に行ってみよう」と言い出した。クランボルツ少年はそれに同意して隣町に行ってみると、そこには見たこともないほど大きな卓球台のようなもの（テニスコート）があった。そこで近くにあったボールとラケットで、友人といつものように卓球のルールで遊んでいると、たまたまそこにいたお兄さんたちが来て「おいおい、君たちわかってないなぁ」と言い出して、ちゃんとしたテニスの仕方を教えてくれた。それ以来クランボルツ少年と友人はテニスのとりこになったのだが、そのテニスコートは実はスタンフォード大学のものであった。

テニスがしたい一心でそのままスタンフォード大学に進学し、テニス三昧の日々を送っていたクランボルツ青年であったが、大学時代のある日、学生課から手紙を受け取ることとなる。そこには「そろそろ専攻分野を決めないと落第します」と書かれていた。そこで、たまたまテニスコートによくいた教授に相談してみたら、「それならわしのところに来い」という話になり、その教授がたまたま心理学の先生だったので、サイコロジー（psychology）の綴りも怪しかったものの、専攻分野として心理学を選んだという。そして数十年後、気づいたら心理学の教授をしていた、というエピソードだ。

この話には「たまたま」が何回も出てくることに気付くだろう。キャリアに大きな影響を及ぼすのは、こうした一見すると小さな偶然である。

３－３　計画的キャリア・マネジメントとは

以上のような、クランボルツ自身も影響された偶然に注目する考え方は、あらかじめ目標を設定し、それへの道筋を考え、直面する課題を１つずつ解決していく「計画的キャリア・マネジメント」とは対照的である。

計画的キャリア・マネジメントは、キャリア論の中でも研究蓄積が豊富である。具体的に、ホランドのリアセック（RIASEC）（第２章参照）などに代表される適合モデル（自分の性格や特性に合致する職種や職業を選択する考え方）や、スーパーのキャリア・レインボー（第１章参照）やシャインのキャリア・コーン（第14章参照）などが該当するキャリア・ステージ・モデル（職業上の複数の段階（たとえば職業の探索、地位の確立・維持）で直面する課題を１つひとつ解決しながら、あるいは組織内の階層を一段一段上昇しながらキャリアが形成されるという考え方）と関わりが深い。これらの考え方では、「自身のパーソナリティを踏まえて適職を選ぶ」「職業上の段階やそれに伴う課題をあらかじめ把握する、入社後早い時期から昇進や昇格といった組織内での垂直的な移動に注意を払いながらキャリアを重ねる」というように将来を予想し、それに向けて適切に計画された行動をとることが重視されている。このような背景もあって、「計画的にキャリアを築く」という考え方は想像以上にわれわれの社会に浸透している。

皆さんは、仕事生活の舵取りについて次のようなアドバイスをもらったことはないだろうか。「10年後の理想的な自分の姿をできるだけ具体的に思い描きなさい。その姿になるためにはどんなスキルが必要かを考えなさい。そのスキルを１つずつ身に付ける計画を立てて実行しなさい。そうすれば10年後気が付いたときには理想の自分になっていることでしょう」というものである。一見すると論理的でスキのないキャリア形成戦略のように思えるが、最近のキャリア論ではこの方針の問題点がいくつか指摘されている。

３－４　計画的キャリア・マネジメントの限界

１つ目の問題点は、理想の自分を思い描けるかどうかというものである。皆さんの中には「それが分かったら苦労しないよ」と思う人もいらっしゃるのではないだろうか。理想の自分を思い描けといわれても、その材料となりうるのはこれまでに見聞きした仕事やそれをしている人だけである。人はテレビ番組やインターネット動画等を通じていろいろな職業について知ることができるが、それとて実際に存在する職業のすべてからするとほんの少しでしかない。実際に会って仕事内容を見せてもらったことのある人となればさらに少なくなるだろう。すると人はその、極めて限られた情報の中から「理想の自分」を思い描くことになるのである。まだ知らない、あるいは未だ存在しない仕事に就いている自分を「具体的に」思い描くことは不可能である。YouTubeのない世界で「ユーチューバーになろう」とは思いつけないだろう。

２つ目は、仮に100歩譲って理想の自分を思い描けたとしても、それに本当に必要なスキルを正確には予想できない、という問題である。現在その仕事に就いている人が会得したスキルが10年後のその仕事で使えるかどうかは定かではない。技術の進歩、システム変更など、必要なスキルが増大あるいは変化することに影響する要因は多い。あるいはこれまで必要とされてきたスキルが不要となったり陳腐化してしまったりすることも考えられるだろう。インターネット黎明期において、ホームページが作れるというスキルにはそれなりの価値があったが、現在では小学生でも自分のサイトを開くことができる。

そして３つ目の、おそらく最大の問題点は10年前に思い描いた理想の自分が具現化したところでそれが本人にとって幸せかどうかはわからない、という点である。人間の価値観や嗜好は時間の中で大きく変化することが知られている。その一方、人は若者から老人まで「自分はもう変化しない」という錯覚を抱いているということも知られている。今感じている特定の仕事に対する感情や理想としている価値観は、10年後には大きく変化している可能性が高い。「なんで若いころの自分は○○になりたいなんて思ったんだろう」と、途方に暮れることも十分に考えられるのである。

つまり、短期の現実的な計画を立てることは悪いことではないが、少なすぎる情報をもとに遠すぎる目標を立て、それに固執することは、うつろいゆく自己と仕事生活における現実のはざまで軋轢を生む可能性がある。

３－５　４人のキャリアの共通点

では、プランド・ハップンスタンスの考え方を踏まえて、第２節で紹介した４人の事例を振り返ってみよう。４人は職業もキャリア上の歩みも異なる。しかし、それぞれのキャリアが、将来の予測とそれにもとづく綿密な計画ではなく、偶然の出来事から形作られた点では共通している。

さくらももこ氏が、模試を受験していなかったら、審査員が違っていれば、中条あやみ氏が旅行していなかったら、行き先がグアムではなく別の検査場だったら、鈴木直道氏の上司が猪瀬直樹氏でなかったら、派遣先が夕張でなかったら、来栖けい氏が宝くじを購入しなければ、当選金額が10万円だったら、４人のキャリアの軌跡は少なくとも同一ではなかっただろう。

確かに、本章で取り上げている事例はドラマティックに見えるかもしれない。ただ、皆さん自身も偶然がキャリアに大なり小なり影響した経験を１つや２つは挙げられるのではないだろうか。

３－６　偶然を活かすスキル

とはいえ、偶然にただ遭遇するだけでは必ずしも良いキャリアにつながらない。クランボルツらは、偶然の出来事をキャリア形成に活かすために、好奇心、こだわり、柔軟性、楽観主義、リスクを取ること、という５つのスキルの重要性を指摘している。

Column 7 － 1

ハップンスタンスはだれにでも起こる

この章で取り上げているような、偶然から発展するキャリアについて読者の皆さんはどのように感じるだろうか。「成功した有名人だけに起こった、とてつもない幸運な出来事なんじゃないの？」と感じるかもしれないが、決してそのようなことはない。この章の筆者の一人も同じような経験をしている。

筆者はかつて日本の大企業に勤めるサラリーマンであった。バブル経済末期の喧騒の中で全くと言っていいほど勉強せずに学部時代を過ごし、口八丁手八丁で入社した有名企業であったが、案の定行き詰まりを感じていた。就職活動の時は本人も気づいていなかったが、ほかの人と力を合わせて何かをするのが実は苦手だったのである。それは自分がビジネスの世界に向いているのかどうかをよく考えずに就職してしまった当然の結果であったのかもしれない。

そんなある日、出張で地方の工場に行くことになった。その時思い出したのが、工場の近くの大学に講師として勤めていた先輩の存在である。学部時代の同じゼミに大学院生として所属していた先輩とは学生時代、なぜか気が合った。筆者はふと「冷やかしに訪ねてみたら面白いかもしれない」と思い、先輩の勤める大学を探訪した。ただ食事をご一緒したかっただけだったのだが、その訪問は大きな転機となった。

まず、先輩の研究室が個室であることに驚いた。大学の研究者が個室にいるのは当たり前なのだが、サラリーマンからすると個室の職場というのはあこがれである。しかも、その研究室にはどう見ても趣味の品としか思えないようなものもたくさんあって、その職場環境にも感動してしまった。さらに、先輩が「これから講義があるからそのあとでご飯に行こう」と言ったため、数年ぶりに授業に潜り込ませてもらうことにした。そして、講義内容に衝撃を受けた。モチベーション論についての講義であったが、その内容の面白さに目から鱗が大量にはがれ落ちたのである。それと同時に、全く勉強しなかった学部時代を激しく悔いた。

食事の席では先輩を質問攻めにした。大学の研究者になる方法からはじまって研究の進め方、必要なスキルなどを事細かに聞き出した。その後大学院の入試に向けて満員の通勤電車の中で勉強を進め、４年半勤めたのちに会社を辞め、大学院に進んだ後も数多くの偶然に導かれた結果、大学教員となり今、北海道でこの原稿を書いている。

もし、出張がなかったら。もし、先輩を訪ねていなかったら。もし、先輩の講義に心を動かされなかったら。

実際、これらのスキルは４人の事例からも読み取れるだろう。さくらももこ氏は、漫画への好奇心が強かっただけでなく、漫画家という収入や健康面ではリスクのある職業を選び取った。中条あやみ氏も、予期せぬ誘いを柔軟に検討し、芸能界という保証のない世界にリスクを取って飛び込んだ。鈴木直道氏は、１年間という期間限定の出向を自ら延長し、縁もゆかりもない夕張の地に柔軟に溶け込もうと努め、地域住民とのつながりを築いた。来栖けい氏は、食への好奇心やこだわりが突出していただけでなく、当選金の一部すら貯金せず自分の「舌」にほぼ２億円投資するというリスクを取った。リスクを取れるということは、キャリア上のミスや失敗を強く恐れないということであり、楽観的ともいえる。以上のように、おそらく４人ともプランド・ハップンスタンスという考え方は知らなかったはずだが、遭遇した偶然を結果的に「良い偶然」にするための態度や行動を重ねていたといえる。

３－７　偶然の分類

これまで繰り返し偶然という言葉が示されてきたが、偶然と一口にいってもその性質は様々である。したがって、今後皆さんが偶然を増やしたり活かしたりするうえで、偶然の出来事とはどのようなものかについてもう少し体系的に理解できたほうが良いだろう。

そこで、ここでは偶然の出来事を２つの軸を用いて分類してみよう。１つ目は、その出来事は本業（仕事や学業）の場面で生じたことか、生活の場面で生じたことか、という視点である。２つ目は、それは本人にとって（その時点で）ポジティブな出来事かネガティブな出来事か、という視点である。これらを用いることで、偶然の出来事を４つのタイプに分けることができる（**図表７－１**）。

タイプ１は、本業におけるポジティブな偶然である。たとえば、たまたま命じられた仕事が予想外に面白く自身の新たな興味を発見した場合や、異動してきた直属上司が前任者と違って自身の適性や能力を見出して支援してくれた場合、などが挙げられる。

タイプ２は、生活におけるポジティブな偶然である。たとえば、疎遠だった友人と偶然再会し、仕事を紹介してもらった場合や、長年続けていた趣味があるイベントでたまたま高く評価され、仕事に繋がった場合などが挙げられる。

タイプ３は、生活におけるネガティブな偶然である。たとえば、空港で預けた手荷物が行方不明になり、旅程が大きく狂ってしまった場合や、突発的な事故や病気に遭遇した場合などが挙げられる。

タイプ4は、本業におけるネガティブな偶然である。たとえば、たまたま同じ部署に配属された同期があらゆる面で優れていて太刀打ちできず、自信を打ち砕かれた場合や、想定外の不況で業績が悪化し、解雇された場合などが挙げられる。

【図表7－1　偶然の4つのタイプ】

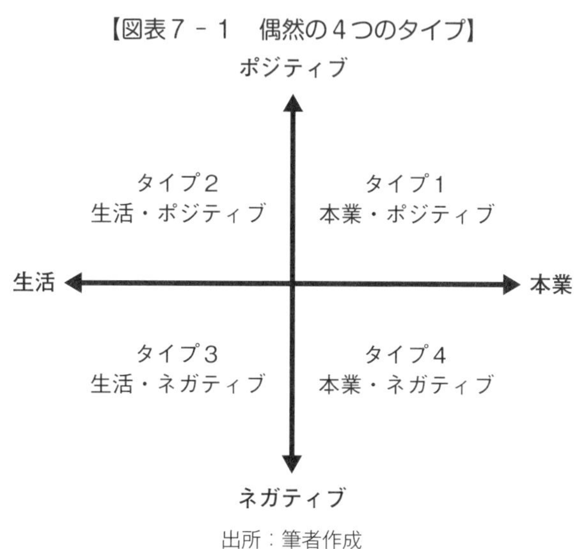

出所：筆者作成

3－8　偶然についての理解を深める

なお、必ずしも、ポジティブな偶然が良いキャリア、ネガティブな偶然が望ましくないキャリアに繋がるとは限らないことに注意する必要がある。ポジティブな偶然が思わぬ落とし穴になる場合や、ネガティブな偶然によって道が拓ける場合もある。また、短期と中・長期というように、どの時間幅で評価するかによって、ある出来事がポジティブだったか、ネガティブだったかの評価は変わりうる。

くわえて、偶然の出来事のなかには、本業か生活か、ポジティブかネガティブか、をそれぞれ明確に評価できないものもあるだろう。たとえば、アーティストやクリエイター、YouTuberなどのように仕事と生活（趣味）の線引きが難しい職業や、農家や自営業、在宅ワークなどのように職住一体の場合、本業もしくは生活での出来事かは判断しにくいだろう。また、たまたま誰かとどこかで出会ったという出来事そのものは、とくに肯定的でもなければ否定的でもないということもあるだろう。

Column 7－2

選択肢を増やすことの功罪

プランド・ハップンスタンスの考え方は、日常的に偶然がよく起こるような行動をすすめる。それによって発生する選択肢の中から人はキャリアの方向性を選択することになる。産業や組織、職種の壁を越えた移動が珍しくない現代にあって、偶然から発生する個人のキャリア上の選択肢は以前より格段に増大したといえるだろう。しかし、選択肢は多ければ多いほうがいいのだろうか。

皆さんは動画のサブスクリプションサービスを利用したことがあるだろうか。何千ものコンテンツが選び放題、見放題という言葉に誘われて、複数のサービスに契約している人もいるだろう。その時、意外な問題として発生するのが「何を見るか決められない」という選択の問題である。何か映画を見ようと思ってサブスクリプションサービスのサイトを開くものの、魅力的に感じる映画が多すぎて決められない。あとで見るためのリストに放り込む作業を繰り返すうちに面倒くさくなったり、時間がたちすぎたりして結局何も見ずに諦める。あるいは何か映画を見始めたものの、他の映画を見たほうが面白いのではないか、という機会損失を恐れるあまりつい早送りしてしまい、どっぷりと楽しめない。そういった経験はないだろうか。

こういった現象は行動経済学や社会心理学の分野において「選択のパラドクス」として知られている。実はキャリア論の分野においても、仕事や組織に関して覚悟を決めている人のほうが、感じている幸福感が高いという結果も得られはじめている。つまり、偶然を次々と起こしながら選択肢を発生させることで、「どこにでも行けるし何にでもなれる」キャリアは、「どこにもたどり着かず、何者でもない」キャリアにもなりうるのである。腹をくくって１つの仕事に取り組む、他の選択肢を考えずにひたむきに物事に打ち込むというキャリアとはどのように幸福感や充実感に差が出てくるのだろうか。これは新しい時代におけるキャリア研究にとって今後の課題といえるだろう。

したがって、本章で提示した分類は偶然を整理するための１つの方法と理解してほしい。

4 おわりに

本章では、われわれがしばしば採用しがちな「計画的なキャリア・マネジメント」とは対照的な「プランド・ハップンスタンス」に注目した。提唱者であるクランボルツらが指摘するように、われわれは自分のキャリアや人生を完璧にコントロールすることはできない。しかし、自分の態度や行動はコントロールすることができる。また、望ましい偶然が生じる可能性を高めることもできる。

最後に、皆さんが良い偶然を増やし、活かしていくうえで有用と考えられる一連

【図表7－2　偶然を増やし、活かすための問い】

ステップ1：計画された偶然は自分の人生で普通のことだと認識する
1．計画外の出来事は、あなたの人生にどんな影響を与えましたか？ 2．あなたはそれらの出来事が人生に影響を与えるよう、自ら行動しましたか？ 3．あなたの未来に起こりうる計画外の出来事についてどう思いますか？
ステップ2：好奇心を学習と探検の機会に変える
1．あなたが好奇心を持っていることはなんですか？ 2．あなたの好奇心を満たすような機会はありますか？ 3．あなたは好奇心を高めるためにどんな行動をしましたか？ 4．あなたの好奇心があなたのキャリアにどんな影響を与えるか、想像して下さい。
ステップ3：望ましい偶然の出来事を作り出す
1．あなたが起こってほしいと思っている出来事を教えて下さい。 2．その出来事が起こる確率を高めるために、あなたは今、どんな行動ができますか？ 3．あなたが行動した場合、あなたの人生はどのように変化しますか？ 4．何も行動しなかった場合、あなたの人生はどのように変化しますか？
ステップ4：行動を妨げるものを克服する
1．あなたがしたいと思っていることには、どんな障害がありますか？ 2．その障害は永続的で、あなたにはどうすることもできないものですか？ 3．他の人たちはどうやってそのような障害を克服していますか？ 4．その障害を克服するとしたら、何から始めますか？

出所：吉川（2018）「社会的学習理論のコンテクストにおけるハプンスタンスの理解：キャリア形成へのHappenstance Learning Theoryの適用」、125頁の表1「キャリアカウンセリングへの計画的偶然の適用」を一部改変

の問いを紹介しよう。**図表７－２**には、プランド・ハップンスタンスの考え方を実際のキャリア形成に適用するための４つのステップと、それぞれに関する具体的な問いが記されている。あなたが自らのキャリアについて自問自答し、より良くマネジメントするための１つのツールとして活かしてほしい。

？考えてみよう

① 本章の第２節で取り上げた４人（さくらももこ、中条あやみ、鈴木直道、来栖けい、の各氏）が直面した偶然は、それぞれ図表７－１のどのタイプに分類されるかを考えてみよう。

② あなたが興味のある人物のキャリア上の転機について調べ、図表７－１のどのタイプに分類されるかを考えてみよう。

③ あなたが自分の生活で良い偶然を起こすには具体的にどのような取り組みができるかを考えてみよう。

参考文献

- ジョン・D. クランボルツ、アル・S. レヴィン『その幸運は偶然ではないんです！夢の仕事をつかむ心の練習問題』（花田光世・大木紀子・宮地夕紀子訳）ダイヤモンド社、2005年。
- Mitchell, K. E., Levin, A. S., & Krumboltz, J. D. (1999). Planned happenstance: Constructing unexpected career opportunities. *Journal of Counseling and Development*, 77 (2), 115-124.
- 吉川雅也「社会的学習理論のコンテクストにおけるハプンスタンスの理解：キャリア形成へのHappenstance Learning Theoryの適用」『研究論集』第108号、119-136頁、2018年。

次に読んで欲しい本

- ロバート・H. フランク『成功する人は偶然を味方にする：運と成功の経済学』（月沢李歌子訳）日本経済新聞出版社、2017年。
- ジョン・D. クランボルツ、アル・S. レヴィン『その幸運は偶然ではないんです！夢の仕事をつかむ心の練習問題』（花田光世・大木紀子・宮地夕紀子訳）ダイヤモンド社、2005年。
- 植島啓司『偶然のチカラ』集英社、2007年。

第8章

キャリア・チェンジ：セカンド・キャリア

1　はじめに
2　美容師から起業家へ～Aさんのキャリア・チェンジ
3　キャリアカウンセラーCさんが教えてくれたこと
4　おわりに

1 はじめに

これからは転職が当たり前となり、転職を繰り返すキャリア形成が一般的になると考えられる。ただ、転職を繰り返したとしても、第５章で述べた稲葉篤紀氏のように職業自体は変わらなかったり、目指すビジョンや方向は同じであったりする場合もあるだろう。そういう意味では、１つのキャリアを歩み続けていると言うことができる。

しかし、それまで歩んできたキャリアを終えて、全く新しいキャリア（セカンド・キャリア）の道筋を歩む場合もあるだろう。あるいは、それまでのキャリアと並行して、兼業や副業を行って２つめのキャリア（これもセカンド・キャリアと言ってよい）を歩む人や、新しいキャリアの準備のために大学や大学院で学び直す人など、多様なキャリアのあり方が考えられる。かつては珍しかったかもしれないが、キャリアのビジョンや方向が途中で大きく変わったり、複線になったりなど、キャリアという線の描き方は千差万別になっている。

むしろ、何らかのビジョンや目標に向かって１つの道筋を進むといったキャリアをデザインすることの方が難しくなっているのではないだろうか。現代に生きる私たちは、チェンジを前提にしたキャリア形成を考えるべきなのかもしれない。

そこで本章では、キャリア・チェンジに向き合う際に考えるべきことを、美容師Ａさんの事例を通じて考えてみたい。

2 美容師から起業家へ～Ａさんのキャリア・チェンジ

カリアさんには、大学のキャンパス近くにお気に入りのヘアサロンがある。来週、久しぶりに高校時代の友人たちと食事に行くことになり、それに備えて授業のない午後に予約を入れた。いつも自分の体験したことを面白おかしく話してくれる美容師Ｂさん。今日は、カリアさんが卒業後の進路についてあれこれ悩んでいるという話をすると、先日Ｂさんが久しぶりに再会したという先輩美容師Ａさんの話を聞かせてくれた。

2－1　夢だった美容師をやめる

美容専門学校を卒業したAさんは、夢だった美容師として、ある町のヘアサロン（カリアさんのお気に入り）に就職。毎日深夜まで技術を磨き続けた結果、3年目には店舗ナンバーワンの美容師となった。その後、別の大きなヘアサロンに転職、順調にキャリアを積み上げているかに見えた。しかし実は、Aさんの身体には異変が生じていた。1日中立ちっぱなしで、シャンプー時など中腰の姿勢も多いためか、慢性的な腰痛に悩まされていた。姿勢改善を試みたり、痛み止めを飲んだりして仕事を続けていたが改善せず、ついに医師に椎間板ヘルニアと診断された。それを機会に、Aさんは30代を目前にして、いずれ自分自身のサロンを持つという夢への道から退くことを決めた。退職後すぐに別の仕事探しをしたもののなかなか見つからず、うつ状態に陥り、半年ほど心療内科とカウンセリングに通った。

2－2　再就職、そして起業家に

うつ病に改善が見られ始めたころ、親しい美容師Cさんの紹介により、美容専門学校に事務員として勤務することとなった。数年後、その学校法人が新規事業を始めることとなった。発達障害の未就学から小学生までの子どもたちの長所を伸ばす個別指導塾や不登校児を対象とするフリースクールの設立であり、Aさんは自ら手を挙げ、その事業の中心メンバーとして関わることとなる。

実はAさんの子供も発達障害を有していた経験から、発達障害の凸凹の「凹」の部分を水準まで引き上げるのではなく、むしろ「凸」を伸ばした方が、自己肯定感を持って成長できるはず、そんな思いで取り組んだという。その後、この事業で培ってきた「凸を伸ばしていくノウハウ」をもっと生かしたいという思いから、放課後デイサービスの会社を起業するに至った。その時Aさんは、ちょうど40歳。自分の人生の折り返し地点ととらえ、残りの人生で「自分にしかできないこと」を続けていきたいという思いであった。

2－3　ファッション・アドバイザーとして

さらに現在は、様々なハンディキャップを持つ人々が、どんどん外出したくなるようなオシャレができる洋服やアクセサリーを提案するファッション・アドバイザーとしての顔も持つAさん。一部のアクセサリーは自身でデザインも行っている。一貫してこだわっているのは、「マイナスをゼロにすること」ではなく、「マイナスをプラスに変える」こと。「障がいのない人が真似したくなるようなものを発信していきたい」と意気込んでいる。

カリアさんは、Aさんが辛い時期を乗り越えてこられた力や、自分の信念を軸に次々と行動を起こす勇気に驚きを隠せなかった。自分にも将来、いろいろな逆境や転機が訪れるかもしれないが、そんな強さがあるのだろうか、いったいどのようにしてその時を乗り越えていけばいいのだろうか、少し不安にもなるカリアさん。翌日、いつも相談に乗ってもらっている大学のキャリアカウンセラーCさんに、キャリア・チェンジの乗り越え方について、意見を聞いてみることにした。

3　キャリアカウンセラーCさんが教えてくれたこと

3－1　キャリア・チェンジとは

一般的に「キャリア・チェンジ」とは、それまでに経験したことがない業種や職

Column 8 － 1

キャリア・チェンジと複数のキャリアの道筋

「キャリア・チェンジ」という言葉には、ある１つのキャリアの道筋から、他の１つのキャリアの道筋に乗り移るようなイメージがつきまとう。つまり、（乗り換えはあるものの）一本の道筋を選ぶのがキャリアであるという考え方を前提としているのではないだろうか。

著者自身が関わっている大学のキャリア教育においても、卒業後の進路が同時に複数あることを前提とした授業はしていない。たとえば、「会社員をやりながら、農業もやればいいじゃないか」みたいなことは、講義ではいわない。

著者が子供のころは、あれになりたい、これにもなりたい、と思っていたが、いつの間にか１つの道を目指すようになっていた。高校時代は理系の学問にも興味はあったが、どちらか一方を選ばないといけないといわれたので文系を選んだ。

こんなふうに私たちは、ただ１つの道を選択することがあたりまえだと思っているが、本当にそうなのだろうか。アフリカ南部のカラハリ砂漠に住んでいる狩猟採集民族ブッシュマンの研究をされている文化人類学者の丸山淳子氏によると、ブッシュマンは役人のことを「ひとつのことをするやつら」と陰で呼んでいるらしい。彼らは賃金労働を嫌っているのではなく（実際に彼らもそれを行う）、１つのことだけをする人を「変」だと思っているそうだ。彼らは、賃金労働も狩猟採集も農業も、ひとりで色々な仕事をする。そうしないと生きていけないからではなく、そうすることが楽しいからだという。だから、働きたくないときは働かない。

おそらく彼らの中には、賃金労働者として、狩猟者として、農業者としてなど、それぞれの職業的自己概念が共存していて、複数のキャリアの道筋が並行しているのだろう。

もちろん、どちらが良い生き方であるかなど論じることはできない。ただ、私たちは１つの道にこだわりすぎているのかしれない。１つの仕事、１つのキャリア、１つの自己概念にこだわり過ぎず、もっと多面的に人生を歩んでもいいのではないだろうか。

種に転職をすることを意味している。キャリアには客観的側面と主観的側面があるといわれるが、キャリア・チェンジでは、業種や職種、所属企業といった客観的側面が変わるだけではなく、個人が主観的に持っている「職業的自己概念」（後述）の修正や変更をともなう。

この職業的自己概念が既に確立されており、その大きな変化を伴わず、キャリアの客観的な側面だけが変化する転職であれば、それを乗り越えることは比較的容易だろう。Aさんのケースでいえば、あるサロンから別のサロンへの転職は、会社や職場の文化の差などに苦労はあっただろうが、美容師としての自己概念を修正する必要はなかったので、比較的スムーズに移行できたと思われる。

しかしながら、個人の職業的自己概念の変化をともなうキャリア・チェンジを乗り越えることは、より困難を伴う。場合によっては、Aさんのようにメンタルヘルス不調に発展してしまう可能性もある。

3－2　職業的自己概念の確立と変化

職業的自己概念とは、簡単に言えば、職業という社会的文脈上での自分自身に対するイメージの表出である。第6章で学んだキャリア・アンカーも、その一種だ。

ためしに、皆さんが自分自身のことを他者に紹介するために、「私は○○である」という文章をできるだけたくさん作ってほしい（目標は10個以上）。その際、「私は○○大学の学生である」とか「私は長身である」といったように、客観的な属性や見た目を表す文章ではなく、「私は几帳面である」とか「私はチームで行うスポーツが得意だ」といったように、あなたが主観的に考えている自分の特徴を表す文章を作ってほしい。それらの文章が自分自身に対するイメージ、つまり、職業に限定しない一般的な意味での自己概念である。

次に、このような自己概念を職業という文脈で表現することを考えてみよう。たとえば、几帳面な性格であれば、「私は経理部の職員として、ミスなく丁寧に帳簿をつけることができる」とか、チーム・ワークであれば、「私は店長として、部下と協力して売上目標を達成することができる」といった具合だ。しかし、まだ就職した経験がない学生の皆さんにとっては、このような文章を作ることは難しいだろう。

ドナルド・スーパーという著名なキャリア心理学者の理論によれば、このような職業的自己概念が探索され、確立される時期は年齢とゆるく関連しており、だいたい20代から40代までの間にあるとされる。その後、60代までは「維持期」とされ、安定した自己概念を保つとされている（第1章Column 1 － 1参照）。

しかしながら、スーパーも後になって理論を修正したように、いったん確立された自己概念であっても、様々な変化が生じて、再探索や再確立が必要になる場合も多々ある。その時がいわゆる転機であり、キャリア・チェンジもその１つだといえる。

この転機には、外発的なものと内発的なものがある。外発的なものは、病気・事故、天災、リストラ、不本意な異動など、期待や予期をしていない場合が多く、自分自身ではなく外部の状況要因が契機になる。Ａさんの場合は、悪い姿勢を続ける必要がある職務が原因で腰痛を引き起こし、美容師をやめたことが当てはまるだろう。一方で内発的なものは、とくに大きな出来事（イベント）があったからではなく、自身の心のうちに生じる違和感や変化を求める気持ちがきっかけになることもある。

とくにキャリア中期（中年期）には、加齢による身体的変化や、子供の自立や老親の介護といった家族内での役割変化、職場での能力や昇進の限界認識などといった要因が影響し、心理的な危機が起こりやすいといわれている。Ａさんは、ちょうど40歳の時に、雇用されて働く労働者から自ら事業を起こす起業家へと転身を果たした。その時に危機と感じたかどうかは分からないが、「自分にしかできないことをしたい」という切実な思いが生じたのは、ある程度のキャリアを積み上げた中年期だったからかもしれない。

３－３　転機の乗り越え方

別に中年期でなくても、人にはあらゆる時期にさまざまな転機が訪れ、人生に大きな影響を与える。とくに、職業的自己概念の変化を伴うような転機（キャリア・チェンジ）は、心理的なリスクを伴う可能性が高い。この転機をうまく乗り越える方策を、私たちは理解しておく必要があるだろう。しかし意外に、私たちは自分が慣れ親しんだ１つか２つの方策に頼りがちで、それゆえに行きづまってしまうことも多い。

そこで、キャリア・カウンセリングの研究者であるナンシー・シュロスバーグは転機に考えるべき「４つのＳ」を提唱している。これは、状況（situation）、自身（self）、支援（support）、戦略（strategy）という４つの側面から自己を振り返り、転機の乗り越え方を考える枠組みである。とくに「戦略」についてシュロスバーグは、ユニークなものも含めて多種多様な方策を提案している。

その前にまず、シュロスバーグが考える転機とはどのようなものなのかを確認しておこう。人生に起こる重大な転機は、「自分の役割」「人間関係」「日常生活」「自分や世の中に対する考え方」の全てに影響を与えるものだと彼女はいう。このうちの１つか２つしか変わらない程度なら、それはさほど重要な転機ではないとする。このうち、１つめの「自分の役割」と「自分や世の中に対する考え方」が、職業的な自己概念の変化と関係が深いと思われる。たとえば、美容師から美容学校の事務員に転じたＡさんのように、前職と全く異なる職種に転職した場合には、職務の中で自分が果たすべき役割が大きく転換しただろう。また、美容師時代には技能や接客スキルの優劣で自分と他者を見ていたかもしれないが、学校事務に携わることを通じて、多種多様な人間（とくに学生）の長所や短所を多面的に見る視点を得るようになったかもしれない（そのことも、障がいを持つ人たちに視線を向かせたのかもしれない）。

ところでシュロスバーグは、予測していたかどうかは別として、とにかく何か大きなイベント（出来事）が起こることによって生じる転機もある一方で、あることが起きて欲しいという期待や願いが実現せずに終わってしまう（ノン・イベント）ことによって生じる転機もあるという。Ａさんの場合でいえば、美容師としてのキャリアを積み上げ、自身のサロンを開くという夢の実現を、途中であきらめたことはノン・イベントだったといえるだろう。

３－４　状況（Situation）の点検

このような転機を乗り越えるためにやるべきことは、自分の転機がどのような状況にあるかを見定めることである。具体的にはまず、この転機によって自分自身の役割や人間関係、日常生活、考え方にどのような変化が生じているか（生じそうか）を考えてみる。

次に、この転機が人生の中でどのようなタイミングで生じているのかを考えてみる。転機によっては予知が可能なものがあり、計画と準備を事前に行うことができる。大学生の就職活動は、その典型であろう。また、転機が他の変化と同時に起こるかどうかも重要なポイントだ。キャリア・チェンジと離婚や病気など他のライフイベントが時期的に重なってしまうと、影響の度合いは大きくなる。結婚や出産といった一般的にポジティブなライフイベントでも、転職や昇進といった他のイベントと重なってしまうと、転機に向き合う心理的負担は大きさを増すだろう。

もう１つ状況面で考慮すべきは、直面している転機そのものが、どのような段階にあるかである。転機には開始→中間→結末というプロセスがあり、その中のどの段階に自分がいるかによって、自分の心理状態やなすべき戦略も異なってくる。開始期では変化に心を奪われ過ぎてしまうかもしれず、状況を見定めるのがやっとかもしれない。あるいは、大きな変化が生じているという認識がないままに時間が過ぎてしまうかもしれない。中間期は最も混乱を感じ、中途半端で途方に暮れるだけかもしれない。結末期になってようやく、転機は新しい生活として定着を始める。

Ａさんの場合で考えてみると、腰痛という身体的疾病が原因で美容師としてのキャリアをあきらめたことは、事前にある程度は予想できたかもしれない。しかし、夢に向かって邁進していたＡさんにとっては、準備ができない転機だっただろう。さらにうつ病を発するという状況で、心身ともに相当なストレスがあったことが容易に想像できる。美容学校での職を得てからも混乱が続いていただろう。また、自身の子供に障がいがあったというから、プライベートでも大きな問題を抱えていたと推察できる。フリースクールの設立に関わり、その経験から起業することができてはじめて、結末期を迎えることができたのではないだろうか。

３-５　自分自身（Self）と周囲の支え（Support）の点検

次に考えるべきことは、転機に対処するうえでのリソース（資源）は何かを振り返ることである。具体的には、自分自身の内面にあるリソースと自分の周囲の人々から提供されるリソースである。前者の例としてシュロスバーグは、自分の性格や楽観主義（イベントに対する解釈の仕方）などを挙げている。加えて、（シュロスバーグはこれを状況の要素として取り上げているが）自身の過去の転機の体験も、自身のリソースだと考えてよい。また、何らかの職業的な能力や技能も、キャリア・チェンジという転機を乗り越えるための自身のリソースになるだろう。

内面的なリソースが充実していたとしても、それだけでうまく転機を乗り越えられるとは限らない。多くの場合、周囲の支援が必要になるものだ。この支援には大きく分けて２種類あり、１つは家族や友人といった周囲の人間から得られる人的支援であり、もう１つは病院やNPOなど専門機関による支援や国や自治体などによる制度的支援である。

前者の人的支援には、転機を乗り越えるための情報や経済的援助は当然ながら含まれるが、単に「あなたのことを愛している」や「尊敬している」という好意を示されたり、「あなたがやったことは理解できる」と同意を示されたりするだけでも、重要な支援となる。第15章で示されるメンタリングの機能でいうところの、心理・社会的機能に対応する支援だといえる。

シュロスバーグは、その著書の中で、期待できる支援がどのようなものであるかを、自分を中心としたネットワークとして振り返ることを勧めている。Aさんのケースでは、美容師を辞めて美容学校に再就職する際に、親しい友人Cさんが支援の手を差し伸べてくれている。転機を迎えてからではなく、日頃から自身の人的ネットワークを意識し、そのつながりを育んでおくことが重要だろう（逆に、大切な友人の転機を支えられるようにしておくという意味においても）。

3－6　戦略（Strategies）の点検

転機を乗り越える万能薬などなく、いくつかの戦略を状況に応じて臨機応変に使い分ける必要がある。人は自分が思っている以上にいろいろな戦略を用いることができると、シュロスバーグはいう。

シュロスバーグは先行研究に基づいて、さまざまな戦略を次の４つのタイプに分類し、それぞれいくつかの例を挙げている。

①　状況を変えるタイプ

• 交渉する

たとえば、病気や育児、介護などで企業が期待する職務に応えられない場合、交渉して現在の職務を続けさせてもらう。あるいは、続けられる職務に転換してもらえるように交渉する。必要ならば法律に訴えることも考える。

• 自分を主張する

堂々と自分の権利を主張したり、きっぱりと断ったりする。怒りをぶつけるのではなく、冷静に相手を尊重しながら自分の意見や希望を的確に伝える。

• 代替案を探す

いわゆるブレーンストーミングで、転機を乗り越えるためのアイデアを、どんどん思いつくままに書き出す。１人では限界があるので、誰かと一緒に考えると良い。

②　状況の意味を変えるタイプ

• 転機のプロセスに当てはめて状況をとらえる

転機のプロセスの中で、今はこの段階だから次はこういう状況になる、と分かっていれば、それだけで落ち着いて対処できるようになる。

Column 8 － 2

キャリアカウンセラー

本文で登場したキャリアカウンセラーという職業を知っているだろうか。キャリアカウンセラーとは、個人にとって望ましいキャリアの選択や開発を支援する専門家である。就職や転職についての悩みはもちろん、職場での人間関係、将来に対する漠然とした不安、もっと自分らしく過ごしたい、子育て・介護・治療と仕事の両立など、だれもが抱えるさまざまな問題についての相談を受ける。

ただしキャリアカウンセラーは、個人の悩みや相談について、何らかの「答え」を与えるわけではない。そもそも相談者の悩みや相談は千差万別で、そんなことは不可能だ。キャリアカウンセラーは、相談者の話に誠実かつ積極的に耳を傾け、一緒に問題を解決するパートナーとして関わる。つまり、問題の所在を認識し、解決策を見つけるのは相談者自身であり、キャリアカウンセラーはそれを支援する存在なのだ。いいかえれば、キャリアカウンセラーは「問題の主体的解決を支援する専門家」である。

またキャリアカウンセラーは、その人の人生全体がよりイキイキとするには、という視点で相談者と関わる。たとえば、就活で面接がうまくいかない学生を支援する際に、単に面接練習をしてスキルの指導をするのではなく、なぜその仕事をしたいのか、その仕事を通じてどう成長したいのか、それは自分という人間にとってどのような意味がありそうかなどを、これまでの人生や現在の自分自身を振り返りながら考えていく。とくに、キャリア・チェンジの際には職業的な自己概念の変容をともなうので、キャリアカウンセラーの支援が有効だろう。

キャリアカウンセラーは、大学のキャリアセンターやわかものハローワーク、ジョブカフェなどの施設に常駐していることが多いので、あなたの近くにいるかもしれない。「キャリアコンサルタント（国家資格）」や「キャリア・デベロップメント・アドバイザー（Career Development Advisor：CDA）」などの資格を有している人がいれば、ためしにカウンセリングを受けてみるのもいいだろう。

• 優先順位を並べ替える

困難な転機に向き合う時でも、人生にはもっと大事なことがあって、それに比べれば大した問題ではないと考えてみる。

• 儀式を工夫する

つらいイベントがあった時に、あえて親族や友人らを呼んだ式典（パーティー）

を開く。儀式によって心理的な衝撃が和らげられ、心の準備ができる。

③ リラックスして対処するタイプ

好きなことをして遊ぶ（泣く・枕を殴る・大声を出す）など感情を発露する、リラクゼーションする、読書する、運動する、カウンセリングを受けるなど、転機にともなうストレスを上手に処理する。

④ あえてなにもしないでおくタイプ

意図的不作為であり、現実否認ではない。状況を十分に認識しながらも、何か行動を起こすとかえって状況が悪くなりそうな場合に、意識的になにもしないでおく。戦国時代に武田信玄が掲げた「風林火山」のうち、「動かざること山の如し」になぞらえることができるだろう。

キャリアカウンセラーCさんの解説を聞いて、少し前向きな気持ちになれたカリアさん。就職活動を控えた学生生活は、人生で初めての大きな転機かもしれない。ただ、この転機は事前の予測が可能だ。しっかり準備して、悔いのないようにしようと心に決めた。そして、この転機を（周囲の支援も得ながら）自分の力で乗り越えた経験が、いずれ起こるかもしれないキャリア・チェンジや大きな転機に向き合う時の貴重なリソースになるのだと、心を強くするのだった。

4 おわりに

この本は「キャリアの教科書」だが、皆さんに何らかの「正しい道」を示すことは難しい。なぜなら、本章のはじめに述べたように、キャリアのあり方は千差万別だからだ。何が正しい選択なのか、自分以外の誰にもわからない。いや、自分自身も選択が正しかったのかどうかは、後になってみないとわからないだろう。私たちは、よくわからないままに選択し、よくわからないままにその選択の上で行動し、その結果を受け入れるほかないのだろう。

しかし、この本では「考え方」を示すことはできる。シュロスバーグの４つのＳも、その１つだ。

いつ、どのように、何度起きるかわからないキャリア・チェンジの機会を、強い気持ちで前向きに乗り越えていって欲しい。いくつかのキャリアの道筋を経験した後で、いつかそれらを統合して1つのキャリアとして物語ることができればよいだろう。いや、その物語も無理に1つに統合する必要はないのかもしれない。人生の中に2つ以上の物語があってもいいだろう（Column８－１参照）。

これまでのあたりまえが変化していく社会に生きる私たちは、もっと自由でしなやかにキャリア・チェンジを考えてみてもよいのかもしれない。

？考えてみよう

① あなた自身がこれまでに体験した転機（イベント）を1つ取り上げ、次頁の**図表８－１**を用いて4つのSで分析してみよう。シュロスバーグのいうような大きな変化をともなう転機でなくても大丈夫。プライベートなイベントでもOK。表の全てを埋める必要はないので、書けそうなところから書いてみよう。

② あなた自身がこれから体験しそうな転機（たとえば就職）を1つ取り上げて、4つのSで予測してみよう。どんな状況が起こり、どのような自分ないし周囲の資源を活用し、どのような戦略で乗り越えていくのだろう。

③ あなたの周囲の人物、あるいは著名人、誰でも構わないので、キャリア・チェンジや転機を休験したと思われる人について調べ、4つのSで分析してみよう。

参考文献

- ナンシー・K. シュロスバーグ『「選職社会」転機を活かせ』（武田圭太・立野了嗣　監訳）、日本マンパワー出版、2000年。
- 全米キャリア発達学会『D・E・スーパーの生涯と理論―キャリアガイダンス・カウンセリングの世界的泰斗のすべて』（仙崎武・下村英雄　編訳）図書文化、2013年。

次に読んで欲しい本

- ウィリアム・ブリッジズ『トランジション―人生の転機を活かすために』（倉光修・小林哲郎　訳）、パンローリング、2014年。
- 渡辺三枝子『新版キャリアの心理学（第2版）キャリア支援への発達的アプローチ』ナカニシヤ出版、2018年。

【図表8－1　転機の4S分析ワークシート】

Situation（状況）	どのような転機か？ （転機の概略）	
	タイミングは？ （他の転機との重複は？）	
	事前準備はできたか？	
	何が変化したか？ （役割や人間関係、日常生活、考え方はどう変化したか）	
Self（自己）	自分の性格や楽観性は？	
	過去の経験が活かせたか？	
	どのような能力や技能を活かせたか？	
Support（支援）	周囲の人々からどのような支援があったか？	
	国や自治体、学校などからどのような支援があったか？	
Strategy（戦略）	その転機に対処するため、あなたがとった行動は？	
	結果はどうだった？ 今なら、どうする？	

＊シュロスバーグ（1994／邦訳2000）を基に筆者作成

第9章

ワーク・ライフ・バランス

1 はじめに

新聞やニュースなどでもワーク・ライフ・バランス（以下、WLB）という言葉を聞いたことはあるだろう。WLBとは、「会社や上司から期待されている仕事、あるいは自分自身が納得できる仕事ができ、なおかつ仕事以外でやりたいことや取り組まなくてはならないことにも取り組めること」を意味する。このWLBが重視される理由は３つある。

１つめには、人には果たさなければならない役割が多々あり、それらを円滑に果たす必要があることである。スーパーの「キャリア・レインボー」（第１章）のとおり、人は一生を通じて様々な役割を果たしながら相互の役割に影響を与えキャリアを形成している。仕事と仕事以外のことを、１人ひとりが自分らしいバランスで様々な役割を果たしていくにはWLBという考え方が必要になる。

２つめには、働き方の多様化があげられる。健康寿命が延び、体力的、意欲的にも働き続けることを望む高年齢者は多い。また、2000年以降は共働き世帯が専業主婦（夫）世帯を上回り、仕事と子育てや親族の介護を両立しながら働く人が増えている。

３つめには、企業等におけるダイバーシティ経営の推進があげられる。ダイバーシティ経営とは、「多様な人材を活かし、その能力が最大限発揮できる機会を提供することで、イノベーションを生み出し、価値創造につなげている経営」のことである。「多様な人材」とは、性別、国籍、年齢、障がいの有無などだけでなく、キャリアや働き方などの多様性を含む。WLBはこの点からも注目されている。

WLBは「仕事と生活に使う時間を同程度にする」ことではなく、個人が納得できるキャリアを形成するため、また企業にとっては働く人がストレスなく能力を発揮できる場を提供するためにも必要な考え方である。

本章では、WLBが日本企業に取り入れられてきた経緯や現状、また課題について学び、今後皆さんがWLBを図りながらどのようにキャリア形成していくのが望ましいかを考えてみたい。

2 仕事と子育ての両立

カリアさんは大学の課題で、個人のキャリア形成とそれを支援する企業や行政の取り組みの変化について調べることになった。授業で、日本では共働き家庭が増えていると学んだので、カリアさんは仕事と子育ての両立について図書館で調べることにした。

2－1　育児介護休業法について

カリアさんが「仕事と子育ての両立」と検索すると、「育児休業制度」、「育児短時間勤務制度」という言葉が検索の上位に並んだ。そこで、育児休業を調べたところ、育児をしながら働く人たちの仕事と子育ての両立を可能とする制度を事業主に求める育児休業法が1992年に施行され、その後何度か改正されていることがわかった（**図表9－1**参照）。そして、「この法律は、子どもを出産する女性だけでなく、男性の子育て参加も促していて、子育てをする男女が仕事を辞めずに働き続けられるようにしているのだな」と、男性の育児休業という今まで考えていなかったことにカリアさんは興味が湧いてきた。

2－2　パートナー同士のキャリア展望の共有

カリアさんにはお姉さんが２人いて、年長のお姉さんは昨年第一子を出産し、最近はお姉さんから姪の可愛い写真が送られてくるようになった。カリアさんのお姉さんの勤め先はリモートワークを取り入れており、在宅で働く日もあると聞いていたので、カリアさんは姪の様子を見に行きつつ、育児休業を取り復職したお姉さんの仕事と子育ての両立について実情を教えてもらおうと、お姉さん一家を訪ねることにした。

お姉さん宅のインターホンを押すと、お姉さんのパートナー（夫）が対応してくれた。カリアさんは、民間企業の課長のお義兄さんは多忙で、22時前に帰宅することは少なく週末も仕事をしていることが多いと聞いていたので、お義兄さんが出迎えてくれたことに少し驚いた。そんなカリアさんの表情を見たお義兄さんは、「今、

【図表９－１　育児介護休業法の概要】

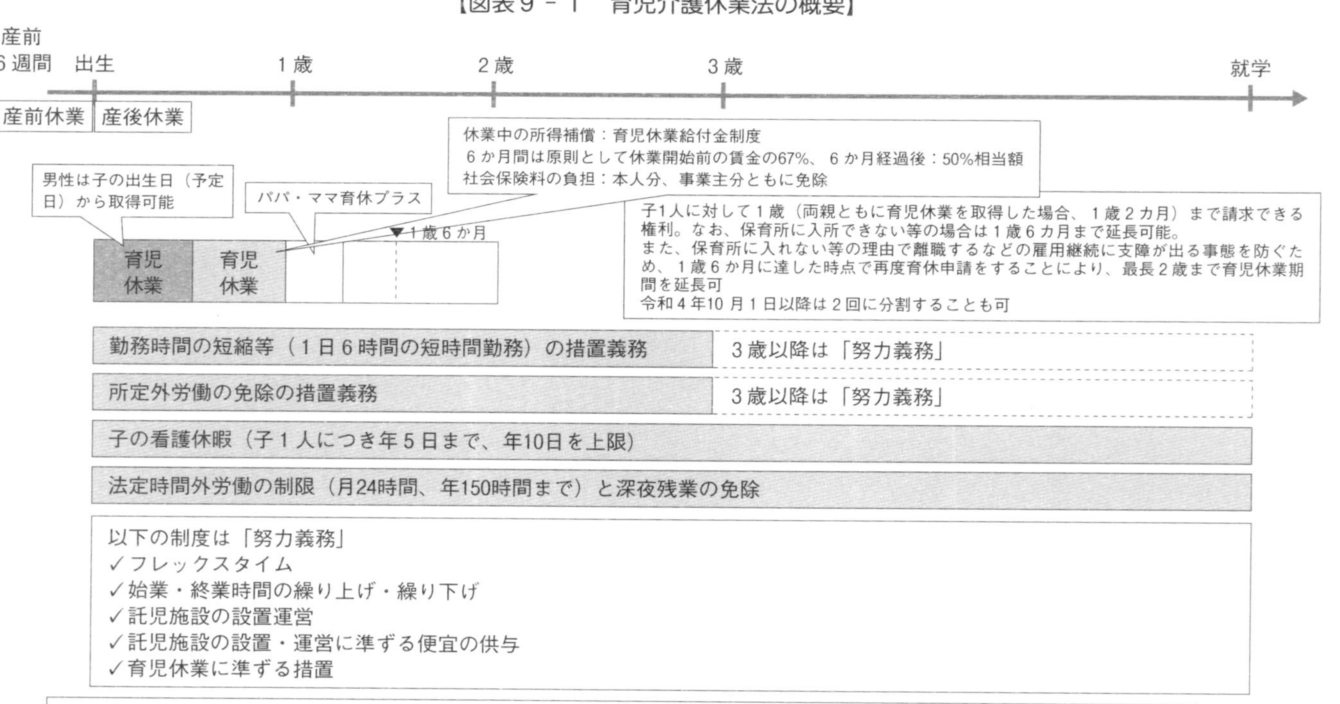

出所：厚生労働省の育児介護休業法の解説をもとに筆者が作成

４か月間の育児休業取得中なんだよ」と話しはじめ、「子育ては２人でするのが当たり前だと思っていたからね。それに自分が育児休業をとれば、その間に彼女の育児休業明けの職場復帰も順調に進められそうだし。彼女のキャリア形成のことは自分のことでもあるよね。だって夫婦だから」と、お義兄さんは姪っ子をあやしながら、カリアさんが思ってもいなかった育児休業を取る経緯を教えてくれた。

カリアさんのお姉さんは、出産前からあるプロジェクトのリーダーを務めていた。そのプロジェクトをうまく軌道に乗せることは会社にとっても、またその後のお姉さんのキャリア形成にも重要であるため、お姉さんは子どもが１歳になる前に育児休業を切り上げ、フルタイムで復職していた。

そこへリモートワークの会議を終えたお姉さんが、「なんだか自分で決めたみたいに話しているけど、私が、夫婦ならお互いのキャリアについて相談するのは当然でしょうって、何回も話し合ったことも、きちんと話してよね」と、会話に入ってきた。どうやら、お義兄さんの育児休業取得は、２人がこれからの互いのキャリアについて何度も話し合った結果であったようだ。さらに、お義兄さんは、自分のためにも育児休業をとったのだと話を続けた。

「僕も自分の働き方のことを、一度落ち着いて考えてみたかったんだ。長いキャリアの道のりをどのように歩むのかは、仕事経験とともに見えてくることもあって、この時期に少し自分や家族のために時間を取ろうと思ったんだ。育児休業にあわせて、キャリアコンサルタント（国家資格）の勉強もしているんだよ。」

お義兄さんは、WLBを長い時間軸で考え、自分のキャリア全体を通して図るこ

Column 9 - 1

コンフリクト、スピルオーバー、クロスオーバー

仕事と仕事以外のことを両立できない葛藤状態を「ワーク・ライフ・コンフリクト」と言い、仕事役割から家庭役割への負の影響を「仕事から家庭へのコンフリクト」、家庭役割から仕事役割への負の影響を「家庭から仕事へのコンフリクト」と呼んでいる。この状態はストレスや生産性低下を招くことがある。また、複数の役割が別の役割に良い影響、または悪い影響をもたらすこともある。これを「スピルオーバー」と言い、たとえば、業務上の過剰負荷によって家庭役割を十分に果たすことができずストレスが蓄積することなどは「ネガティブ・スピルオーバー」と呼ばれる。一方、男性の育児休業取得者が女性の両立支援者の理解を深め、円滑なコミュニケーションを図ること、マネジメントスキルを高めることなど、仕事（または家庭）の満足が家庭（または仕事）生活の満足度を高めることを「ポジティブ・スピルオーバー」と呼ばれる。

このほか、夫婦、上司と部下、同僚間での影響として「クロスオーバー」もある。たとえば、仕事ばかりしている男性パートナーにより、他方のパートナーのWLBに影響が出ることや、ワーカホリックの管理職により、部下も過重労働に強いられることなどがこれに当たる。

WLBの難しさは、個々人が担う役割の重要性が個々人で異なることである。だからこそ、コミュニケーションを取り合うことが重要なのである。

とを支援する自分の会社の制度について説明してくれた。彼の勤める会社では、個々人が展望するキャリアを実現させるための支援制度が多くあり、かつ仕事の裁量権も付与されていた。たとえば、昇進しようと思った場合、これまでより仕事量や求められる責任を大きくして、その条件下で成果を出すことで昇進する確率を高めることができる。これは、自分の仕事や生活を考慮して、昇進のタイミングをある程度選択できることを意味する。もちろん、予定通りに昇進できるわけではないが、自らチャレンジするタイミングを選択できる意味は大きい。そこで、お義兄さんはこうした勤務先の制度の特色を踏まえて、入社時から子どもの誕生前までは仕事へ積極的に取り組み、同期より早いスピードで昇進しようと努力し、結果を出してきた。そして、子どもの誕生後はこれまでの昇進スピードをいったん緩め、これからのキャリアを再考しながら自己研鑽する時間を確保していきたいと思っている、と今後の見通しについても話してくれた。

日本では、職能資格等級制度（第14章参照）を導入し、学歴別にキャリアの初期段階から決定的な選抜が始まる時点まで先頭集団と第２、第３集団がともに競い合い、敗者復活の可能性も持ちながら一定の等級まで昇進していくマラソン型を採用している。その後は、トーナメント方式で選抜するといった、２段階の昇進ルールを持つ企業が多い。「そうか、確かに子育てのタイミングと、組織のなかの昇進、責任ある仕事を担うタイミングは重なるかも。では、日本企業はどのように従業員のWLBを支援しているのかな」と、カリアさんは企業によるWLB支援が働く個人のキャリアに与える影響について新たな興味が湧き、さらに調べることにした。

3　日本のWLBの取り組みと働き方の変化

３－１　日本のWLBの取り組みの経緯

日本のWLBの歴史は、1985年の男女雇用機会均等法の施行で総合職として働きはじめた女性が結婚・出産期を迎えたことに始まる。1990年代後半になると、企業などには働きながら出産・子育てをする女性従業員を支援する「ファミリー・フレンドリー施策（以下、ファミフレ施策）」の整備が求められるようになった。しかし、ファミフレ施策は子どもを持つ女性の両立支援としては十分ではなく、出産前の女性離職率が６割強ある状況は続き、かつ出生率も高まらなかった。なぜなら、男性の働き方は高度成長期からのまま変化がなく、女性が１人で仕事と家庭を両立する状態となっていたからである。また、子育てする女性従業員だけが支援を受けることで、これまでとは働き方が変わらない同じ職場の同僚は負担が増すことになってしまったのである。それため、男性の子育て参加や、子育てする労働者以外の労働者の多様な働き方も可能にするよう事業主に求める次世代育成支援対策推進法（以下、次世代法）や、社会全体でWLBを実現することを目指す「仕事と生活の調和（ワーク・ライフ・バランス）憲章」および「行動指針」が定められることとなった（**図表９－２**）。

しかし、企業等によるWLB支援のなかで最もニーズの高い育児休業の取得率は、2020年時点で、女性は81.6％、男性は12.65％である。出産前の女性離職率が約６割あることを踏まえると、81.6％は必ずしも高い割合とは言えない。また、

第9章

【図表9－2　WLBの取り組み経緯と概要】

年代	内容
1980年代	**男女均等法の整備** 1986年男女雇用機会均等法 募集・採用、配置・昇進、教育訓練、福利厚生、定年・退職・解雇については女性に対する差別的取り扱いを禁止
1990年代	**働き方の柔軟性の促進** 1992年育児休業法 （1995年に育児介護休業法） 1990年代後半 ファミリー・フレンドリー（ファミフレ）施策の推進 男女雇用均等法を機に総合職として社会に参加した女性たちが、出産・子育てに直面するようになり、彼女らの継続就業を支援するよう事業主に求める
2000年代	**WLB支援の推進** 2003年次世代育成対策推進法（次世代法） ファミフレ施策は子供を持つ女性の両立支援としては有効に機能せず、かつ出生率も上昇しない状況の継続。 原因は、長時間労働で硬直的な日本の働き方がファミフレ施策の効果を減殺したため。 ゆえに、男性の働き方の見直しや夫婦共働きで子育てする職場環境の醸成、さらには子育てをする従業員以外の柔軟な働き方を可能とする職場づくりを事業主に求める次世代法を制定 2007年ワーク・ライフ・バランス憲章 「1人ひとりがやりがいや充実感を感じながら働き、仕事上の責任を果たすとともに、家庭や地域生活などにおいても、子育て期、中高年期といった人生の各段階に応じて多様な働き方が選択・実現できる社会」を目指す機運の醸成を目的 合わせて「行動指針」を策定 ・女性の第一子出産前後の継続就業率、男性の育児休業取得率、年次有給休暇の取得率など数値目標を設定
2010年代～	**多様な人材の活躍の推進** 2019年働き方改革関連法 長時間労働の常態化が雇用形態の多様性や多様な人材の活躍を阻害するとし、時間外労働の限度を具体的に定め罰則を科すこととしたほか、より労働者が柔軟に働くことができたり、休息を確保できるよう制定

出所：筆者作成

男性の育児休業取得率は2020年に1割を超えたものの、次世代法、WLB憲章の制定後も1割以下で推移している（**図表9－3**）。男性の7割～8割弱に育児休業の取得希望がある（日本生産性本部調べ）ことを踏まえると、男性は、希望しても育児休業を取得できない状況にあることが分かる。

【図表9－3　男女の育児休業取得率の推移】

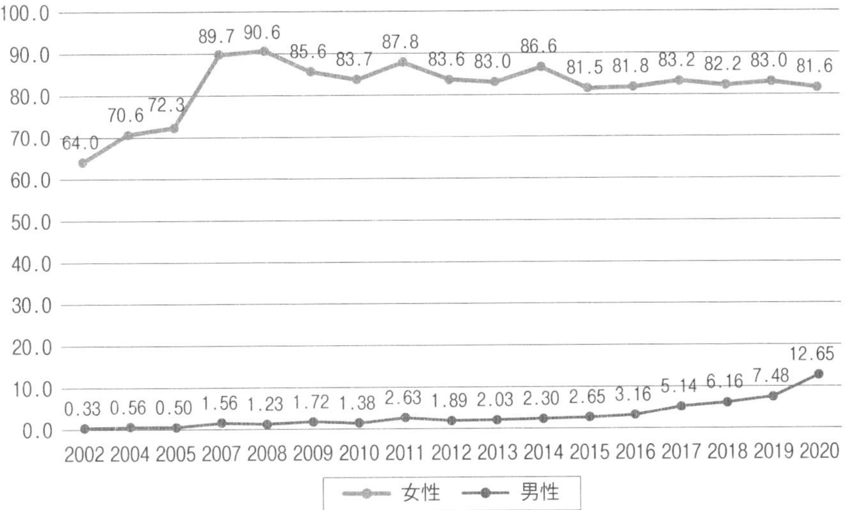

出所：厚生労働省「雇用均等基本調査」より筆者作成

3－2　日本の長時間労働と働き方の硬直性

この男性の育児休業取得率が高まらない背景には、日本の労働時間の長さや働き方の硬直性がある。

日本は、労働基準法で1日8時間、週40時間を法定労働時間と定め、かつ週休2日の完全実施と有給休暇20日の完全消費を前提に年間労働時間1,800時間を目標としてきた。しかし、厚生労働省の「毎月勤労統計調査」で、フルタイム勤務の一般労働者の総実労働時間（残業時間を含む実際に働いた時間）をみると、新型コロナウイルスにより2019年と2020年では1,900時間台になったものの、それ以外は20年以上2,000時間台のままである（**図表9－4**）。

もう1つの問題として、日本の働き方の硬直性がある。主要な海外諸国と日本の「仕事の進め方の裁量度」、「出退勤時間の自由度」、「仕事中の私用時間の利用可能性」を点数化（数値が高いほど良好）して比較したものを見ると（**図表9－5**）、日本は他国に比べ、3項目全てで点数が低く、特に出退勤時間は自由度がほとんどないことが分かる。欧州でもイギリスやドイツは労働時間が長いと言われているが、仕事の進め方の裁量度や仕事中の私用時間の利用可能性は高く、出退勤時間の自由

【図表9－4　年間実労働時間（一般労働者）】

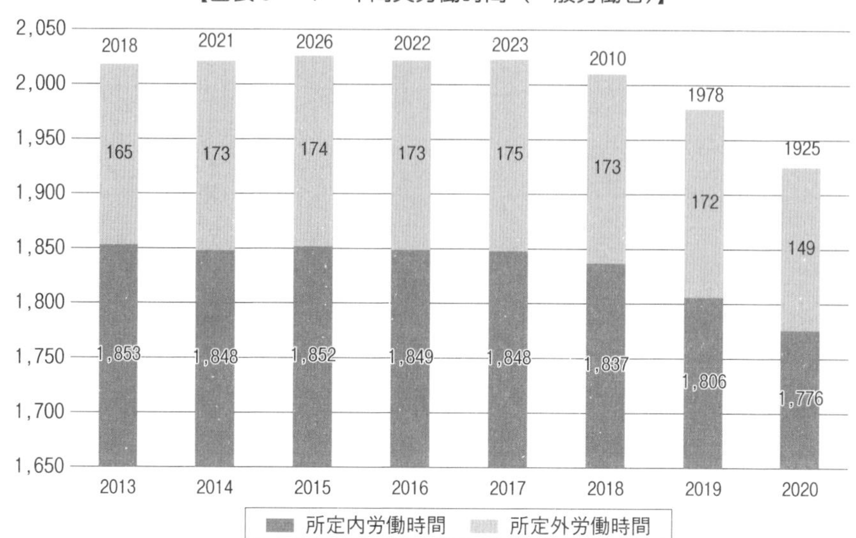

注：1．事業所規模5人以上
　　2．総実労働時間及び所定内労働時間の年換算値は、各月間平均値を12倍し小数点以下の第1位を四捨五入

出所：毎月勤労統計調査（厚生労働省）

度も概ね認められている。日本は労働時間が長いうえに、働き方が硬直的であるため、子育てや介護、家族や自分が病気になった時にWLBを図ることが難しいといえる。

3－3　働き方がキャリア形成に与える影響

そして、この労働時間の長さと働き方の硬直性がWLBの実現を難しくするだけでなく、キャリア形成にも影響を及ぼしている。

図表9－6は男性パートナーの週労働時間が長いほど、女性は「短時間勤務」を選択する割合が高いことを示している。つまり、男性パートナーが子育てに参加できないため、女性が働き方を制約して子育て責任を多く負っているといえる。

また、フルタイム勤務時と短時間勤務時で担当職務に変化があるかを調べたところ、「社内の他部門との会議や打合せ」、「顧客など社外関係者との会議や打合せ」、「社外関係者と調整や交渉を必要とする業務」といった仕事能力を高める業務は、

【図表9－5　日本の働き方の硬直性】

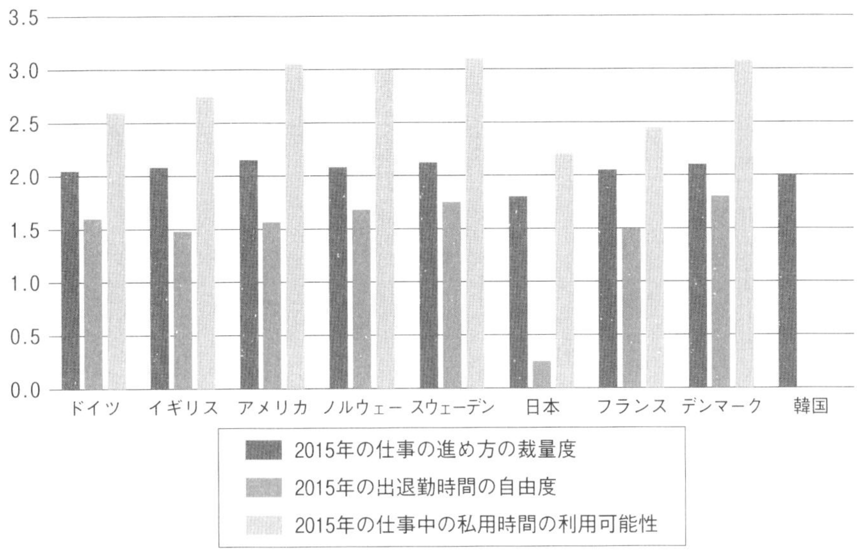

出所：International Social Survey Programme 2005: Work Orientation III（2005）とIV（2015）のデータ集計、佐藤博樹（2019）『ダイバーシティ経営と人事マネジメントの課題』161-162頁の図5－1～図5－3までの2015年のデータのみを筆者にて抜粋

※韓国の出退勤時間の自由度、私用時間の利用可能性は示されていない。

【図表9－6　パートナーの働き方別　女性の働き方】

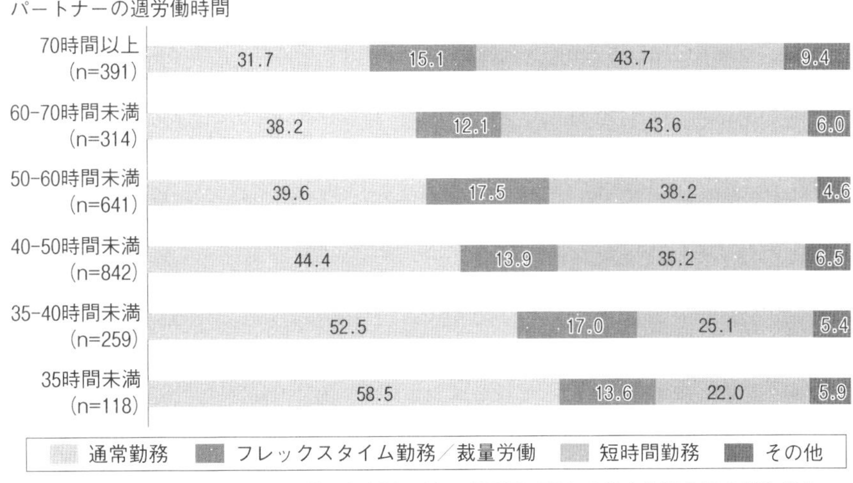

出所：厚生労働省（2010）「両立支援に係る諸問題に関する総合的調査研究報告書」

Column 9 - 2

『となりのトトロ』

アニメ映画『となりのトトロ』が、約半世紀前の日本のWLBの様子を教えてくれる。意外に思う人もいるかもしれないが、ストーリーを少し思い出せば、配偶者が病気療養中で２人の子供のお父さんの様子が描かれていることが分かる。

主人公のメイちゃんとサツキちゃん姉妹のお母さんは病気のため入院中で、お父さんは大学の研究室に勤務しながら、子育てをしているシーンが映画のなかで描かれている。多分、お父さんはお母さんの退院後の療養を考慮して、自然豊かなエリアに転居したのだろう。映画の引っ越しのシーンから、お父さんが生活環境を変えていることが分かる。病気やケガ等はいつだれに起こるか予想はつかず、場合によってはキャリア形成に大きな変化をもたらすことになる。まさに姉妹のお父さんは、その課題に直面している。転居先での片付けや掃除、子供たちと一緒にお風呂に入ったり洗濯をしたり、また庭で遊ぶメイちゃんの横で仕事をしたりと、お父さんはごく自然に家事や子育てと働くことを両立している。お姉ちゃんのサツキちゃんも家事をしながら、転校した学校で新しい友人を作っていることも見て取れる。映画から浮かんでくるのは、新しい生活に馴染みつつ楽しく時間を過ごす父子の様子だ（スタジオジブリの作品　となりのトトロ作品静止画ウェブサイトhttps://www.ghibli.jp/works/totoro/参照)。

引っ越し先の隣家、サツキちゃんの同級生のカンタのばあちゃんは、メイちゃんが一人になるときは様子を見てくれ、また、サツキちゃんの通う小学校の先生も一家の事情を理解し、メイちゃんを教室に迎え入れている。さらに、映画のクライマックスでもあるメイちゃんが迷子になる場面では、カンタの父ちゃんをはじめ近隣の人たちが総出で、メイちゃんの行方を捜している。周囲の人たちが父と子の状況に応じた支援をできる範囲で行っていることが、映画の数々のシーンから分かる。

かつての日本では勤務先にWLB支援制度がなくても、地域がその代わりの役割を果たしていたことを、『となりのトトロ』から知ることができる。そして、スーパー教授の「キャリア・レインボー」（第１章）のとおり、「市民」として自分たちの住むコミュニティ活動に参画することも重要であり、地域コミュニティが形成されることで、知り合い同士が育児、介護、疾病罹患時を支えあうことができる、という理論とのつながりも見えてくる。制度の整備や充実だけでなく、お互いに支え合う意識と行動がWLBの重要なポイントでもある。

短時間勤務時には担当する割合が低くなることが分かった（**図表９－７**）。しかし、これは本人が希望しているとは限らず、上司が短時間勤務者のことを過度に配慮し、キャリア形成につながる業務機会を制約していることが先行研究で明らかにされている。

【図表９－７　短時間勤務とフルタイム勤務の担当職務の違い】

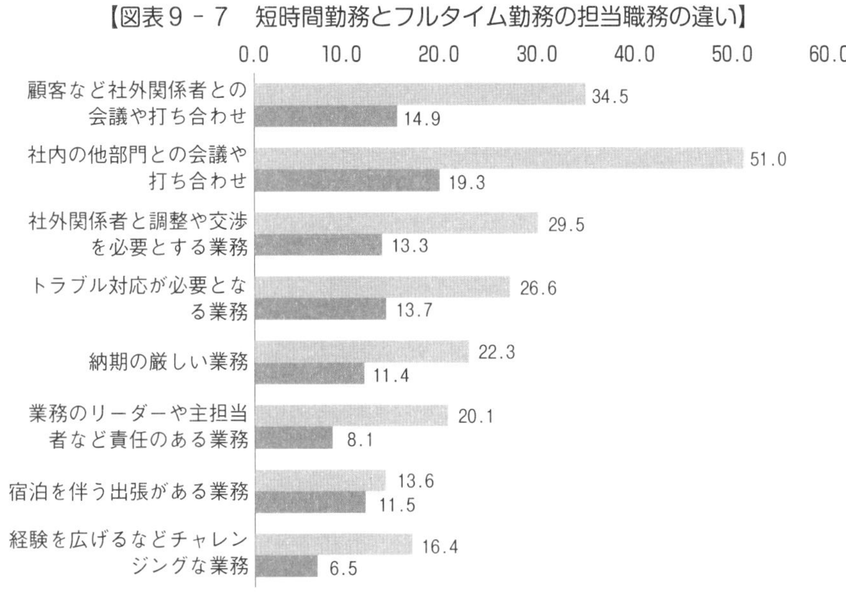

出所：武石・松原（2017）「短時間勤務制度利用者のキャリアに関する調査」

職場の管理職は、WLBを実現できる職場づくりとともに、多様な働き方をする部下のキャリア形成についても本人と話し合いながら支援すること、制度利用者も自分のキャリアを考えながら制度を利用することが重要である。

カリアさんはお姉さん夫婦の様子を見て「子育てはカップルで行うもので、互いのキャリアを支援しあいながら、家庭責任を分担しあうことが重要なんだな」と思いながら家に帰った。

３－４　WLBとキャリア形成の両者の実現に必要なこと

日本では、まだまだ女性が育児や介護を担う期待が大きい。そのため、キャリア展望が曖昧な場合は、育児など仕事以外の責任が大きくなった時にキャリア形成を中断・断念することになりやすい。このような不本意なキャリアの中断にならないために、パートナーや家族など自分のキャリア形成に深く関わる人たちと、互いのキャリアを共有・支援し、家庭内での役割がどちらかに偏らないよう協力しあうことが重要である。そして、職場の上司（管理職）は、職場の労働環境（長時間労働の是正など）を整え、職場メンバーのWLBおよびキャリア展望の実現に向けて業務を配分し、必要な能力開発を支援すること、企業等は、従業員の多様なキャリア展望を支援できるWLB支援制度の導入や働き方に規定されない職場マネジメントの支援、さらにはキャリアを自ら構築できる仕組みなどの人事管理制度を整備していくことが求められる。加えてWLB憲章で謳っているように、個人が各ライフステージで多様な働き方を選択でき、やりがいをもって働くことができる社会実現に向けて行政が取り組んでいくことも必要である（**図表９－８**）。

カリアさんは今回の課題から、「まずは自分自身がキャリア展望を持つこと、そしてこれからWLBが求められるタイミングでは、パートナーや家族が互いのキャリア展望を共有し、支援しあうこと、企業や社会がそれを支えることが大事なんだな」と、今まで学んだキャリアの理論とWLBを結び付けて理解することができた。

【図表９－８　キャリア形成に必要な要素】

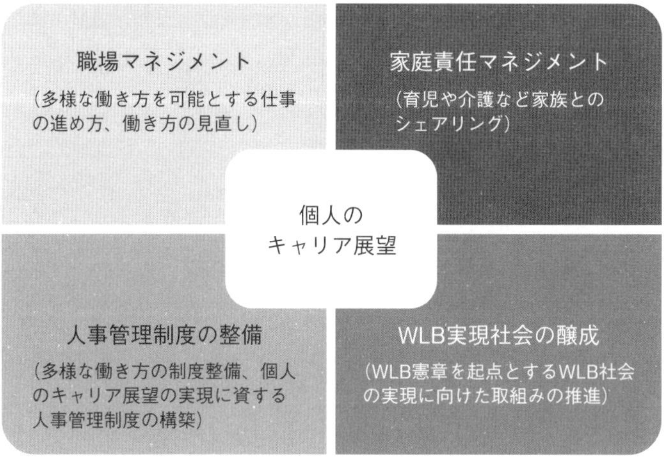

職場マネジメント
（多様な働き方を可能とする仕事の進め方、働き方の見直し）

家庭責任マネジメント
（育児や介護など家族とのシェアリング）

個人のキャリア展望

人事管理制度の整備
（多様な働き方の制度整備、個人のキャリア展望の実現に資する人事管理制度の構築）

WLB実現社会の醸成
（WLB憲章を起点とするWLB社会の実現に向けた取組みの推進）

出所：筆者作成

4 おわりに

本章では、複数の役割を同時に果たしながらキャリア形成するためには、WLBの考え方が重要であること、そしてWLBの支援施策も必要であることを学んだ。今後は、Society 5.0の到来など、社会の変化が一層大きくなる可能性があり、その変化の流れの中で、個人はキャリア形成の過程で、能力開発やキャリア・チェンジ（離職・転職、起業など（第5章、第8章、第11章参照））に積極的に取り組んでいくこと、また、企業等は多様化する働き方に適合する人事管理制度の整備が求められる（第14章参照）。さらに、近年は医療技術が進歩し、かつては治療に専念するためにと退職する必要があった病気も働きながらの治療が可能になり、昨今は「治療と仕事の両立」に取り組む企業等も増えてきている。こうした点からも、私たちは、長いキャリア形成のプロセスを踏まえ、必要に応じてキャリア展望を見直しながらもその実現に向けて、家族、職場、組織、行政等の力を活用しながらWLBを図り、自分らしいキャリアを実現させていくことが重要である。

? 考えてみよう

① WLBを支援する制度について、どのようなものが企業等に整備されているかを、経済産業省の『ダイバーシティ経営企業100選』事例集や、厚生労働省の「女性の活躍と両立支援総合サイト」などから調べて見よう。また、企業規模、職種によりどのような特徴があるかを調べて比較し、その差異の理由を考えてみよう。

② 将来、自分がWLB支援制度を利用する場合にどうするか、自分の周囲（親、兄姉、親戚、先輩等）にWLB支援制度を利用している人がいたら、なぜ、どのような制度を利用しているかを聞いてみたうえで、キャリアと両立するにはどうするかを考えてみよう。

③ 将来、自分が働く職場でWLB支援制度を利用する人が出た場合、自分はどうするかを考えてみよう。

参考文献

- 佐藤博樹・武石恵美子『職場のワーク・ライフ・バランス』日本経済新聞出版社、2010年。

- 佐藤博樹「第５章　ダイバーシティ経営と人事マネジメントの課題―人事制度改革と働き方の柔軟性」鶴光太郎編著『雇用システムの再構築に向けて―日本の働き方をいかに変えるか』日本評論社、2019年。
- 武石恵美子・松原光代「短時間勤務制度利用者のキャリア形成―効果的な制度活用のあり方を考える」、佐藤博樹・武石恵美子編『ダイバーシティ経営と人材活用―多様な働き方を支援する企業の取り組み』東京大学出版会、2017年。

次に読んで欲しい本

- 権丈英子『ちょっと気になる「働き方」の話』勁草書房、2019年
- 佐藤博樹・武石恵美子編著『ワーク・ライフ・バランスと働き方改革』勁草書房、2011年。
- サニー・ハンセン『キャリア開発と統合的ライフ・プランニング―不確実な今を生きる６つの重要課題』（乙須敏紀訳）福村出版、2013年。

第10章

マネジャーとして生きる

1 はじめに

マネジャー（manager）というと、部活のマネジャー、芸能人のマネジャーなど様々な使い方がある。ただし一般には、企業のマネジャーのことをいい、いわゆる「管理職」の立場を指す（以下、マネジャーと管理職は同義として扱う）。

管理職とは、課長あるいは次長以上の職位を占める管理者またはその職位にある者であり、労働組合の組合員になる資格を持たない者である。企業には監督職という職位もあるが、こちらは現場の作業員や事務職員を管理する立場にあり、管理職との違いは労働組合の組合員の資格があるという点である。

１人のプレイヤーからマネジャーとしてキャリアを歩むことは、組織の一員として働くとともに、その組織が目指す目的（例えば、企業では業績向上、行政組織では政策の実現・市民サービスの向上など）に貢献するように他のメンバーの力も結集させることを意味する。したがって、自分がやりたいことが所属する組織に存在するのか、また組織の目指す目的に自分の目指すことが合致するかは、マネジャーというキャリアを選択するうえで重要である。

ここで企業に入社してからのキャリアを想像してみよう。最初は新入社員として入社し、仕事に慣れることに必死だろう。そのうち仕事に慣れてくれば、上司や同僚からも認められ、何年かすれば後輩の育成も任されるようになる。まさに自他ともに認める一人前のプレイヤーとなるわけだ。さらに十分な仕事の経験を積み、後輩社員も増え、周りからの信頼も厚くなると、いずれマネジャーへの昇進を言い渡される日が訪れる。そこからはマネジャーとしてキャリアを歩むことになる。最初は部下も少ないかもしれないが、マネジャーとして成功すれば、最終的には大きな組織を率いる経営幹部として企業を支えることになるかもしれない。

もちろん、すべての人がマネジャーになるわけではない。どういった人がマネジャーになれるかは業界や企業によって様々である。だからといって、マネジャーのことを知る必要がないわけではない。誰もが将来マネジャーになる可能性はある。

マネジャーの特徴を一言でいえば、自ら動くのではなく、「人（部下たち）を通じて、事を成し遂げる（getting things done through others）」ということである。他者に働きかけて物事を達成することは決して簡単なことではないから、マネジャーとして生きるための基本を学んでおくことは意味がある。

本章では、まずマネジャーに就く人がどれぐらいいるのかといった割合や仕事内容について確認し、その後、マネジャーの役割やマネジャーへの昇進時の課題を学ぶ。次に、マネジャーとしてのキャリアにおいて成長をしていくために、マネジャーが持つ知識や能力、また所属する部門に応じた経験とそこでの学びについて取り上げる。最後に、マネジャーからリーダー、経営者へと組織の階段を登っていくにつれて、どのような変化が求められるのか説明する。

2 マネジャーの割合とその仕事内容

就職活動に備えて、世の中の動向に興味を持ちだしたカリアさん。授業の合間を縫って大学の図書館で新聞を読んでみることにした。そこで、ふと女性の管理職比率についての記事に目が留まった。

その記事を見て、カリアさんは「管理職になる女性って少ないんだね。8.9%っていうことは管理職の中に10人に１人もいないってことか。業種によっても割合に結構違いがあるんだ」と思った（**図表10－１**）。

さらにカリアさんは「なぜ女性の管理職は少ないのだろうか。アルバイト先のマネジャーさんも確かに男の人が多いし。やっぱり責任も重くなるし、しんどいというイメージがあるんだろうか。でも会社に長く勤めると、いずれそうした地位に就くことも出てくるよね」と思い、マネジャーについて詳しく調べてみることにした。

インターネットで検索していると、賃金構造基本統計調査という調査に管理職の人数がわかるデータがあることがわかった。そこで過去数年ぐらいの管理職の割合を集計してみると、ここ最近の管理職比率は部長クラスで約３%、課長クラスで約７%ということがわかった（**図表10－２**）。カリアさんは、「全体の中で課長以上の管理職となると、合計しておおよそ10%ぐらいだ」ということを理解した。

さらにインターネットで調べていくと、海外との管理職の比較も含めた資料が見つかり、**図表10－３**のような表に整理することができた。

カリアさんは、「なるほど、日本ではだいたい40歳手前で課長になるみたい。他の国と比べるとかなり遅めだ。平均の年収も結構多くもらってるんだね。管理職とかマネジャーって聞くと普通は部下がいるイメージだけど、約20%も部下がいない人もいるんだ。仕事内容を見てみると、組織運営、つまりチームを率いて業績を上げること、部下のマネジメント（管理）、組織内外で情報をいろいろ伝えたり、

【図表10－1　女性の管理職比率】

女性の管理職比率最高更新も低水準

女性の管理職比率は相変わらず伸び悩んでいる。6日に帝国データバンクが発表した「女性登用に対する企業の意識調査（2021年）」によると、女性の管理職比率は前年から1.1ポイント増えて平均8.9％にとどまった。

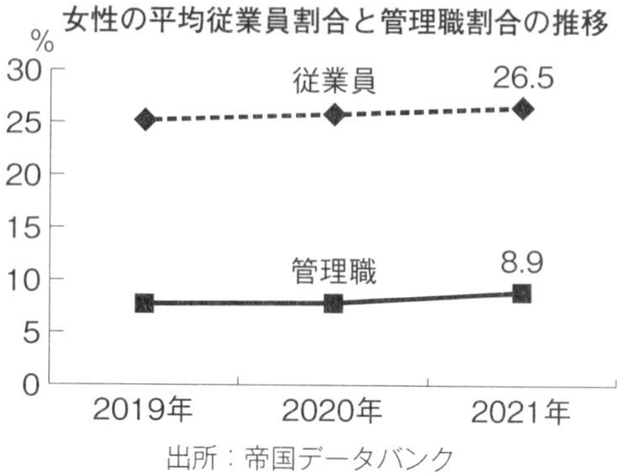

出所：帝国データバンク

業種別には、「小売」「不動産」「金融」「サービス」の順に女性管理職の割合は高く、「運輸・倉庫」「建設」「製造」などは割合が低く平均を下回っている。また、企業規模では「小規模企業」が平均11.9％と高く、「大企業」の5.8％の約2倍であった。

政府は2020年の「第5次男女共同参画基本計画」の中で「2020年代の可能な限り早期に指導的地位に占める女性の割合が30％程度」との目標を掲げており、まだなお乖離がある。

出所：新聞記事をイメージして筆者作成

【図表10－2　管理職比率】

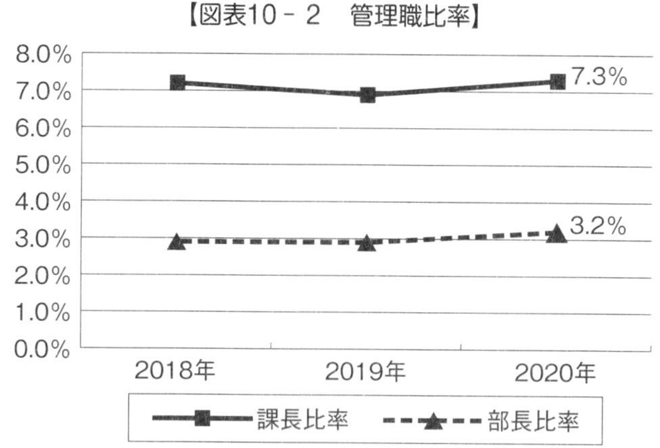

注：企業規模100人以上の部長級、課長級の人数を役職計と非役職計の合計人数で除したもの。
出所：「賃金構造基本統計調査」をもとに筆者作成

【図表10－3　管理職に関するデータの整理表】

	昇進年齢		課長平均年収	部下がいない割合	管理職が行う仕事の割合（部下がいる場合に限定）				
	課長昇進	部長昇進			組織運営	部下マネジメント	情報伝達	プレーヤー	その他
日本	**38.6歳**	**44.0歳**	**約945万円（8万5,934ドル）**	**20.7%**	23.6%	21.7%	12.9%	**31.0%**	10.9%
アメリカ	34.6歳	37.2歳	約1,140万円（10万3,765ドル）	14.9%	21.8%	25.2%	22.8%	19.9%	10.3%
中国	28.5歳	29.8歳	約520万円（4万7,399ドル）	6.0%	26.7%	18.9%	14.5%	30.7%	9.3%
インド	29.2歳	29.8歳	約210万円（1万9,208ドル）	0.4%	30.9%	23.3%	16.8%	15.8%	13.3%
タイ	30.0歳	32.0歳	約470万円（4万2,798ドル）	0.1%	30.6%	23.9%	15.2%	20.8%	9.5%

注：年収については1ドル＝110円で換算した金額を筆者が記入。
出所：リクルートワークス研究所（2015）「5ヶ国比較"課長"の定義」をもとに筆者作成

それだけではなく、日本では自分自身もプレイヤーとして仕事をこなしてるってことだ」と理解した。なんとなく管理職のイメージが見えてきた気がするけど、マネジャーとして将来のキャリアをイメージするためには、もう少しいろいろと知りたいと思った。

3 マネジャーの役割と昇進時の課題

3－1　マネジャーの大きな3つの役割

マネジャーの役割は幅広い。「人を通じて事を成し遂げる」ためには、仕事の専門的な知識とともに「管理をする」という知識も必要になる。また自分の所属する組織内だけではなく、組織の外部の人たちとのコミュニケーションにも長(た)けていることが求められる。

「管理をする」とはどういうことだろうか。古典的な研究では、アンリ・ファヨールが、管理することとは「計画し、組織し、命令し、調整し、統制すること（訳書9頁）」であると述べている（**図表10－4**）。つまり、将来の仕事を計画し、そのために物資や人材を首尾よく集め、実行してもらうが、その際うまく取りまとめ、ミスや間違いがないかチェックし、正しい方向に導くということである。

【図表10－4　管理とは】

	内　容
計画する	将来を探求し、活動計画を作成する
組織する	事業経営のための物的および社会的という二重の有機体を構成する
命令する	従業員を職能的に働かせる
調整する	あらゆる活動、あらゆる努力を結合し、団結させ、調和を保たせる
統制する	樹立された規則や与えられた命令に一致してすべての行為が営まれるよう監視する

出所：ファヨール（1985）『産業ならびに一般の管理』をもとに筆者作成

では、管理をするために、マネジャーは一体どのような役割を担うことになるのだろうか。マネジャーの仕事の研究に先鞭をつけたヘンリー・ミンツバーグは、大きく対人関係、情報関係、意思決定関係の3つに分類した。簡単に述べれば、多くの人々とうまく付き合い、たくさんの情報を収集、伝達し、重要な決定を下すのがマネジャーの役割である。

対人関係とは、マネジャーの地位に伴う人間関係を構築・維持する活動である。例えば、公式行事への出席や部下への対応、外部の人たちとの交流などである。

情報関係とは、様々な情報を収集したり、発信したりする活動である。例えば、参考資料や報告書などを読むことに加え、他の人たちと接するときに得る断片的な情報を受け取り、そこで得た情報を部下に伝えるなどである。

意思決定関係とは、重要な決定を下すことに関連した活動である。例えば、業績向上のための発案、部下の提案の承認、生じた問題の処理、組織外の人たちと交渉するなどである。

ミンツバーグは、これら３つの役割をさらに細分化し、10の役割があるとしている（**Column10－１**および**図表10－５**）。

いずれにしても、人（部下）を通じて事を成し遂げるための広範な活動であり、一朝一夕に培われるものではない。実際、マネジャーになるにはそれなりの苦労が伴う。

３－２　マネジャーへの昇進時の課題

マネジャーになるとき（昇進したとき）にはどのような変化や課題が待ち受けているのだろうか。企業の中で、いわゆる担当者レベルから管理職へと移行（昇進）するとき、良くも悪くも複雑な感情が交錯する。学生時代に部活動の部長などを任されたことを想像してみるといい。例えば、スポーツの部活動で言えば、部長になれば１人のプレイヤーとして練習するだけではなく、チーム全体の練習メニューを考え、他の選手にも目を配ることが必要だ。

社会人になっても同じである。１人の担当者として、自分に与えられたタスクをこなすだけではない仕事がそこにはある。例えば、自動車販売をしていた仕事から、自動車販売をする人を「管理する仕事」へと変わるわけである。

良い面では、新たな権限が与えられるという魅力、１人では達成できないより大きな成果を上司や組織に評価され、自分のキャリアの目標が達成されたという満足感がある。その反面、新たな役割を担うことによる不安や責任も感じることになる。

新任管理職の研究では、管理の仕事にまつわる問題と心理的な抵抗や障害に対処する必要があると指摘している（**図表10－６**（146頁））。管理の仕事の問題には、日常の仕事管理、戦略やビジョンの設定、部下の活用や育成、ネットワークの構築があげられる。また心理的な抵抗や障害としては、私生活への悪影響、現場・実務

Column10－1

管理職の役割

ミンツバーグはマネジャー（この研究では経営者レベル）を観察し、その仕事を10の役割に整理した（**図表10－5**）。大きく分けると、対人関係、情報関係、意思決定関係の３つになる。

【図表10－5　管理職の10の役割】

役割	内容
対人関係	
フィギュアヘッド	象徴的な長。法的・社会的性質をもった多数のルーチン責務を遂行する責任がある。
リーダー	部下の動機づけと活性化に責任がある。人員配置、訓練および関連責務への責任。
リエゾン	好意的支援や情報を提供してくれる外部の接触や情報通からなる自分で開拓したネットワークを維持する。
情報関係	
モニター	組織と環境を徹底的に理解するため広範な専門情報を探索・受信する。組織内外の情報の神経中枢になる。
周知伝達役	外部や部下から受信した情報を自分の組織のメンバーに伝える。事実情報もあり、解釈が入り組織の有力者がもつ多様な価値づけを統合した情報もある。
スポークスマン	組織の計画、方針、措置、結果などについて情報を外部の人に伝える。組織の属する業種に関して専門家の働きをする。
意思決定関係	
企業家	組織と環境に機会を求め変革をもたらす「改善計画」を始動させる。特定プロジェクトのデザインも監督する。
障害処理者	組織が重要で予期せざる困難にぶつかったとき是正措置をとる責任。
資源配分者	実質的に、組織のすべての重要な決定を下したり、承認したりすることによる、あらゆる種類の組織資源の配分に責任がある。
交渉者	主要な交渉にあたって組織を代表する責任。

出所：ミンツバーグ（1993）よりを一部抜粋し筆者作成

対人関係には次の3つの役割が含まれる。1つは、多くの責務や義務を負った仕事をすることである（フィギュアヘッド）。その中には、法的な書類に印鑑を押す、全体の会合であいさつをする、ある顧客に会うために部下に付き添うなど、あまり中心的な仕事ではないが、何かしら人と関わる必要のある仕事がある。また2つ目として、組織をリードして部下を動機づける必要がある（リーダー）。そのために人員の採用、配置、訓練、評価、昇進などの活動にかかわり、部下に助言したり励ましたり、部下の活動をチェックする。3つ目は、自分が所属するグループの外の人たちと交流し、ヨコの関係を築き、自分の組織とつなぐ役割を果たす（リエゾン）。例えば、同じようなポジションの人たちと交流することで、情報を得て、自分の組織の仕事に結び付ける。

情報関係には次の3つの役割がある。1つ目は、様々な情報を受け取り、探索し、自分の組織に何が影響するのかを考える（モニター）。社内外の出来事を見聞きし、様々な分析をした報告書に目を通す。多くの場合、非公式なネットワークなどから情報がもたらされる。2つ目は、自分が得た情報を部下に伝達する役割である（周知伝達役）。外部で得た事実の情報を適切な部下に伝えることもあれば、ある役員が発言したこと、世間の圧力なども踏まえて、考え方も添えて伝える場合がある。3つ目は、組織の外部に情報を伝達する役割である（スポークスマン）。組織の代表として、他の組織内の有力な人たちに効果的に情報を伝える。また、業界団体、行政、取引先、顧客など外部にも情報を提供する。

意思決定関係には次の4つの役割がある。1つ目は、機会や問題を捉え、自らが組織を変革に導くように促し、計画していく（企業家）。2つ目は、予測できなかった出来事や急な危機に対して是正していく（障害処理者）。3つ目は、お金、時間、原材料や設備、労働力などを配分する（資源配分者）。4つ目は、他の組織や、ある重要な個人と組織を代表して交渉するという役割である（交渉者）。

から離れる戸惑い、適性に対する不安、孤独や憂鬱、管理職への幻想などである。

つまり、部下の活用に代表されるマネジャーとしての新たな管理の仕事をこなせるようになるのはもちろんだが、それに伴う様々な心理的な戸惑いや不安に対処する必要が出てくる。当然ながら、すぐにマネジャーとして一人前になるわけではない。これらの課題に対処する中で、次第に新たな能力を獲得し、成長を遂げていくのである。

【図表10－6　新任管理職が直面する問題】

分　類		主な課題・問題
管理の仕事の問題	日常のタスク管理	•部下に仕事を任せっ放しにしたり、丸投げにしてしまう •部下に対して達成圧力をかけられない
	戦略やビジョンの設定	•長期的、戦略的な大きな絵が描けず、目先のことに終始してしまう •部下に明確な目標を与えられない •全体最適で考えられない
	部下の活用や育成	•部下に対する過剰管理 •自分の仕事のやり方を押し付ける •部下の能力向上やキャリア形成に関する取組みができない
	ネットワークの構築	•何でもひとりでやろうとする •上層部や他部門を巻き込むことができない
心理的な抵抗や障害	私生活への影響	•ワークライフバランスへの影響 •金銭面での不満
	実務から離れる戸惑い	•現場を離れるのが寂しい
	不安	•管理者適性への不安 •業績達成への不安
	孤独や憂鬱	•人の上に立つ孤独感や疎外感 •自己を抑制するストレス •上と下に挟まれる辛さ
	「管理職」への幻想	•リアリティショック（現実に対するショック：幻滅や失望） •自分のアイデンティティや持ち味を見失う

出所：元山年弘（2008）「管理職への移行における諸問題」『経営教育研究』第11巻１号、72-84頁、図表１から一部抜粋し、本文に合わせて筆者が追加修正

4 マネジャーのキャリアと成長：知識や能力、経験と学び

4－1　マネジャーが持つべき知識

マネジャーにはどのような知識が必要なのだろうか。管理職を対象とした研究によると、タスク管理、他者管理、自己管理のカテゴリーに分けることができる（**図表10－7**）。簡単に言えば、仕事（タスク：割り当てられた仕事）に関する知識、他人に関する知識、自分に関する知識ということである。

「人を通じて事を成し遂げる」というマネジャーの特徴からすれば、驚くことではない。仕事の知識を高め、関係する周りの人たちのことをよく理解することが、マネジャーの仕事を進めるうえで大事なことは当然であろう。

【図表10－7　マネジャーの知識やスキル】

カテゴリー	内　　容
タスク管理	特定の業務を遂行するためのノウハウ、情報処理の効率化のスキル
他者管理	部下、同僚、上司との関係づくりのノウハウ。人間関係上の問題解決のスキル
自己管理	自分の動機づけをコントロールしたり、自分を組織に組み込むノウハウ、スキル

出所：楠見孝（1999）「中管理職のスキル、知識とその学習」『日本労働研究雑誌』第474号をもとに筆者作成

マネジャーはこれらに加えて、自分に関する知識も必要である。そもそも自分自身が仕事に熱意を持って取り組んでいなければ、部下は進んで協力しようとは思わない。マネジャーは自分自身を動機づけ、どういった点で組織に貢献できるかを知っておく必要がある。

社会人になる前の学生時代で考えてみると、確かにタスク管理についてはあまり馴染みがないかもしれない。一方で、他者管理や自己管理は、部活動やサークル活動などの課外活動（メンバーたちへの関わり方など）や学校での取り組み（勉強に

対する自己管理など）を通じて、すでにその知識を少しずつ習得しているはずである。社会人になる前でも、マネジャーとして生きる道が自分に向いているかどうかを試す機会を持つといいだろう。

4－2　マネジャーの獲得する能力

マネジャーになることで様々な困難を克服することはすでに述べた通りだが、その際、どのような能力がさらに向上していくのだろうか。

ある研究では、目標共有力、情報分析力、事業実行力という３つの能力が獲得さ

【図表10－8　マネジャーの３つの能力】

カテゴリー	内　容
目標共有力	部門や組織における理念や目標を示し、率先垂範しつつ、部門内で共有・浸透させながらメンバーを巻き込む能力
情報分析力	市場・業界・他社動向などの情報や業務に関する知識をもとに、多様な視点を持ちながら論理的に考え、物事の原因を見定め、これから起こることを事前に想定する能力
事業実行力	自社の経営指標や市場の動きを読み解き、その中からビジネスチャンスを見極め、リスクを恐れることなく事業を実行・推進する能力

出所：松尾（2013）をもとに筆者作成

【図表10－9　マネジャーの獲得能力の推移】

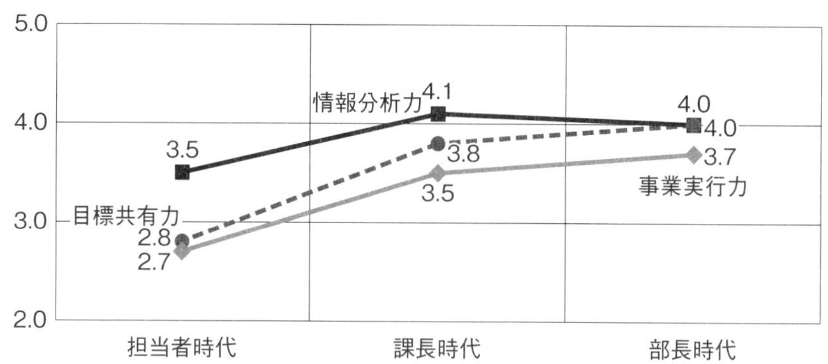

出所：松尾（2013）をもとに筆者作成

れていることが示されている（**図表10－8**）。ただし、担当者時代、課長時代、部長時代と役職が上がるにつれて、目標共有力はある程度高まっていたが、情報分析力や事業実行力は多少上昇が見られるが、大きくは伸びていなかった（**図表10－9**）。

このことからわかることは、マネジャーの階段を登るにつれて、「目標を明確に定め、それをメンバーと共有する力」が顕著に身に付いてくるのである。またそのためには、組織内外から情報を収集、分析し、今後将来に何が待ち受けているのか把握するといった情報分析力も欠かせない。さらには、定めた目標を達成するために自分の所属している組織の事業を実行するという事業実行力が求められる。これら３つの能力が少なくともマネジャーになることで（その差はあるが）向上していくのである。

これらもまた「人を通じて事を成し遂げる」というマネジャーの特徴からは当然の結果であろう。ただし、より高いレベル（部長）のマネジャーになるほど、目標共有力という能力がより必要だといえる。

学生時代、メンバーが多いグループ（例えば、部活動におけるチーム）を率いた経験はあるだろうか。自分たちのグループが目指す方向を定め（例えば、スポーツでは大会の優勝）、その目標をしっかりとメンバーと共有することが、目標達成には不可欠だと気づく。会社の課長や部長でなくても、同じような経験から学ぶことは学生時代にもできるのである。

４－３　部門によって異なるマネジャーの経験と学び

マネジャーとして一般的な能力はこれまで述べた通りだが、企業には様々な部門があり、その違いによって、経験することや学ぶことも異なってくる。例えば、製造業などのメーカーにおいて、工場がある製造部門と営業所がある営業部門のマネジャーでは、その歩むキャリアに共通点もあるが、違いもあるはずである。

次の２つの表（**図表10－10・10－11**）は、ある大企業の製造部門のマネジャーと営業部門のマネジャーの役割の変化と学んだことを整理したものである。企業で働いてみないと表中の細かい内容は理解できないかもしれないが、大まかな共通点や相違点は確認できるはずだ。

どちらの部門でも30代半ば前後から50代前後にかけて、徐々にマネジャーの階段を登り、それぞれのポジションでの新しい役割を通じて仕事を経験し、その経験を通じて学んでいることがわかるだろう。

【図表10－10　製造部門マネジャーにおける役割変化と学習】

	主な役職名	平均年齢	主な役割の例	学習すること
担当者レベル	担当者	32歳	機械導入や機械開発を含め様々な役割	①自己の仕事に関する基本姿勢 ②技術やスキル
初期管理職レベル	現場課長	37歳	①対立組織（労働組合）との交渉 ②システム・技術開発のプロジェクトリーダー ③部下との関係構築 ④仕事の進め方（マネジメント自体）	①敵対的な人間や集団との関係のあり方 ②リーダーとしての責任感、技術的知識 ③部下と信頼関係を築くノウハウ ④計画の立て方と進捗管理、課題対処法
中間管理職レベル	副工場長	43歳	①工場全体実績の改善 ②集団としての社員対応（モチベーション向上）	①方向性を示すこと ②遂行における行動や見せ方 ③集団に意味のある役割を与えること
拠点長レベル	工場長	50歳	実績改善や工場全体課題の対処といった漠然とした役割	中間管理職レベルと大きな差が認められなかった

出所：谷口（2006）をもとに筆者作成

製造部門の特徴は、工場管理にあり、機械設備の導入や開発からプロジェクトのリーダーを任され、人間関係の構築などが重要な学びとなっている。最終的には、工場長に行き着くが、そこでは工場全体を視野に入れたマネジメント（管理）を学ぶのである。

一方で、営業部門の特徴は、顧客や組織内のスタッフの人たちとの接点が多い点である。そこでは交渉やセールス、マーケティングついて学び、支店長といったより上位の役職になると成果や事業に対する責任を持つことを学ぶのである。

共通している点は、どちらの部門でも管理職になると部下への対応が必要であるということ、また役職が上がるにつれて面倒を見る組織の視野が広がるということである。

ただし、同じ企業の中でも、どういった専門分野（部門）でマネジャーとなるのかによって異なる経験に遭遇するため、学ぶ内容にも違いが生まれる（Column10－2）。

【図表10－11　営業部門マネジャーにおける役割変化と学習】

	主な役職名	平均年齢	主な役割の例	学習すること
担当者レベル	担当者	34歳	①本社コーポレートスタッフ ・対外的交渉や対応 ・社内調整 ②営業に関連したスタッフ ③営業部門本社スタッフ ・販売促進や企画 ・契約業務 ④現場スタッフと営業員	①仕事や交渉の姿勢，自分自身の自覚，視野の広がり ②商品やモノづくりの全体観 ③仕事の姿勢，仕事の進め方，仕事に対する自己認識 ④セールスを通した仕事に対する姿勢
初期管理職レベル	他部署課長 営業所長	40歳	①他部署課長クラス ・商品企画立案・管理 ・本社コーポレートスタッフ ②営業所所長クラス	①マーケティング手法，長期的な視点からの仕事の進め方，顧客からの発想など ②リーダーシップと部下とのコミュニケーション
中間管理職レベル	他部署部長 支店部長	43歳	①他部署部長等クラス ・事業や組織の立ち上げ ・トピックス的な課題への対処 ②支店部長クラス ・支店マネジメントと人材育成など	①・相手の尊重，組織構築のあり方，チームを起こすことの楽しさ，成果責任の重さ ・取り組む姿勢と実行，海外経験では異文化との接触等 ②部下への対応等
拠点長レベル	支店長	47歳	①他事業部門責任者 ・事業拡大，立直し，閉鎖 ②本社部長クラス ・各部の役割に応じたトピック ・海外事業所責任者 ③支店長 ・支店組織全体に関するもの	①事業に対する責任 ②交渉については粘り強い姿勢等 ③組織マネジメント

出所：谷口（2006）をもとに筆者作成

Column10－2

専門分野（部門）に応じたキャリア

ここで取り上げた製造部門と営業部門以外にも企業には多くの職能領域（部門）があり、どの部門で経験を積むのかによってマネジャーとしてのキャリアに影響を与える。

例えば、理系学部出身であれば、研究開発部門に配属されるかもしれない。「自分の好きな研究ができる」とずっと思っていたが、マネジャーになれば、「部下の管理をする」という余計な仕事が増えることにため息をつくこともあるだろう。その際、プレイヤーとして研究を続けるか、組織の階段を登りマネジャーとなるのか、キャリアの選択に悩むことがある。

他にも文系学部出身の場合、事務系のスタッフ職（コーポレートスタッフ）というキャリアを歩む人がいる。例えば、財務・経理、人事・総務、経営企画・事業企画、広報などの部署で働く場合である。業界や企業によって違いがあるが、これらのスタッフ職のキャリアは、大きく2つ考えられる。

第1は、1つの職能（例えば、経理畑）の中で、そのまま担当者からマネジャーになる場合である。このケースでは、子会社や工場、支店などへの人事異動もあるが、その多くは同じ職能（経理など）の仕事である。ある領域での専門性をより高めたい人にはふさわしいキャリアかもしれない。

第2は、いわゆるジェネラリストとしてマネジャーになるケースである。この場合、スタッフ職であっても、製造部門や営業部門といったライン部門でも経験を積む。例えば、当初、営業員（ライン職）として支店で勤務し、何年かすれば本社の人事部（スタッフ職）などに異動する。その後また営業部門に戻り、営業課長（ライン職）などに昇進し、最終的にはまたスタッフ部門に戻り、人事部長や経営幹部として活躍する。つまり、営業や人事という複数の専門領域に緩やかに関わりながらも、広範な部門に精通した一般的な管理職（ジェネラルマネジャー）としてマネジャーの道を歩むということである。

こうしたマネジャーのキャリアは、入社当初の配属部門に大きな影響を受けることになるが、企業側の人事異動によってもキャリアの選択肢が変わってくる。大事なことは、自分が目指す方向性についてしっかり考え、希望を叶えていくことである。

4－4　マネジャーからリーダー、経営者への人間的成長

企業の中でマネジャーとしての道を歩むことは、組織の階段を登っていくことでもある。つまり、ある仕事の担当者レベルから管理職（マネジャー）になり、その後、順調に昇進を重ねるとそのうち経営幹部（執行役員や取締役など）に加わることもあるかもしれない。

企業の経営幹部や役員と聞くと、その肩書から高い収入を想像し、あこがれを持つ人もいるだろう。確かに、高いレベルの役職になると、使える予算金額の権限が大きくなり、お金の決定権が広がる。例えば10億円を超えるプロジェクトを任せられるかもしれない。また、必要な人材を採用したり、登用したり、部下を評価するといった人事権も持つことになる。そうした権限にはもちろん責任を伴うが、身近な関係者の中には、立場に気を使い、ごますりやご機嫌取りをしてくる人も現れるだろう。

こうした表面的な見栄えの良さは、周囲からみると羨ましく見えるのかもしれないが、もしマネジャーとして人間的な成長がともなっていなければ、裸の王様になってしまう。いずれ肩書がなくなったときには誰も近づかず、相手にしなくなる。

では、こうした昇進に伴って、どのような人間としての成長、すなわち精神的な成長が求められるのだろうか。

担当者レベルでは、一人前に仕事ができるようになることが先決である。まさに目の前の仕事をこなすのに精一杯の日々であり、キャリアについても自分はどういったことを将来やりたいかが関心事となる。つまり、目線が「自分」中心である。

管理職になるとどうだろうか。今度は自分の仕事だけでは済まされず、部下の仕事の面倒も見ることになる。部下の仕事が順調に達成されることで、自分のチームの仕事（われわれの仕事）がうまくいく。つまり、目線が自分から「他者」へと変化する。

さらに経営幹部レベルのリーダーとなると、目の前の「他者」だけではなく、場合によっては顔も名前も知らない部下も含まれる「大きな集団や組織」、さらには、まだ会社に入社していない将来の人材、すなわち「世代を越えた他者」に目を向ける必要がある（**図表10－12**）。

このように考えると、マネジャーとして生きる道を目指すということは、自分という枠を取り払い、多くの（将来も含めた）人びとのことを考え、その思いを汲み

取り、自分のためだけではない夢を未来に向かって実現していくことを目指すということである。

つまり、自分中心の考え方から、他者中心、さらに大きな組織や世代を中心とした考え方に視野を変化させる精神的な成長が必要なのだ。

【図表10－12　担当者から経営幹部（リーダー）へのキャリアの発達】

担当者レベル
• 組織から与えられた課題を担当者個人としてきちんとこなす時期 • 通常は、学校から会社等の組織に入ったときがここへの移行期 •「わたしは何になりたかったか」という個人的夢（individual dream; my dreams）が問われる移行期
マネジャーレベル――初めて部下をもつ管理職になるとき
• 管轄する組織単位に与えられた課題を（プレーイング・マネジャーである度合いに応じて自分でもこなすが）基本的には部下を通じて実現していく時期 • 通常は、初めてライン長として部下をもつ管理職になったときがここへの移行期 • 職場、組織単位として「われわれはなにを実現したいか」という集合的な夢（collective dreams; our dreams）が 問われる移行期
リーダーレベル――戦略発想で変革をおこす経営幹部になるころ
• 所属する組織単位を超える人びとを巻き込み、リーダーとしてより大きな夢を実現する時期 • 管理の仕組みを使って、上から言われたことをマネジャーとして達成する段階を超えて、組織の公式の戦略とは両立するが自分なりの絵を描き、組織図と両立するが、自分なりに組織内外に創り上げた人的ネットワークを通じて、初めて自らのイニシャティブによる変革を企図するときが、このレベルに向けて一皮むける移行期 •「われわれの夢」である点に変わりはないが、最も高度なレベルに達すると、「この変化を通じて、つぎの世代になにを残していきたいか」という世代継承的夢（generative dreams; dreams for the future generation）が問われる移行期

出所：金井壽宏（2005）「ライン・マネジャーになる節目の障害と透明―『なりたくない症候群』と『世代継承的夢』」『国民経済雑誌』第191巻３号、43-68頁、図表１「担当者から管理職への移行、さらにその先」を引用

5 おわりに

本章では、「マネジャーとして生きる」というキャリアについて述べてきたが、最後にその内容についてまとめておきたい。

マネジャーとは一般に企業の管理職のことをいう。管理職は全体のおおよそ10%の割合を占め、組織運営や部下のマネジメントを行うが、マネジャー自身もプレイングマネジャーとして担当レベルの仕事をしている場合もある。

マネジャーの特徴は、一言でいえば「人（部下など）を通じて事を成し遂げる」ことであり、それを実現するため、3つの役割、すなわち部下の活用に代表される対人関係の構築や対処、情報収集と伝達、意思決定に関する役割を担う。

マネジャーになるときには、管理の仕事にまつわる問題と心理的な抵抗や障害に対処する必要が出てくる。しかし、多くの人はそうした直面する問題に取り組むことで、マネジャーとして一人前に育っていくのである。

マネジャーとして成長していくためには、仕事（タスク）に関する知識、他人に関する知識、自分に関する知識の習得が求められるが、それは必ずしも社会人になって仕事に就いてからでないと学べないわけではない。

マネジャーのキャリアを歩むと、課長から部長といったより上位の階層へと登っていくことになり、目標共有力などの能力がより求められる。また、自分が歩む専門領域によって、配属される部門が異なるが、部門が違えばマネジャーとしての経験と学ぶこともまた違ってくる。それでも、「人（部下など）を通じて事を成し遂げる」ということは変わらない。

マネジャーとして最終的に経営幹部レベルにまで登りつめると、使える会社の予算金額が増える、人事の権限が広がるなど、決定の権限とそれに伴う責任を負うことになる。立派な肩書と高収入に周りの人から羨望のまなざしを受けるかもしれない。しかし、そのためには中身が伴っている必要がある。自分中心の考え方ではなく、他者を思い、世代を越えた人たちのために働けるかということである。つまり、立派な見栄えだけを求めているようではマネジャーとして生きることはふさわしくないということだ。マネジャーを目指す人は、改めて自分が求めていることを問い直しておきたい。

? 考えてみよう

① まず、新聞、雑誌、インターネットなどでマネジャー（管理職）のことについて、色々な情報を調べてみよう。業界や企業によってどんな肩書や役職があるかを調べて比較し、その違いを考えてみよう。

② 身近なマネジャーや、マネジャーと一緒に仕事をしている人に、その仕事について聞いてみよう（アルバイト先の管理職、親戚の方、両親、兄や姉など）。聞いた内容を、本章のマネジャーの役割に当てはめて考えてみよう。

③ マネジャーとしての生き方が、現時点で自分にはどこが向いていて、どこが向いていないか考えてみよう。その際、思い込みを持たずに、興味を持った点についても考えてみよう。

参考文献

- アンリ・ファヨール『産業ならびに一般の管理』（山本安次郎訳）ダイヤモンド社、1985年。
- 松尾睦『成長する管理職』東洋経済新報社、2013年。
- ヘンリー・ミンツバーグ『マネジャーの仕事』（奥村哲史・須貝栄訳）白桃書房、1993年。
- 谷口智彦『マネジャーのキャリアと学習―コンテクスト・アプローチによる仕事経験分析』白桃書房、2006年。

次に読んで欲しい本

- 大久保幸夫『マネジメントスキル実践講座』経団連出版、2020年。
- 金井壽宏・楠見孝編著『実践知』有斐閣、2012年。

第11章

社内と社外のキャリア：培った経験や知識で起業する

1 はじめに

本章では、組織で働いていた人が起業するというキャリアの選択をとりあげる。起業家活動においては、過去の経験や知識が起業に影響を与え、よく理解している製品や馴染みのある市場を選ぶことが多いとされる（Shane & Venkataraman, 2000）。また、自分はどのような人間であり、何を知り、誰を知っているかという手段によって起業家活動は規定されるという指摘もある（Sarasvathy, 2008）。

本章では、企業で従業員として働いていた人物がなぜ起業をするのかを、生来の性格、周囲の環境や経験の影響から解き明かしたい。その決断をするまでに、どのような仕事の経験があったのか、そして、最初の起業に失敗し、二度目にチャレンジする際の決め手は何であったのか、どのように起業機会を探索したのだろうか。また、本書で学んだキャリアの概念を振り返りながら、起業家のキャリアを辿ってみよう。さらに、起業のサポーターとして欠かせないメンター（第15章参照）の役割を考察しよう。

2 ITビジネスの起業家

カリアさんの友人には、メルカリやアップルの創業者のようなキャリアを希望している者がいる。カリアさんにとって起業家は遠い存在だったが、Webを検索していたところ、ITビジネスの会社を成長させた人物を見つけた。クラウドソーシング最大手のクラウドワークスは立ち上げから３年後の2014年に株式公開した。創業者である吉田浩一郎氏は、企業勤務を経てスタートアップの経営に参画、起業失敗、再度の挑戦というキャリアを辿った。

2－1　大学時代の失敗と就職

大学時代は演劇活動に打ち込み、大きな興行を企画運営していた。チケットを販売したにもかかわらず、自身の契約ミスから開催できないという事態に陥った。資金繰りとマネジメントに失敗したと反省した吉田氏は、大学卒業後はビジネスを学ぼうと決心した。何の仕事を担当すればいいのだろうと先輩たちに尋ねると、「営業が向いているよ」と勧められた。そこで電子機器メーカーに就職してがむしゃらに働いて、入社２年目にはトップセールスの地位を築いた。その後、イベント主催会社に転職して、そこでも大きな営業成績を残した。やがて、インターネット・サービスの提供やコンサルティングをするスタートアップに請われて経営チームに加わった。期待された役割は、クライアントを獲得しつつ、株式公開に向かって会社を成長させることだった。この会社が提供していた様々なインターネットサービスのうち、主なサービスは企業のブログシステムだった。当初は一案件当たり数千万円で請け負っていたものの、競合他社の参入によって、数年で受注金額は10分の１にまで下落した。吉田氏は、無形のサービスでは競争優位性を保てないと感じたため、もしも自分が起業するのならば、「インターネットからちょっと離れて、リアルなものを扱いたい」という思いを持った。

２-２　起業の失敗と振り返り

会社が株式公開を迎えた時を区切りとして退職をし、自らのビジネスを立ち上げた。手がけるサービスは熟慮しないままに拡大していき、インターネット関連のビジネスから、ワインやアパレルの輸入に、東南アジアの土地開発支援にまで膨らんでいった。コアのビジネスを作れない状態が続くと、社員が離れていき、とうとう会社を閉じるという結末を迎えた。部下に裏切られたという気持ちと挫折感から自信を全く失ったという。しかし、起業の失敗を振り返って学んだことが多くあった。

「ワインやアパレルのビジネスが実際に始まって気づくんですけど、未経験のビジネスって、壁にぶつかったときに、ノウハウがないので、どうしていいかわからないんですよね。アパレルのビジネスは現金化をいかに早くするかが勝負ですが、バーゲンのタイミングもわからないし、在庫処分もルートがないのでできない。結局、コンサルや受託開発で稼いだ資金で洋服を仕入れていただけです。コンサル担当の役員はクライアントと新しい会社を作るために辞めてしまいました。」

「みんなが離れていった理由というのは、私が強みを追求しつつ、夢を実現しようとしていなかったことだと思います。」「手がけたサービスは、当初の期待よりも、小さいビジネスになってしまいました。１回目の起業でわかったことは、選択する市場はできるだけ大きな市場、できるだけ広い市場がないと持続的にやり続けられないし、持続的に成長することはできないということでした。」

また、一人になってしまった孤独感の中で、他人の役に立つようになりたいと真に願った。「自分に強みがある分野で、他人の役に立てるものはなんだろうと考えました。会社員時代には、法人営業であるB2Bの分野で仕事をやってきました。電子機器やインターネット業界のB2Bの営業です、それならば、B2Bとインターネットを掛け合わせたビジネスで、自分の強みを活かして夢を描くというのが、重要ではないかと思ったんです。」

2－3　2回目の起業

では、自分の強みを活かせる、成長する可能性を持った製品サービスとは何なのだろうか。その答えを求めて吉田氏は投資家に連絡を取って相談した。出てきたものは2つあり、クラウドソーシングと知育アプリであった。知育アプリについて、「市場の成長性は大きい。だって赤ちゃんは世界中にいるし、iPadやスマートフォンを使って知育するのはグローバルに必要だろうと思ったんですけど、自分にとって縁遠かった、当時結婚してなくて子供もいなかったので。」と判断した。それに比べると、クラウドソーシングはB2Bのサービスであり、自分に向いていると判断できた。「自分の過去を振り返ると、B2Bの分野で営業を担当しながら、ホームページ作成やｅコマースのシステム開発やマーケティングの代行やコンサルティングをしてきました。そこにマッチングしているのがクラウドソーシングです。これは失敗したアパレルの輸入や知育アプリと違って、めちゃくちゃ自分の強みを発揮できると思いました。」

当時、クラウドソーシングは米国では広く使われるサービスになっていた。オンラインで仕事をしたい個人と発注する企業を結ぶプラットフォームは、双方の橋渡しとして歓迎されていた。働く側は多くの案件から自分に合った仕事を探すことができ、発注者は様々なスキルを持った個人にすぐに仕事が依頼できる。

そこに着眼した先駆けの企業が日本にもあった。「すでに同様のサービスは存在していましたが、自分が思い描いていた『アメリカのプロフェッショナルの人たちをオンラインでマッチングさせるサービス』とは違うと思いました。当時、自分の問題意識としてあったのは、エンジニアとデザイナーの仕事です。フリーランスのエンジニアやデザイナーはマイノリティな存在で、企業の中にいないと仕事ができないというようなイメージがありました。プロフェッショナルのエンジニアとかデザイナーの人たちがもっと自由に自分で仕事がとれるとか、探せるような世界観を実現したかった。」「2011年当時はソーシャルゲームバブルの絶頂期なので、エンジニアがめちゃくちゃ足らなかったんですね。プロフェッショナルなエンジニアとデザイナーを取りそろえると企業にとってもすごく意味がある。本格的なクラウドソーシングを立ち上げられるだろうと思ってクラウドワークスを創業しました」

クラウドワークスに10億円の投資をしてアドバイスしてくれたのは、サイバーエージェントの創業者である藤田晋氏だった。その藤田氏は20代で起業している。「大成したITの起業家って、サイバーの藤田さんも、グリーの田中さんも、ミクシィの笠原さんも、楽天の三木谷さんも全員20代なんですね。唯一、DeNAの南場さんだけ37歳で起業してるんですよね。それをみると、俺37歳で起業して、これ最後の船だなっていう感覚がすごい強くて。もうこれは俺にとって最後のチャレンジだと。これで失敗したら本当にもうあとがないっていう、そういう感じの焦燥感がやっぱりすごくて。とにかく最短で立ち上げないと、もう賞味期限が切れてるみたいな、そういう感覚が当時は強かったです。」

２度目の起業に集中する吉田氏の姿勢は真摯だった。「立ち上げから１年半ぐらい１日も休まず、12月31日も１月１日も会社に来てました。クラウドソーシングに人生を賭けるという意気込みで、自分の全精力を集中させるつもりで、車も売って。全財産をクラウドワークスに投じて、１日も休まずに働いて、１日1,000円。夜外食するときは１日2,000円というふうに決めて。１日1,000円、2,000円のルールは、次の３億円の調達まで続けました。」

創業チームは３人だった。システム開発を担ったのは、吉田氏の前職の際に知己となった野村氏である。吉田氏は前職時代に受託した大規模なシステム開発が立ち往生した際に、Twitterでエンジニアのヘルプを呼びかけた。それに反応したのが野村氏であった。「私がクラウドワークスのビジネスを決めたときにも、野村氏から連絡がきました。『自分もフリーランスとしてエンジニアをやってきたけど、限界があるので、そういう（フリーランスの仕事を支援する）仕組み作りを一緒にやりたい。』そこで、野村氏と一緒に会社を作ることになりました。」もう１人の佐々木氏は投資家から紹介してもらった。CFO（最高財務責任者）の役割を担って資金調達を手伝ってくれた。佐々木氏は、以前から勤務していた会社を続けながら週２回勤務を続け、３億円の追加投資を得た時点で専任となった。

吉田氏は、１回目と２回目の起業の組織マネジメントを比較している。

「１回目の会社では人が全員離れていって一人になったので、２回目では、佐々木が、半分でも関わってくれるのならいいと思ってました。そのときは北風と太陽作戦と言っていたんですけど、１回目の会社は俺の言うこと聞けってやっていたわけですね。北風だったんですね。でも２回目は、相手を尊重しました。給料や働き方の条件を受け入れました。それが、相手を信用している証だと考えました。北風のようなマネジメントから太陽のようなマネジメントになったんです。」「いまでも思うんですけど、やっぱりスタートアップでは、最初から全員が専任としてフルコミットすることはなくて、時間とともに本気になっていくのです。創業者に次いで参画してくるメンバーは、時間とともに愛着やコミットメントが蓄積されていく。」

吉田たちはサービスをできるだけ早く上市させるべく開発を急ぎ、会社設立からわずか３ケ月でサービスを開始した。システムは完全なものではなかったが、リードユーザーを獲得して、次第に理想のマッチングのプラットフォームを作り上げていった。インターネット業界はスピードが肝心ということを熟知していたのだろう。

２-４　メンターの役割

クラウドワークスの成長において、投資家として、また、メンターとして藤田氏が果たした役割は大きい。まず、「2014年の12月に株式公開を目指そう」と励まし、速い成長を促した。吉田氏はそのとおりに、東証に株式公開を果たした。その後のアドバイスである、「小さくまとまるな、めちゃくちゃやれ」という言葉に、吉田氏は、株式公開によって調達した資金を惜しみなく投入した。広告費に毎月

Column11－1

キャリア・トランジションの確認

吉田氏のキャリアの節目は何度か見られた。特に、二度目の起業の前に、過去を振り返り、経験の意味づけを行っている（田路・月岡、2008）。それらをニコルソン＆ウエスト（1988）のトランジション・サイクルモデルで確認してみよう。このモデルはキャリア形成の準備→新しい環境に遭遇→与えられた役割に順応→安定→キャリアの節目を迎えて再度準備に至る、というサイクルモデルである。吉田氏の場合、大学時代の演劇の興行に失敗した際に、先輩に就職についてアドバイスを求めた時は準備期間に相当する。就職した電子機器メーカーでは、B2Bの営業職という役割をこなす（遭遇）。顧客との折衝やマーケティングの企画を通じて経験を蓄積し、ビジネスマンとしてのスキルを高めた（順応）。自信を得た吉田氏は、違う業界に転職して、さらに経験を積む（安定）。そして、インターネット業界のスタートアップから参画を促されて、経営チームのメンバーとなった（２巡目の準備）。そこでは、ｅコマースの受託開発という新しい世界に遭遇し、それに順応して株式公開させて安定を築く。それに安住することができない吉田氏は、自らが起業するという選択肢を選ぶ（３巡目の準備）。そこでは、ワインやアパレルという手がけたことのないB2Cのサービスに挑戦することになる。アジアと直接に取引するというグローバル経営にも進出することとなり（遭遇）、それには順応できなかった。つまり、その時点でトランジション・サイクルは止まったのである。自省期間を経て、次の起業を検討するために、投資家を回って意見を求め、自らの強みを発揮できる製品サービスを見極めようとした。候補は二つあり、知育アプリとクラウドソーシングであった。B2Bとインターネット関連に自身の強みがあると認識した吉田氏はクラウドソーシングに決定する（４巡目の準備）。その先の遭遇と順応に至るトランジションを、ケースを読み返して確認してほしい。

5,000万円投じてみると、費用対効果という意味では決して良いものではなかったが、投資できる広告費の上限を知ることができた。さらに、公開時に29名の従業員規模であったところに、９ケ月間で100名採用したところ、混乱を招いて組織のマメジメントができなくなった。困った吉田氏に対する藤田氏のアドバイスは、「やり過ごしなさい。僕はそういう時に会社に行かないようにしてやり過ごしたよ」だった。実際に吉田氏は米国にしばらく滞在してから戻った。いつの間にか、社員は、「批判者」と「当事者」に分かれていた。当事者意識を持った社員は、社長の吉田氏に対話を求めてきた。その後、社員から出されたアイデアから複数の新規事業が立ち上がり、さらなる成長へと向かうことができた。

3 シリアル・アントレプレナー

吉田氏のキャリア・アンカー（第６章参照）は純粋な挑戦と企業家的創造性であろう。学生時代の演劇の興業からの学びや２度にわたる起業には、純粋な挑戦アンカーに典型的に見られる、障害の克服と困難への挑戦が確認できる。さらに、学生時代には演劇活動を、社会人になってからは新規事業を思案する特性は、企業家的創造性アンカーの典型である。このようなアンカーを持つと、起業を繰り返すキャリアにつながりやすい。吉田氏のように、最初の起業が失敗に終わっても、再起をかけて２度目に挑む。しかし、最初の起業が成功しても、次の起業に挑戦することは珍しいことではない。例えば、電気自動車のテスラの創業者は、宇宙開発のスペースXを手がけている。

起業を繰り返す起業家はシリアル・アントレプレナーとよばれ、連続起業家と訳されている。過去のスタートアップの成功を必ずしも意味しないが、学術的定義では、成功した後に次の起業をする起業家を指すことが多い。成功した際に得たキャピタルゲインを次の起業に投入できるので、最初の起業に比べると、シードの資金集めに苦労することがない。

シリアル・アントレプレナーは起業する上で多くの長所をもつ。起業機会の認識においては、その機会が自分に適しているかどうかという適応性や、ニーズに応えて望ましい便益を提供できるかどうかという実現可能性を検討する能力が、初めて起業をする者よりも高くなる。吉田氏のケースでも明らかだ。起業に必要な資源にアクセスするネットワークを持っていた。具体的には、投資家にアクセスする方法を知っており、支援してくれるメンターを持っていた。

一般に、シリアル・アントレプレナーは法律事務所や会計事務所等の専門サービスをよく理解しており、見込み顧客や協力企業へのアプローチにも優位性がある。営業や製品開発に協力してくれるパートナー企業も知っている。さらに、経営チームや組織全体をまとめる組織化のスキルやマネジメントの能力も、回を重ねるごとに向上していく。吉田氏の組織マネジメントも１回目と２回目で大きな差があった。

Column11－2

エフェクチュエーション理論の紹介

エフェクチュエーションは、不確実性の高い環境の中で行われる意思決定の理論として、近年脚光を浴びている。起業家活動に適した概念とされるが、キャリア・マネジメントにも有効な意思決定の原則がある。例えば、目的ではなく、「所与の手段」からスタートするという原則は、キャリアの節目となる転職を意識する際に当てはまる。自分が誰なのか、何を知っているのか、誰を知っているのかという所与の手段を誰しも自問自答するだろう。吉田氏のケースでは、自分の強みを探り出すために所与の手段を確認していた。

次に、期待利益ではなく、「許容可能な損失」に則って行動するという原則もキャリア・マネジメントには有効だ。給料が倍になるから転職するという期待利益に基づくのではない。新しい仕事や業界に移動してキャリアを新しい方向にシフトしたい場合にはむしろ、給料は下がるかもしれないし、様々なリスクを伴うかもしれない。しかし、うまくいかなかった場合には3年で諦めるとか、スキルを獲得するための費用や時間の限度を決めておくというように、「許容可能な損失」を設定しておけばよい。吉田氏のケースでは、手持ちの資金を全て投入し投資を受けたものの、借入はしなかった。

もうひとつ、予期せぬ事象への対処として、回避するのではなく、「予期せぬ事象を梃子利用する」という原則がある。顧客とのやり取りや組織内の人事において、全く予測できない展開が起きることは常である。それらが起きた場合の対処をあらかじめ決めておくことは不可能である。むしろ、予期せぬ事態には柔軟に適応することとし、途中変更を厭わない。吉田氏のケースでは、組織が割れる事態に陥った時は、介入しないで距離をおき、当事者意識を持って自律的に行動する社員が現れるのを待った。

2回目になると、参画メンバーが次第にコミットメントを高めてくれることを待つという構えで臨んだ。

4 おわりに

メンターとして機能した投資家（ビジネスエンジェル）は先輩起業家であり、

ロールモデルであった。起業家としての姿勢を教え、会社の運営に影響を与えた。特に、立ち上げ時を後押ししてくれ、マネジメントが行き詰まった窮地を救った。

このように起業というキャリアは個人の中で完結するものではない。その経験や築いたネットワークや得られたキャピタルゲインは次の世代の起業家活動に投入されて社会に還元されていく。その後の吉田氏が先輩起業家として、どのように若い世代を応援していくのかは、新聞や記事やブログで追えるだろう。ぜひ、確認してみてほしい。

？考えてみよう

① 国内と海外の起業家のキャリアを紹介した記事や自伝を読んで、起業を取り巻く環境の違いや働き方の違いを考えてみよう。

② それらの中からシリアル・アントレプレナーを探してみよう。

③ もしもいつか自分が起業の準備をするのなら、在学中および卒業後はどのような企業でインターンや正社員として働きたいだろうか、さらに、何歳で何の経験を積んだ上で起業するかまで掘り下げて、キャリア・トランジションを想定してみよう。

参考文献

- S. シェーン& S. ベンカタラマン、The Promise of Entrepreneurship as a Field of Research, *The Academy of Management Review*, Vol. 25, No. 1, pp. 217-226, 2000.
- N. ニコルソン& M. A. ウエスト、*Managerial job change：Men and Women in Transition*, Cambridge University Press, 1988.
- 田路則子・月岡亮『キャリアデザイン』ファーストプレス、2008.

次に読んで欲しい本

- 田路則子『起業プロセスと不確実性のマネジメント―首都圏とシリコンバレーのWebビジネスの成長要因』白桃書房、2020年。
- サラスバシ, S. D., *Effectuation: Elements of Entrepreneurial Expertise*, Edward Elgar: Northampton, MA, 2008『エフェクチュエーション：市場創造の実効理論』（加護野忠男監訳、高瀬進・吉田満梨訳）碩学舎、2015年。

第12章

専門職として生きる

1 はじめに

「手に職をつける」という言葉があるように、他の人が簡単には身に付けられない資格や技能などを有することは、昔から奨励されてきた。1980年以降、日本的経営の特徴の１つである終身雇用制度が崩れ、エンプロイアビリティ（雇用される能力）という言葉が生まれた。手に職をつけることは、その資格や技能に関連する仕事に就きやすいということを意味しているため、エンプロイアビリティの典型的な例といえる。

個人の側からみれば、景気などの環境要因に左右されることなく、比較的安定して職に就くことができるのは、仕事人生を考える中で安心材料となる。しかも、それが自分の好きなことや得意なことにつながっていれば、仕事のモチベーションにも好影響を与える。そう考えて、既に、学生時代から資格取得や検定試験合格などを意識し、将来に備えている人もいるだろう。

ただし、本章でいう専門職とは、資格や技能をもってさえいればいいというものではない。仮に特別な資格をもっていたとしても、そこへのコミットが極端に低ければ、その資格は何か別の目的のための手段に過ぎなくなる。そうではなく、それらの資格や技能を通して、仕事人生を生きるという覚悟と誇りに裏打ちされた職業人、もしくはその集団をここでは専門職（集団）と称したい。

皆さんの中には、自分は専門職とは縁遠いと思う人もいるかもしれない。しかし、これからの社会生活において、さまざまな専門職に出会い、専門職と共に仕事をする機会があるだろう。それに、自身が専門職をめざしたり、専門職に転職したりする可能性だってある。本章で専門職の生き方を学ぶことが、今後の仕事人生の一助となることを期待している。

さて、本章では、皆さんがイメージしやすいように、専門職の中でも誰もが一度は接したことがある（あるいは、今後ある）であろう医療専門職、特に看護師に言及しながら、そのキャリアについて考えたい。

2 専門職が組織に雇用されるということ

2－1　2つの社会化をくぐる

カリアさんの二番目のお姉さんは、看護師だ。カリアさんは、お姉さんが看護学生時代だった時のことをよく覚えている。授業の予習復習はもちろん、朝早くから病院実習に出かけ、夜遅くまでレポートを書いて翌日に備えていた。４回生になると、病院勤務の看護師になるために就職活動をしていた。需要が多い職業なので、いくらでも就職先はあるようだったが、就職後の研修体制が整っている病院を中心に探していたようだ。お姉さんが、第１志望から第３志望まで、立て続けに内定をもらってくる様子をみて、就職活動に不安を覚えているカリアさんは、羨ましいなあと思っていた。

就職先を決めた後、お姉さんは、国家試験の勉強に専念していた。看護師国家試験の合格率は90%を越えているが、試験は一年に一度しかない。万が一落ちたら、就職内定が取り消しになるし、１年間アルバイト生活になってしまうからと、２月末の試験日まで机に向かっていた。

４月になり、公立のＡ病院に就職したお姉さんは、すぐに、「たいへんだ、たいへんだ」と言っていた。カリアさんは、「組織社会化」という考え方を学んだことがある（第３章参照）。どうやら、お姉さんは学生社会から病院社会への移行がたいへんだったようだ。組織社会化においては、組織のルールを理解しないといけない。それに、交代制勤務をするとか、電子カルテを使いこなすとか、学生時代には経験しなかった仕組みや業務にも慣れていかなければならないから、相当ストレスだったようだ。

それともう１つ特徴的だとカリアさんが思ったのは、看護学生だったお姉さんが看護師になっていくプロセスだった。看護学生時代には看護の勉強を朝から晩までしていたし、実習ではユニフォームを着て患者さんのケアをしていた。だから、看護師という仕事に就く心構えはとっくにできていたと思っていたが、どうやらそう簡単ではなかったらしい。

たとえば、学生だからと大目に見られていたことが、看護師という職業人になった途端、その責任の重さに圧倒される。行為だけを挙げれば、血圧を測定する、採血をする、点滴をする、薬の説明をする、退院指導をする、……と箇条書きにできる。しかし、行為をする意味、それぞれの行為の関連性、危険回避、予測といったことに責任が生じる。目の前の患者さんは、一人一人病状も性格も家族背景も社会背景も異なる。患者さんの傍に行った時、自分という存在に何ができるのか、何をしなければならないのかを感じ、考える。そういったことを繰り返し、看護師というアイデンティティが育っていくのだという。これを専門職への社会化というらしい。

このように、専門職には、2つの社会化が同時に起きるから、病院では、その両方に配慮した新人研修を組んでいると聞いた。国家資格を取得したことがゴールではなく、看護師免許を得た時点がスタートであり、免許を持った専門職としてどう生きるかを常に考えているお姉さんの姿は、カリアさんにはまぶしく見えることもある。

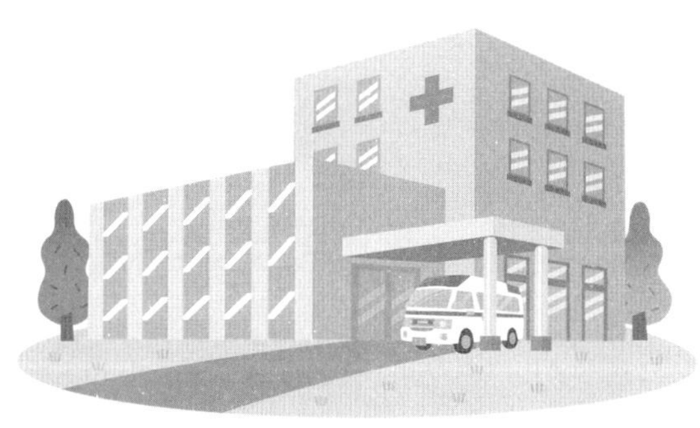

2-2　専門職と組織の関係

カリアさんのお姉さんは、A病院に就職した。配属先は、心筋梗塞や狭心症といった循環器系の患者さんが多く入院する病棟で、今年3年目を迎えている。

多くの病院では、クリニカルラダー（臨床のはしご）と呼ばれる技能習熟度別の教育ツールを用意し、それに則って、適宜OJTやOff-JTを行っている。お姉さんが就職した病院も例にもれずにこのラダーを使っていた。病院によって異なるが、ラダーは4から5段階あり、3段階以上になると、だいたいのことに対応できるとみなされる。

Column12－1

専門職とは

今では、コピーライター、クリエイター、エンターテイナーなど様々な専門職があるが、そもそも、専門職の仕事はいつ頃から意識され始めたのだろうか。実は、今から半世紀以上も前に遡る。

第二次世界大戦が終わり、多種多様な職業が育ってきた背景があって、1950年代から1960年代にかけて、社会学者の間で専門職（プロフェッショナル）の研究が盛んに行われた。当初、彼らが研究で明らかにしようとしていたのは、主に専門職の特徴である。学者によって細部の記述は異なるが、その特徴は概ね次の５点に要約される。

①　高等教育機関で教育を受け、高度で専門的な知識を有する
②　自律性を有する
③　専門性に独占的権限が伴う
④　独自の倫理綱領を備えている
⑤　専門職団体が存在する

そして、これらの特徴がどれくらい備わっているかによって、職業を、「完全な専門職」「準専門職」「非専門職」に分類することも行われていた。「完全な専門職」の代表は、医師、法律家、聖職者、「非専門職」の代表は、荷役や警備員とされていた。実は、本章で登場する看護師は、当時は小学校の教員やソーシャルワーカなどと共に「準専門職」という分類であった。

その後、職業の種類が増えたことや、時代の変化に伴って各職業における専門性が高まり、このような研究はなされなくなっていった。

カリアさんのお姉さんは、２年目の終わりにラダー２のレベルに到達した。カリアさんは、生き生きと働いているお姉さんをみていて、このまま３レベルを目指すのかと思っていたが、ある日、お姉さんは「辞めて、循環器専門の病院に移ろうと思う」という話をし始めた。今の病院に特別不満はなく、人間関係も悪くないが、今よりも自分のスキルを伸ばしたいという思いが強くなってきたという。もっと重症の心臓病の患者を看ることのできる看護師になりたいという。

カリアさんは、専門職なのだから、スキルや能力を伸ばしたいのなら、より専門性の高い病院に移るのは、当然だなあと思って聞いていたが、実はそうでもないらしい。お姉さんの仕事仲間の中には、この病院や仲間が好きだし、ここでもまだま

だ自分を活かすチャンスや学ぶべきことがあると考える人たちも多い。むしろ、他の病院に変わるというお姉さんのような考え方の方が少数派だと話していた。仕事にコミットするのか、組織にコミットするのか。両方を同時にできればいいが、そうでない場合には、どちらかに絞って進む方向性を決めるということもあるのだなあと、カリアさんなりに理解した。

2-3　葛藤をくぐり、専門職としてのアイデンティを築いていく

Ａ公立病院を円満退職し、意気揚々と循環器専門のＢ病院に移ったお姉さんだが、必ずしも順調ではなかった。Ｂ病院は知識や技術を増やすという意味では申し分のない環境だったし、結婚して子育ての時間が必要になっても、組織の支援は手厚かった。しかし、自分の看護師としてのアイデンティティを揺るがすようなことに、いくつも出くわすようになってきたからである。

たとえば、大きな震災が起きたときに、既に結婚して子どもがいたカリアさんのお姉さんも被災した。家が壊滅したため、手に持てるだけの荷物と一緒にかろうじて家族と避難場所にやってきた。しかし、病院も心配だ。家族の一員として避難所に残るか、看護師として病院に駆けつけるか。どちらも正しい選択だが、身体は１つしかない。お姉さんは、最初子どもの傍にいて、２日後に病院に行ったが、夜通し働き続けてきた仲間をみて申し訳ないという気持ちがぬぐえなかったという。その一方で、すぐに病院に駆けつけた看護師の中には、なぜ子どものそばにいてやらなかったのかと後々まで悔やんだ人もいたらしい。

また、コロナ禍にあって、カリアさんのお姉さんも大変な状況に追いやられた。当初は、病院の中でも自分の身を守るためのマスクや防護服などの在庫がなかった。お姉さんは、感染防御が十分ではない状態で、感染した患者に接するのは怖いと言っていた。患者に接した後は、家族にうつるのを懸念して、病院が用意した宿泊場所で寝泊まりするようになり、１月以上、自宅には帰らなかった。何よりもつらかったのは、お姉さんの子どもが「お前の母親は看護師だから汚い」という誹謗中傷を受けて泣いていることだった。カリアさんは、そこまでして出勤しないといけないのかと思ったが、自分たち専門職がここで踏ん張らないと誰が患者を守るのだと言いながら、お姉さんは使命感で勤務したという。

さらには最近では、病院も組織なので、良好な経営が大切であることが言われる。

端的にいえば、新たな患者さんが次々入院してきてベッドが常に満床状態であるのが望ましい。そのため、一週間先に退院予定になっている患者さんの退院を数日後に早めたり、外科病棟に内科の患者に入院してもらったりといったことが行われる。看護師としては、もう少し当該患者のケアに携わりたいと思ってもそうできなかったり、専門性を活かしたケアをしたいと思っても阻まれたりすることがある。患者にケアすることを生業とする看護師にとって生産性が高いと感じることと、病院経営にとって生産性を上げるということが両立しないとき、お姉さんは看護師としてこれでいいのかなあと思うことがあるという。

こういった時々のことに直面したとき、カリアさんのお姉さんはこう考えるようにしているのだそうだ。

「悩んだり迷ったりする時間はしんどい。でも、この時間があるから、私は何のために看護師になったのか、本当にしたいことはどんなことなのか、何ができていれば幸せなのかを考えるチャンスなのだ」と。

カリアさんは、こんな話を聞くたびに、そうやって専門職としての軸が作られていくのだなあと感じている。

最善を尽くすという言葉があるが、複数の選択肢のどれもが正しいこと（あるいはどれもが正しくないこと）であるために決められない場合がある。あるいは、自分はどうしたいかわかっているのに、周囲の意見や状況によってそれを選択できないこともある。それでもこの中での最善は何かを考える。

医療専門職の場合は、病む患者のそばにいるだけに、特徴的にこういった課題が浮上する。しかし、このような葛藤は専門職に限らない。仕事人生の中において、自分がこの場をどう生きればよいのかと惑うことに、何度も遭遇するだろう。そのときは、自分の本当に大事にしたいことは何かを考えるチャンスだ。普段の生活や仕事の中では当たり前すぎて気づかないでいることも、どのように優先順位を立てるのか、何を選択するのが正しいのかと考えるときには、浮上してくる。そういうことを潜り抜け、自らのアイデンティティが１つずつ彩られていく。

3 ローカルとコスモポリタン

3－1　専門職の帰属意識

人は、それぞれに自分がどういう社会に属しているかという社会的なアイデンティティをもっている。組織に所属している人は、組織という社会において自分が何者であるかを認識することになり、たとえば「私は、○○（会社名）の営業の○○（個人名）です」というように表現する。

それに加えて、医師、看護師、薬剤師、理学療法士など多くの医療専門職は職業への帰属意識が高い。それぞれ専門の基礎教育を受け、必要単位を取得した後に国家試験に合格して初めてその職業を名乗ることができる。そして、その道の専門職として自分を磨き上げていこうとするので、職業と経験年数は、自分が何者であるかを示す非常に大きな情報である。特に同業の中では、「内科医５年目の○○（個人名）です。」「看護師の○○です。整形外科で２年、手術室に来て３年です。」という情報交換をすることが多い。

資格は個人に帰属するので、その資格を有していることにより、組織を離れても他の組織で雇用される可能性は極めて高い。また、その資格に基づく経験を活かして、自らが診療所、訪問看護ステーション、薬局などを開業するという選択肢もある。

さて、専門職のコミットメントの仕方には、大きく分けて２つのタイプがある。組織で働くことへの忠誠心、専門的な技術へのコミットメント、準拠集団（拠り所となる集団）という３つの視点から説明されるそのタイプは、ローカルとコスモポリタンと呼ばれている。

図表12－１に示すように、ローカル指向の人は、専門的技術に磨きをかけるというよりは、当該組織に所属していることを大切にしようとする。そのため、拠り所となる準拠集団も組織内に求めやすい。たとえば、この組織の理念が好きだとか、このチームのメンバーと一緒にやっていきたいといったことである。

その一方で、コスモポリタン指向の人は、当該組織に忠誠を尽くすというよりは、自分の専門性を高めるためなら、他の組織や集団に属する方を選ぶ傾向にある。そ

【図表12－1　ローカルとコスモポリタンの比較】

	組織で働くことの忠誠心	専門的な技術へのコミットメント	準拠集団
ローカル	高い	低い	組織内に求める
コスモポリタン	低い	高い	組織外に求める

出所：グールドナー（1957・1958）を参考に著者作成

のため、準拠集団も組織外になる。一般的に、専門職はコスモポリタン指向が強いとされる。カリアさんのお姉さんはこちらのタイプだったということだ。

たしかに、専門性を磨くためだったら、一カ所にとどまるというよりは、その道に長けた人がいる組織や自分の成長が見込まれる集団に移りたいと考える専門職はいる（コスモポリタン指向）。しかし、専門職でも、住み慣れた土地を離れたくないから所属先の病院を変わるつもりはないとか、この組織の雰囲気とか、気心の知れた仲間と働くことが好きだからずっとここがよいという人もいる（ローカル指向）。

実際には、自らの成長のために他の組織に移った専門職でも、元の組織の方がよかったと戻ってくる人もいる。また、最初からどちらの指向も大事にしたいという人もいる。組織側も、専門性の高い人に、いかに組織にとどまってもらうかを人材育成の仕組みの中で考えている。すなわち、ローカル指向とコスモポリタン指向とは対立する概念ではなく、その時々の仕事内容やキャリアステージにおいて、どちらかがより優位になったり、互いに影響を与えたりするものだと考えられる。

3－2　技能の習得

病院は、24時間365日稼働しているため、医療専門職は交代で夜勤を担っている。限られた人数を交代制勤務に割り振りするのに最も気を遣うのは、どの日のどの勤務帯においても、提供するサービスの質を維持することである。ある時間帯に新人ばかりが重なって何も進まないというのでは患者の命を守れない。

そのため、現場ではシステマティックに職員を育てる仕組みを有している。看護の世界では、「ベナーの看護論」と呼ばれる考え方が一般的だ。その原型は、ドレイファス・モデルと呼ばれている。

スチュアート・ドレイファスらは、チェス競技者や航空パイロットなどへの調査

Column12 - 2

スペシャリストとジェネラリスト

専門職は、組織に入った後、どのようにその後のキャリアを積んでいくのであろうか。

たとえば、看護師の場合、最初の3年くらいは同じ部署に所属し、そこで必要とされる技能を磨くのが一般的だ。その後、その他の部署を複数経験して、広い守備範囲を持つジェネラリストになっていくか、ある一定の領域を深く追求するスペシャリストになっていくかを決める機会を得る。すなわち、専門職の中にもジェネラリストとスペシャリストがいる。

たとえば、最初“手術室”勤務の看護師としてスタートを切ったが、4年後に“整形外科”の病棟勤務となり、そこに3年いた後に“循環器内科”に配属されるということがある。その一方で、同じように手術室勤務からスタートして、そのまま手術室看護を極めたいと、一度も配属場所を変えずにいる人もいる。すなわち、看護師という専門職になっても、その中の何かのスペシャリストになるのか、あるいは、何科の患者もある程度は看ることのできるジェネラリストになるかという選択ができるということだ。

医師の場合は少し異なる。病院に就職して2年間はいろいろな科をローテーションして回る。そして、3年目に入るときにどの科を専門領域とするかを決めて研鑽を積んでいく。ただし、整形外科で30年間患者さんを診てきたという医師であっても、他の科に移ることへの公式の縛りはなにもない。たとえば、診療所の医師が、皮膚科・内科・小児科など複数の科を標榜していることもある。

大切なのは、スペシャリストとジェネラリストの補完関係だ。あることに習熟している人が上に突き抜けていく垂直方向、広い範囲を網羅できている人が横に広がる水平方向だとイメージすればわかりやすい。その両者がうまく機能して、全体をカバーすることができる。ともすればスペシャリストが重宝されがちだが、その仕事にどれだけ誇りをもって邁進できるかが大切であって、両者に優劣はない。

をもとに、技能習得には、初心者、新人、一人前、中堅、達人の5段階があることを示した。それまでは、徒弟制度のように、経験豊富な先輩のやり方を真似ることしかなかったが、ベナーが、看護の技能習得にも同様の段階があることを証明したことにより、一気に現場教育が洗練し始めたのである。今では、それぞれの病院や部署の特徴に応じてこの５段階をもとにしたクリニカルラダー（臨床のはしご）を用い、看護師の成長を支援するのが一般的である。

ここで医師にも言及しておこう。たとえば、最近増えてきたロボットによる手術を挙げよう。ロボットと言っても、ロボットを操作するのは人間であり、誰にでも簡単に操作できるわけではない。担当する医師には、規定の教育プログラムを受講し、その後もシミュレーターによる学習や実地でのトレーニングが求められる。そして、各病院において審査がなされ、ロボット支援手術を担当してもよいかが決定される。

つまり、医療サービスの質を保証するために、看護師の教育は看護師が、医師の教育は医師が責任をもって行う。自分自身が道具となって患者に向き合うことになる医療専門職は、時代の変化に応じて、また科学技術の進歩に応じて、常に学び続ける姿勢が必要だ。そして、その専門性を持たない人にはできない行為ができるからこそ、自分たちのことは自分たちで律し、高い倫理観をもたなければならないのが専門職だ。

4 おわりに

本章では、組織に生きる専門職のキャリアについて、主に病院で働く医療専門職、中でも看護師を参照した。医療専門職は、そのほとんどが10代の頃からその道の基礎教育を受けており、何になって何をしたいのかというキャリアイメージがつきやすい。他方、就職先や就きたい職業をこれから考えることになる多くの人たちにとっては、多様な選択肢が目の前に広がり、その１つに専門職というのがあるのだと思う。

敢えて本章で組織内専門職について触れた理由の１つは、最初に述べた。実はもう１つの理由がある。それは、本章に書いていることは、専門職において特徴的なことのように思うかもしれないが、実はどの職場でどのような仕事をしていてもそれらの特徴は共通するということだ。

仕事を通して、人は生涯発達し続けると考えると、自分を律しながらも経験を積み、継続的に学び続けることは、仕事を豊かにする。ローカル指向やコスモポリタン指向という考え方は、アイデンティティを形成するにあたり、組織を中心に考えるか、仕事内容を中心に考えるかという整理に役立つ。幾多の葛藤をくぐるということは、自分の価値観を意識することにつながり、何を大事にして生きていこうとするのかをいうキャリアにおけるきわめて深い問いに答えることになる。

本章では、組織内専門職において発現しやすいキャリア上の課題や考え方を紹介したが、皆さんには専門職のキャリアを垣間見ることで、自身に引き付けて読んでもらえればと思う。

? 考えてみよう

① あなたが、もし何かの資格を得ようとしている（あるいは得た）なら、それは何のためか。

② あなたは、ローカル指向とコスモポリタン指向のどちらの傾向が強いか。それはなぜか。

③ **2－3**（pp. 172-173）に挙げたカリアさんのお姉さんが遭遇した3つの葛藤に対して、あなたならどう考えるか。それはなぜか。

参考文献

- Kornhouser, W., (1962) 三木信一訳（1964)、『産業における科学技術者』ダイヤモンド社）
- Gouldner, A. W. : Cosmopolitans and Locals: Toward an analysis of Latent Social Rules. *Administrative Science Quarterly* 1957. 2 (3), pp. 281-306
- Gouldner A. W. : Cosmopolitans and Locals: toward an analysis of Latent Social Roles Ⅱ, *Administrative Science Quarterly*, 1958. 2（4), pp. 444-480
- Benner, P., (2001) 井部俊子監訳（2005)、『ベナー看護論：初心者から達人へ』（新訳版）医学書院

次に読んで欲しい本

- 金井壽宏・楠見孝（編集）『実践知：エキスパートの知性』有斐閣、2012年。
- 金井壽宏・鈴木竜太（編集）『日本のキャリア研究：専門技能とキャリア・デザイン』白桃書房、2013年。
- 勝原裕美子『組織で生きる：管理と倫理のはざまで』医学書院、2016年。
- H. ガードナー、M. チクセントミハイ他『グッドワークとフロー体験：最高の仕事で社会に貢献する方法』世界思想社、2016年。

第13章

フリーランスのキャリア

1 はじめに

皆さんは、フリーランスという言葉を見聞きしたことがあるだろうか。なじみがなければ、「フリー」のデザイナーやアナウンサー、ライターであればいかがだろうか。

フリーランスとは、特定の企業や団体に雇われずに働く個人（場合によってはそのような働き方）を意味する。各種統計データによって数値に違いはあるものの、雇用の流動化や労働観の多様化などを背景に、フリーランス人口は各国で増大していることが指摘されている。それにともない、フリーランスという言葉はわが国でも着実に浸透しつつある。たとえば、Googleトレンドでフリーランスを調べてみても、過去10年間で注目度は右肩上がりで高まっている。とはいえ、皆さんの身近にフリーランスの知人がいなければ、なかなかイメージしにくいだろう。フリーランスになるまでの就業年数に関する調査によれば、10年未満が約40%、15年未満になると60%を超える。つまり、30歳を迎える頃には、周囲にフリーランスを選択している人が散見されるかもしれない。

では、フリーランスのキャリアは、具体的にどのような特徴があるのだろうか。会社員のキャリアとどのような違いがあるのだろうか。本章で紹介する年齢や職種の異なる４人のフリーランスの事例と関連する考え方をもとに、彼（彼女）らのキャリアについて理解を深めてほしい。

2 フリーランスのキャリア

就職活動中のカリアさん。やる気がなかなか沸かないが、今日は隙間時間にオンライン説明会に参加してみた。年齢や職種の異なる社員の事例紹介は面白かった。なかには両親よりも年長者のエピソードもあった。それを聞いて「30年以上もこの会社で働いているんだなあ」と思うとともに、１つの会社で定年まで働く自分の姿を想像できなかった。

説明会終了後、大学のOBの方と個別にやりとりする機会があった。そこで思い切って今の会社でずっと働く予定か尋ねてみた。するとXさんは「恵まれた環境だし、今は勤め上げるつもりだよ。」と答えた。ただ「自分のスキルを活かして独立・起業する人は昔からいるよね。」と付け足し、親友の話を聞かせてくれた。

2－1　フリーランスのキャリア1：プロダクト・デザイナー

Aさんは幼少期から工作好きで、美術大学で産業デザインを学び、中堅オフィス家具メーカーに就職したという。商品開発部で病院など公共施設向けのデスクやチェアのデザインに従事していた。数多くの様々な人々に使用される商品の開発は、日々学びも多く充実していた。ただ、仕事内容や給与、勤務時間帯への不満などを理由に、独立する先輩も珍しくなかった。

そうした先輩を送り出しながら、Aさんも徐々にオフィス家具ではなく、生活に密着した雑貨をデザインしたくなった。しかし関連部署は小規模で、異動を希望してもいつ叶うかは不透明だった。会社員である以上、配属部署で決められた仕事をせざるを得ない。

給与などの待遇に不満はなかったが、やりたいことに邁進している親しい先輩を時折目にし、Aさんは独立の決意を固めた。休日に生活雑貨のデザインについて勉強しながら、展覧会にも足繁く通うなど準備を進め、29歳の時に退社したという。

彼は雑居ビルの一室を借り、独りでデザイン事務所を立ち上げた。先輩から紹介された小規模オフィス家具メーカーのデザイン支援業務等で一定の収入を得ながら、会社員時代の知人から食器のデザインを受注した。当初は収入が3割ほど減ったらしい。ただ、商品の試作などのため働く場所は基本的に事務所に限定されるが、仕事内容と労働時間は大幅にコントロールしやすくなった。人出の多い土日に業務を進め、平日に興味のあるイベントに足を運ぶなど柔軟に予定を組める。一方、生活は不規則になりがちで、会社員時代と違って経費の管理などデザイン以外の業務を独りでこなすのは大変だという。

そんなAさんは、独立後2年が経過し、最近、高野槙（こうやまき）や漆（うるし）といった日本の伝統素材を用いた食器のデザインや試作に取り組んでいるらしい。

OBのXさんは、「たとえば、会社を辞めて全く畑違いのYouTuberになるケースを最近目にするけど、そうした選択よりは、ある意味リスクは大きくないよね」といって笑った。

２-２　フリーランスのキャリア２：プログラマー

カリアさんはその後も人並みに就職活動を続けていたが、ある日従姉のＢちゃんが数か月前に独立したことをInstagramで知った。まだ社会人５年目だったので驚いた。

Ｂちゃんとは昔は家族ぐるみの付き合いでよく遊んでもらっていた。その後、会う機会は徐々に減ったが、両親から時折近況を聞いたり、カリアさんが中学生になってからはSNSでたまにやり取りしたりしていた。

彼女は、私立大学の工学部でシステム開発を学び、ITベンチャー企業に入社した。コンピュータが好きで中学時代から趣味でブログやホームページを作っていたため、進路を知った時は納得したし、好きな分野に進めて良いなと思っていた。

入社後は、プログラマーとしてスマートフォン向けのアプリ開発に携わっていたと聞いている。ただ残業も多く休日出勤も珍しくなかった。おまけに給与も低かったという。

カリアさんは、久々に彼女にメッセージを送った。すると返信があり独立の経緯を教えてくれた。

どうやら人手不足で入社直後から睡眠時間は４～５時間だったらしい。しかも、上司の納期管理も厳しく精神的にも辛かったという。周囲にはすぐに転職したり、独立したりする人もいた。しかし、独立した同期も専門知識や経験が浅いため、単価が安い案件ばかりで会社員時代より収入が下がったという。そこで、彼女はプログラミングだけでなくネットワークやセキュリティ関連の知識や経験もできるだけ重ね、５年後に独立しようと決意した。日々大変だったが、誠実な仕事ぶりで社内外の信用も積み上げられた。

独立後は、会社員時代の知人の紹介でアプリの開発チームに参画しながら、フリーのプログラマーに特化した仲介業者サイトに登録し、比較的条件の良い案件も紹介してもらっている。カリアさんが何より驚いたのは、彼女の仕事は完全リモート・ワークで、働く時間や場所の自由度がとても高いことだった。国内の温泉地を転々としながら働き、今は岐阜県下呂市の民泊に滞在している。仕事は週３、４日なのに収入は変わっていないらしい。

カリアさんは羨ましいと返信した。すると「ただプログラミングの世界は関連技術の発展がものすごく速いから、勉強しつづける必要があるんだよね。会社勤めの頃と違って日常的に最新情報が入りにくいから、浮世離れしすぎないように注意しなきゃ。笑」と、フリーランスを続ける大変さも教えてくれた。

２－３　フリーランスのキャリア３：麻酔科医

翌日、カリアさんはＢちゃんとのやり取りを両親に伝えた。すると父親が「そういえば、あまりイメージが湧かないかもしれないけど、この前オンライン同窓会で高校時代の同級生もフリーの医師をしているって聞いたよ。」と話しはじめた。

Ｃさんは、地方の国立大学医学部を卒業後、母校の医局に入り、臨床経験や麻酔科医としての専門的な経験を積んでいったという。その後、専門医の資格を取得するなど順調にキャリアを重ねた。しかし当直や自宅等での待機も多く、身体も心も休まることがほとんどなかった。また職場環境も良いとはいえなかった。上司の好みで若手医師に割り振られる仕事量が違ったり、ミスをした看護師が過度に叱責されたりすることは珍しくなかった。

こうした環境にストレスを感じていたＣさんは、結婚を機にフリーランスになることにした。相手は整形外科医でどちらかが仕事をコントロールできなければ、すれ違いの生活になる心配もあった。彼は、結婚当初、週３日非常勤医として市内の病院で働き、月に数回スポット（１日○時間での契約）でいくつかの病院で数時間働いた。それでも、麻酔科医のスポット契約の相場は高いため、収入はほとんど下がらなかった。一方、行く先々の病院でよそ者のように扱われている気がしたが、むしろ割り切った付き合いができて気楽だったらしい。

その後、２人の子供に恵まれ、主に彼が家事や子育てを担った。当時は今と違ってかなり珍しがられた。子供に手がかかる頃は、非常勤をやめて週１回ほどスポットのみで働き、少し手が離れてからはスポットの回数を増やした。子供が大きくなった最近はさらに時間に余裕が生まれ、趣味の楽器演奏や陶芸を楽しんでいるらしい。

カリアさんの父親が「悠々自適そうだね。」というと、Cさんは次のように答えたという。「確かに収入に不満はないし、オンライン求人サイトも充実していて今の働き方にはおおむね満足しているよ。ただ、契約先に出向かないといけないし、契約単価は下がり気味だし、勤務医の厚生年金と違って国民年金だから老後の資金も多めに貯めないといけないし、専門知識のアップデートも必要だしね。それに、専門医の更新制度が変更されて、週3日以上同じ病院で働かないといけなくなったんだよね。」。

カリアさんは、医師といえば勤務医か開業医のどちらかだと思っていたため、フリーの医師の話は新鮮だった。

2-4　フリーランスのキャリア4：内勤営業

数日後、カリアさんはアルバイトの休憩中にふと従姉のエピソードをマネジャーのYさんに話した。すると「妻も5年前からフリーランスだよ。前職とは違う職種だけどね。」と返された。カリアさんは前職と違うという部分が気になり詳細を尋ねてみた。

Dさんは、私立大学の文学部を卒業後、小規模出版社に就職し雑誌制作に従事していた。多忙で給与も高くなかったが、好きな旅行や舞台関連の専門誌づくりを楽しんでいた。

ところがYさんと結婚し出産すると、育休制度が不十分でフルタイム勤務が難しくなった。仕事に未練はあったが、子供とできるだけ過ごしたいと思い退社した。

5年ほど専業主婦をしていたが、ある日ママ友からフリーの「インサイド・セールス」に興味はないかと尋ねられた。初めて聞く言葉で戸惑った。ただ説明を聞くと、顧客を直接訪問する外勤営業（フィールド・セールス）ではなく、見込み客に電話やメール、ウェブ会議といった非対面的な方法で働きかける内勤営業とのことだった。

彼女は営業未経験の自分に務まるか不安だった。しかし、その仕事の仲介業者は、当面は周囲が支援するのでゆっくり仕事を覚えてもらえれば良いと後押しした。幸い完全リモート・ワークのため、自宅で子育てしながら働ける。同様の女性も多いと聞いた。そこで３か月間試してみることにした。

最初の依頼主は、会社紹介などの映像制作を手がけていた。その内勤営業は３人チームで、リーダーらに仕事の進め方や注意点を教えてもらいながら、営業リストに載っている企業に連絡しつづけ、進捗をこまめにまとめメンバーと共有した。直接関わりのない前職で培った細やかな準備や段取りなどの経験も想像以上に役立った。結果的に３か月間で平均的な担当者を上回る件数の商談をフィールド・セールスに引き渡すことができた。また、週３日９時から17時までの間に３、４時間働いたが、子供の送り迎えや食事などにも柔軟に対応できた。さらに短時間でフルタイムのパート業務と同程度稼げることも魅力的だった。とくに、子育てと並行して技能を伸ばし社会と繋がれることはとても嬉しく、フリーランスを続けることにした。

その後、子供の成長とともに仕事を増やし、今は３社と契約しているという。

カリアさんは、自分が知らなかっただけで色々な職種でフリーランスがいて様々な働き方があるんだなあと驚いた。

3　境界にとらわれない柔軟なキャリア

3－1　フリーランスとは

ここでは、まず本章で注目するフリーランスについて詳しく説明しよう。フリーランス（freelance）は、自由（free）な槍（lance）という表現から想像できるように、語源は中世の傭騎兵とされる。つまり、特定の君主に仕えない自由な騎士を意味していた。その後、この言葉は特定の企業や団体に雇われずに働く個人（場合によってはそのような働き方）に対して用いられるようになった。とくに、デザインや映像などクリエイティブ関連の世界では、いち早く（20世紀の初め頃から）グラフィック・デザイナーやプロデューサーらがフリーランスとして活動していた。

ただ、企業や団体に雇用される人々と比べるとマイナーな存在で、以前は社会的にも注目されていなかった。しかし、1980年頃から欧米を中心に雇用の流動化や労働観の多様化が進み、組織に雇われずに働く個人が世界的に増えはじめた。その結果、フリーランスという存在や働き方がクローズ・アップされるようになってきた。

ただ、これだけではフリーランスの具体像をイメージしにくいかもしれない。そこで、もう少し彼らの特徴を取り上げよう。複数の国家機関によると、フリーランスは、①自身で事業等を営んでいる、②従業員を雇用していない、③実店舗を持たない、④農林漁業従事者ではない、また法人経営者も含むと定義されている（**図表13－1**）。すなわち、第1次産業を除く世界で、自身の専門知識や技能を提供することで報酬を得ている個人といえる（ここで注意すべきことは、派遣・契約社員、パート・アルバイト、日雇いなどは非正規ではあっても雇用契約を結んでいるため、フリーランスとは異なるということである）。このような人々は、国内では400万人前後、すなわち就業者の数%と推定されている。

【図表13－1　フリーランスの定義と人口】

調査主体	内閣官房	内閣府	中小企業庁
	フリーランス	フリーランス相当	フリーランス
対　象	①自身で事業等を営んでいる ②従業員を雇用していない ③実店舗を持たない ④農林漁業従事者ではない ※法人の経営者を含む	←同左	←同左
フリーランスの試算人数	462万人 本業　214万人／ 副業　248万人	341万人 本業　178～228万人／ 副業　112～163万人	472万人 本業　324万人／ 副業　148万人
調査年	2020年	2019年	2019年

出所：内閣官房日本経済再生総合事務局（2020）『フリーランス実態調査結果』26頁の表をもとに筆者作成

3－2　バウンダリーレス・キャリアとは

では、皆さんは、第2節で取り上げた4人のフリーランスのキャリアのどの部分が印象に残っただろうか。いわゆる会社員などの典型的な組織人とどのような違いを見いだせただろうか。ここでは、フリーランスのキャリアを理解するための有用な考え方としてバウンダリーレス・キャリア（boundaryless career）を紹介しよう。

この概念は、特定の組織にとらわれずに形作られる多様で複雑なキャリアを説明

Column13－1

フリーランスはどのように仕事を獲得するのか：クラウドソーシング

専業主婦のMさん。まだ子供は手がかかるものの、そろそろ在宅で仕事を再開できればと思っている。会社員時代は業務用プリンターの営業に従事していたが出産後に退職し、夫の転勤で住まいもたびたび変わるため、これといってツテもない。そこで子供が寝静まったあとにネットで仕事を探してみることにした。

たくさんの仲介業者がサービスを提供している。クラウドソーシングという馴染みのない言葉が目に入ってきて調べてみると、crowd（群衆）とsourcing（委託）を合わせた造語らしい。オンライン上で不特定多数の人々に業務を委託することを意味していて、国内でも10年ほど前から市場が急成長しているという。

Mさんはとりあえず大手といわれる２社に登録し、自身の条件に合う仕事を検索してみた。その結果、家電製品の紹介記事の執筆と高血圧治療補助アプリの内勤営業を見つけ、早速応募してみた。仲介業者に報酬の一部を手数料として支払うことにはなるが、「こんな深夜に地方からでも応募できて、なんて便利なんだろう」と感動した。一方で、想像していた契約単価と比べるとかなり低いものが多く、当たり前だけどなかなか良い条件の仕事はないものだなあと思った。

２週間後、それぞれ無事契約が成立し、フリーランスとしての仕事がスタートした。製品の紹介記事の執筆は、単価は高くないものの、時間の融通が容易で生活とのバランスをとりやすい。一方で、いざ始めてみると依頼主が求める内容に応える記事を書くことは意外に難しく、何度か修正を依頼され、想像していたよりも時間と労力がかかる。また、内勤営業の仕事は単価は悪くないが、契約時の条件と異なりマニュアルが十分整備されていなかった。そのため、営業先によって説明の変更を求められたり、質問に答えられなかったりして円滑に業務を進めづらい。Mさんは、やっぱり仕事はそう甘くないなあと思った。

ただ、登録しているクラウドソーシング業者のサイトを覗いてみると、続々と新着情報が掲載されている。なかには良さそうな案件もある。抱えている案件の契約期間はそれぞれ３か月間のため、その間に他の案件もチェックしながら目の前の仕事を焦らず頑張ってみよう、と自分に言い聞かせた。

するために、米国サフォーク大学のマイケル・アーサーによって提唱された。典型的なバウンダリーレス・キャリアは、①個人のアイデンティティや信念が雇用主から独立している、②仕事関連の知識や技能が柔軟である（特定の組織外でも活用できる)、③人的ネットワークが組織横断的である(ある職業や産業という単位で広がっている)、とされる。

このようなキャリアは、特定の組織内で形成されるバウンデッド・キャリア(とくに、階層的組織で昇進・昇格を果たしながら長期的に形成されるキャリア)とは対照的である(**図表13-2**)。典型的なバウンデッド・キャリアは、①個人のアイデンティティや信念が雇用主に依存している(たとえば、自分を「X社」のエンジニアと認識)、②仕事関連の知識や技能が企業特殊的である(特定の企業のみで役立つ)、③人的ネットワークが組織内に限定される、とされる。

これらの対比から、バウンダリーレス・キャリアは、特定の組織に限定されずに働く個人の主体的な選択によって柔軟に形成されるキャリアといえるだろう。

【図表13-2　バウンダリーレス・キャリアの特徴】

キャリアに関わる側面	バウンデッド (境界のある)	バウンダリーレス (境界のない)
アイデンティティや信念	雇用主に依存	雇用主から独立
仕事関連の知識や技能	企業特殊的	柔軟
人的ネットワーク	組織内	組織を横断

出所:デフィリッピ、アーサー「The boundaryless career: A competency-based perspective」1994年、Table 2 (p.317) を一部改変し筆者作成

3-3　4人のキャリアの共通点

バウンダリーレス・キャリアの考え方を踏まえて、第2節で紹介した4人の事例を振り返ってみよう。4人は職業もキャリア上の歩みも異なる。しかし、それぞれのキャリアが特定の組織内にとどまらず柔軟に形成されているという点で共通している。4人とも会社の看板に依存せず、独立した個人として複数の組織と契約を交わしながら、自身の希望や状況にもとづき仕事経験を重ねている。仮に、Aさんが勤務先でのオフィス家具のデザイン、BさんがITベンチャー企業でのプログラミング、Cさんが大学病院での麻酔業務、Dさんが出版社での雑誌制作、をそれぞれ続けていた場合、それぞれのキャリアは現状よりも受動的で、得られる満足感や幸福感は今と同一ではなかっただろう。

3－4　柔軟性の分類

バウンダリーレス・キャリアの大きな特徴として、文字通り境界にとらわれない「柔軟性」が挙げられる。しかし、一口に柔軟性といってもその性質は様々である。したがって、皆さんがある企業で勤め上げるにせよ、独立するにせよ、できるだけ主体的にキャリアを築いていくうえで、働き方に関する柔軟性（自由度と読み替えてもらっても良い）についてもう少し体系的に理解できたほうが良いだろう。

そこで、ここでは働き方に関する柔軟性を２つの軸を用いて分類してみよう。１つ目は、時間的な柔軟性が高いか低いか、という視点である。２つ目は、空間的な柔軟性が高いか低いか、という視点である。これらを用いることで柔軟性を４つのタイプに分けることができる（**図表13－３**）。なお、この分類は組織に雇われている人々にも適用できる。

【図表13－３　柔軟性にもとづく４つのキャリア・タイプ】

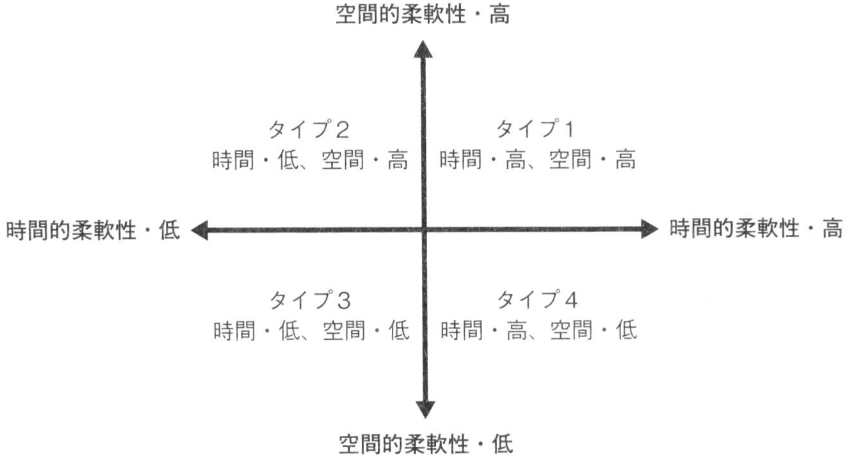

出所：筆者作成

タイプ１は、時間的な柔軟性と空間的な柔軟性がともに高いタイプである。すなわち、いつ働くのか、どこで働くのか、の両方とも柔軟性あるいは自由度が高いタイプである。フリーランスの場合、たとえば時間的にも空間的にも制約されづらいイラストレーターやWebデザイナーなどが挙げられる。いずれもイラストやWeb

デザインといった成果を期日までに仕上げて納品できれば、働く時間帯や場所は問われにくい。

タイプ2は、時間的な柔軟性は低いが空間的な柔軟性は高いタイプである。すなわち、いつ働くのかについては制約があるが、どこで働くかは柔軟に決められるタイプである。フリーランスの場合、秘書やコンサルタントなどが挙げられる。これらは、個人単位で仕事が完結するというよりは、基本的に依頼者や関係者の勤務時間中にやり取りや対応を求められるため、働く時間を自由に設定しづらい。一方で、オンライン・ツールを用いたコミュニケーションが浸透しつつあるため、働く場所の自由度は高まっている。

タイプ3は、時間的柔軟性も空間的柔軟性もともに低いタイプである。すなわち、いつ働くのか、どこで働くのか、の両方とも柔軟性が低いタイプである。フリーランスの場合、たとえばアナウンサーや通訳などが挙げられる。これらは、スタジオで撮影する番組や現場ロケ、通訳を要する会議など、働く時間と場所は基本的に事前に依頼主によって設定されている。

タイプ4は、時間的柔軟性は高いが空間的柔軟性は低いタイプである。すなわち、いつ働くのかについては柔軟に決められるが、どこで働くかについては制約があるタイプである。フリーランスの場合、ネイリストやスポーツ・インストラクターなどが挙げられる。これらは、とくに自宅など自身が管理する場所で事業を営めば働く時間を決めやすい。一方で、その場で道具や器具などを用いた対人サービスを提供するため、働く場所は限定されやすい。

3－5　柔軟性についての理解を深める

なお、4つのタイプの典型例として具体的な職種を挙げたが、職種ごとに自動的にタイプが決まるわけではないことに注意する必要がある。同じ職種でも業務内容、個人の経験年数や力量、依頼主との力関係、使用可能なツールなどによって、働く時間や場所の柔軟性は変わりうる。たとえば、タイプ3で言及したフリーのアナウンサーも、仮に自己完結しやすいナレーション業務を請け負えば時間的柔軟性は高められる。

また、情報・通信技術の発達や関係者の認識の変化、コロナのような社会的混乱といった働く個人を取り巻く環境が変容することで、同じ職種でも柔軟性は変わりうる。たとえば、これまで対面で取材していたフリーのスポーツ・ライターの場合、

Column13－2

フリーランスはどこで働くのか：コワーキング・スペース

フリーの雑誌ライターのNさん。小さな出版社を独立して4年ほどになる。「独立当初は自宅やカフェで仕事していたなあ」と振り返りながら駅前のコワーキング・スペース（働く人々が情報や知識を交換したり、状況に応じて協働したりする一種のシェア・オフィス）に向かっている。彼の周囲にも自宅兼事務所やカフェなどで仕事を行うフリーランスは少なくない。ただ一日中誰とも会話しない日が続くと人恋しくなるし、かといってカフェでは長時間作業しづらい。そういえば「世界で最初にコワーキング・スペースを開いたサンフランシスコのエンジニアも、孤独だから仲間と仕事場を共有しはじめた」というエピソードを耳にしたことがある。

彼は取材で各地を訪ねるが、行く先々でスペースを利用している。業界に詳しい先輩によると、2000年代半ばから欧米や日本など各国で増え続けていて、今や世界で3万近く存在するらしい。

ようやくスペースに到着した。少し汗ばんだがエアコンが効いていて気持ち良い。空間は広く清潔で観葉植物が目に優しい。椅子は疲れにくくデスクも重厚で十分な大きさである。オープン・スペース席と半個室型のブース席を選択可能でWi-Fi環境も申し分ない。おまけにフリー・ドリンクまで付いている。彼はこのスペースの会員で月額1万円で利用している。光熱費も込みと考えればコスパは良いと思っている。なおドロップインといって1回ごとに利用料を支払う形式（ちなみに、このスペースは1,000円で丸1日利用できる）も存在し、様々な人が予約なしでふらっと立ち寄れるのがコワーキング・スペースの最大の特徴といわれる。

周囲に目をやると、十数人が作業に集中している。自分も刺激を受けて仕事のスイッチが入る。気がつくと3時間ほど記事を編集していた。席を立ち、カフェ&キッチンコーナーに向かう。2人が談笑していたが、顔なじみではなく横を通り過ぎる。ドリンクを片手に一息つきがら「そういえば、コワーキングの理念は、背景の異なる様々な個人同士の交流やその先の協働と言われるけど、知人以外とほとんど会話しないなあ」とぼんやり考えた。ましてや利用者との交流から仕事の紹介につながったのは1度だけである。実際、自身もオープン・スペースよりはブース席を利用することが多い。Nさんはブース席に戻り「自宅だと気が散るんだけど、ここだと籠っている感じがあって集中できるんだよなあ」と思いながら、PCのディスプレイを見つめた。

コロナ禍でオンライン取材が関係者間で当然と見なされるようになれば、結果的に空間的柔軟性は高まる。

したがって、本章で提示した分類は、働き方に関する柔軟性を整理するための１つの方法と理解してほしい。

4 おわりに

本章では、社会的な存在感が増しつつあるフリーランスのキャリアに注目し、それを理解するための概念としてバウンダリーレス・キャリアを紹介した。

「フリー」ランスやバウンダリー「レス」という言葉から、一見すると時間・空間的柔軟性の高いキャリアが最善とみなされがちである。しかし、たとえば働き方の自由度あるいは柔軟性と経済的報酬を両立しているフリーランスは多いとはいえない。また、会社員のように組織の境界に「囲われること」で柔軟性は犠牲になるが、長期間安定的に給与や福利厚生、社会的信用などを確保しやすいという点は見逃せない。

ただ、経済界の重鎮が終身雇用の限界を発信したり、企業が副業・複業やリモート・ワークを容認・推奨したりしているように、社会的に雇用慣行や勤務体制の見直しが進みつつある。その結果、会社員兼フリーランスが珍しくなくなりつつあるなど、いわゆる組織人とフリーランスのはざまが曖昧になってきている。

したがって、組織に雇われない働き方は、決して最初からフリーランスを目指す一部の人々の問題ではなく、正規あるいは非正規従業員として働く人々にとっても中長期的に考えるに値する問題といえるだろう。

? 考えてみよう

① 本章の第２節で取り上げた４人（Ａさん、Ｂさん、Ｃさん、Ｄさん）は、図表13－３のどのタイプに分類されるかを考えてみよう。

② あなたの周囲やインターネットでフリーランスとして働く人物について調べ、図表13－３のどのタイプに分類されるかを考えてみよう。

③ フリーランスという働き方について、周囲の人々がどのように評価しているかを調べてみよう。そのうえで、あなたの評価との共通点と相違点、またそのような違いがなぜ生じるのかを考えてみよう。

参考文献

- Arthur, M. B. (1994). The boundaryless career: A new perspective for organizational inquiry. *Journal of Organizational Behavior*, 15(4), 295-306.
- Defillippi, R. J. & Arthur, M. B. (1994). The boundaryless career: A competency-based perspective. *Journal of Organizational Behavior*, 15 (4), 307-324.
- 宇田忠司「境界のないキャリア概念の展開と課題」『經濟學研究』第57巻第１号、63-84頁、2007年。
- 宇田忠司「フリーランスの言説スペクトル」『經濟學研究』第59巻第３号、215-224頁、2009年。

次に読んで欲しい本

- ジョアン・B. キウーラ『仕事の裏切り：なぜ私たちは働くのか』(中嶋愛訳・金井壽宏監修) 翔泳社、2003年。
- リンダ・グラットン『ワーク・シフト：孤独と貧困から自由になる働き方の未来図〈2025〉』(池村千秋訳) プレジデント社、2012年。
- ダニエル・H. ピンク『フリーエージェント社会の到来　新装版　組織に雇われない新しい働き方』(池村千秋訳) ダイヤモンド社、2014年。

第14章

企業のキャリア・マネジメント

1 はじめに

世の中には多くの職業があり、誰でも様々な仕事に就くことができる。例えば、芸術家や音楽家を目指したり、プロのスポーツ選手になったりすることもできる。大学の理系学部で学んでいれば、医者や看護師、プログラマーなど専門・技術職の道を目指している人もいる（第12章参照）。もちろん夢のために個人で事業を興し、ビジネスを始める者もいるし（第11章参照）、フリーランスとしてどの企業や組織にも所属せず働きたい人もいるだろう（第13章参照）。しかし、多くの若者は大学を卒業したら企業で働くことを選ぶ。

日本では新卒（新規学卒者）一括採用（第２章参照）という暗黙の採用ルールがあり、大学生はおおよそ大学３年生の終わりごろから４年生になるころには本格的な就職活動を一斉に開始する。これは大学卒業後にすぐ企業に就職するための日本特有の仕組みだといわれている。

大学卒業後、企業に入社すると配属された部署で上司や同僚と働くことになる。そのあとはどうだろうか。同じ仕事をずっと担当し続けることは稀で、人事異動（ジョブローテーション）や転勤といった担当の仕事や勤務地の変更を言い渡される。十分な仕事の経験と実績を積むと、そのうちマネジャー（管理職）への昇進が待ち受けている（第10章参照）。

当然、人生に重要な出来事は仕事だけに起こるわけではない。結婚、出産育児なども同時並行で人生に生じるイベントだ。それに合わせて働き方が大きく変わる人もいる（第９章参照）。

人生の中盤、すなわちキャリア中期（40から50歳代）以降はまた違ったことが起こる（第８章参照）。例えば、企業の業績によっては早期に退職を迫られる場合も出てくる。また、継続して企業で働いていても、60歳代になれば、いずれ企業が定める定年年齢に達し、退職し余生を楽しむか、同じ企業で再雇用や雇用延長といったキャリアを選ぶか、はたまた別の企業に再就職するかに悩むときが訪れるだろう（終章参照）。

このように企業の中でキャリアを歩むと、そこで働く個人は、企業の仕組みや制度に大きな影響を受ける。企業は、継続して業績（利益）を上げることが至上命題であり、そのために多くの人々からなる組織にまとめ上げ、長期にわたり個人に最大限の能力を発揮してもらおうとする。つまり、企業は個人のキャリア（仕事人生）をマネジメント（上手に扱おうと）する。

一方で、個人は自分の人生を生きるために企業で働いており、自分自身の人生（ライフ）をより豊かにするためにキャリアをマネジメントする。したがって、個人サイドの人生（ライフ）のマネジメントには、企業サイドのキャリア・マネジメントを理解することが不可欠である。

この章では、企業が主体となるキャリア・マネジメントついて、次の点を取り上げる。まず、採用や退職といった企業の出入りの仕組みである。次に、企業という組織内でキャリアをどのように捉えればよいかという視点と、その仕組みである人事異動や昇格・昇進の制度である。最後に、そうした人事異動や昇格・昇進を円滑に進めるためのキャリアにおける能力開発の制度について学ぶ。

2 企業の人事管理

大学３年生になったカリアさんはそろそろ就職のことを考え始めた。そこで大学のキャリア・センターに足を運んでみることにした。まず目についたのは何やらテーブルを挟んで話をしているキャリア・センターの職員さんと大学の先輩だ。リクルートスーツの人もいれば、普段着の人もいる。カリアさんは「もう１年もすれば私もこんなふうに就職活動を始めているんだな」と思った。

次に目に留まったのは、様々な就職関連の冊子や雑誌と何やら分厚い本が置かれた棚だ。どうやら業界や企業のことが紹介されているらしい。少し手にとってみたが、何がどう書いてあるのかさっぱりわからない。紹介されている企業の数も膨大だ。カリアさんは、「将来の仕事はいろいろあることはわかっていたけど、例えば企業に就職することを考えたとき、こんなに多くの企業の中から、自分が行きたい企業をどうやって選べばいいのかまったく見当がつかない」と感じた。自分が知っている大企業もあれば、名前を知らない中小企業もある。一体、何が違うのか、どういったメリットやデメリットがあるのかもわからない。途方に暮れるばかりだ。

カリアさんは少し気を取り直して、「まだ時間があるわけだし、いきなり１つひとつの企業を見比べるのではなく、まずは企業の仕組み全般について勉強してみたほうがいいんじゃないか」と思った。確かにどの企業であっても、同じような採用条件が書かれているようだし、入社後の研修を見ても似たような研修が組まれていそうだった。気になる賃金や福利厚生といった項目も取り上げられている。就活が順調に進み、いくら就職先が早く決まっても、そのあとの人生の方が断然長い。企業で働くと、どんなキャリアを歩み、どんな企業の仕組みが関係してくるのかを知っておく必要があると感じた。

そこでカリアさんはまずはインターネット上で企業の仕組みを調べてみることにした。いろいろ検索していると、「人事管理」や「人材マネジメント」といったキーワードが関係していることがわかった。インターネットは確かに情報が手軽に見れるというメリットがあるが、情報がバラバラでまとまって頭に入ってこない。そこで今度は図書館に足を運び、関連する書籍を見てみることにした。

手に取った人事管理の書籍の目次を見てみると、おおむね次の**図表14－1**のような項目が書かれていた。

【図表14－1　人事管理の内容】

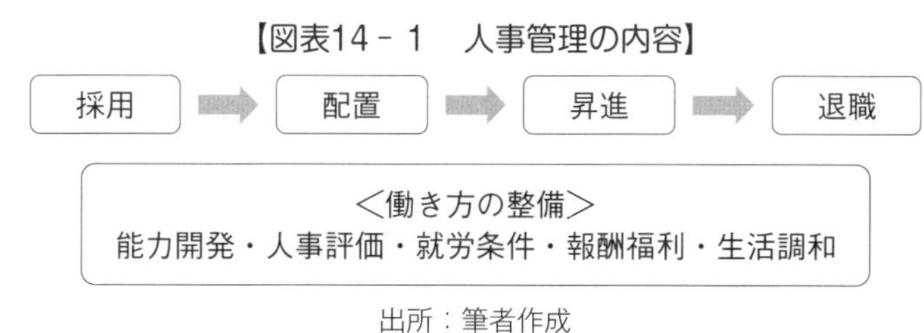

出所：筆者作成

多くの企業で共通する人事管理の内容は、採用、配置、昇進、退職だ。ここで配置とは人員の配置のことで、配属ともいう。また、働き方の整備については、複数の項目があり、能力開発、人事評価、就労条件、報酬福利、生活調和などが含まれる。例えば、就労条件とは労働時間や勤務場所（例えば在宅勤務）であり、報酬福利は賃金や退職金といった報酬に加え、年金など福利厚生のことだ。また、生活調和は、生活と仕事の調和（ワーク・ライフ・バランス）のことで、育児や介護と仕事の両立に関わる制度が関係している。

カリアさんは「企業の仕組みは思ったより複雑だ」と感じた。確かに、就職活動をして入社するときは企業の採用活動だけにしか注目しないが、そのあとに配属や昇進が控えている。またプライベートの生活に目を向けると、いずれは結婚し、育児に関わることもあるかもしれない。そのとき、企業での働き方も変わってくるはずだ。そこでは生活調和、就労条件も大事になるに違いない。

カリアさんは、自分のキャリアに関係する企業の仕組みをもっと知りたいと思い、専門の本をさらに読み進めることにした。

3 企業の中のキャリアの仕組み

3－1　採用と退職の仕組み

企業の採用は、大きく新卒採用と中途採用に分けられる。新卒採用は、大学卒業後すぐ就職する者（仕事の未経験者）を対象としており、中途採用は過去に他の企業などで働いたことがある経験者を対象とした採用である。

企業は、事業を行うなかで、人材不足による欠員補充や中長期的に必要な人材育成に合わせて採用を実施する。実際、その採用の時期や方法は多岐にわたる（**図表14－2**）。

一般的に、新卒採用は新年度（大学卒業後の４月）からの採用である。実際、そ

【図表14－2　採用の時期や方法】

	新　　卒	中途採用（主に経験者）
<採用時期>		
定期採用	○（４月採用）	
臨時採用		○（欠員等による）
通年採用	○	
<採用方法>		
全社一括採用	○	
事業所別・部門別採用	○	
職能別・職種別採用	○	○
紹介予定派遣	○	
インターンシップ制度	○	

注：「紹介予定派遣」は、派遣会社のスタッフとして雇用され、派遣先の企業に一定期間就業した後、スタッフと企業の双方の合意で、その企業に直接雇用の社員となる仕組み
出所：今野・佐藤（2022）p.89をもとに筆者作成

の採用活動が始まるのはおよそ１年前（大学３年生の時）だ。ただし、時期を限定せず１年を通じて採用する通年採用がある企業も存在する。採用の方法は、全社一括採用をとっている企業が多いが、企業、また地方や地域によっては事業所別採用や、部門別、職種別などの細かく分けた採用方法を活用している場合もある。この辺りは業界や企業によって様々であり、事前に調べておく必要がある。

一方で、退職については、自分の都合（例えば、より良い条件の仕事に転職のため、家族のためなど）の自己都合退職と、会社の都合（例えば、会社が定める一律の年齢での定年退職）の退職がある。会社都合退職には、定年退職の他に、早期退職優遇制度や希望退職募集制度を利用した退職がある。これらは、雇用調整（従業員の削減など）のために行う制度で、概ね40歳代以降の中高年の従業員に対し、定年年齢の前に退職を促すために導入されている。通常の退職の場合よりも割増された退職金をもらえるというメリットがある。

もし、若い時期に、自分に適したよりふさわしい仕事を見つけたり、起業したりしたい場合は自己都合の退職となるだろう。一方、中高年以降であれば、セカンド・キャリア（第８章参照）やワーク・ライフ・バランス（第９章参照）を考慮したうえで、会社都合の退職制度を利用することになるかもしれない。

いずれにしても、大学卒業後、ある企業に就職しても、そのまま同じ企業で働く可能性は決して高くない。厚生労働省（2018）「若年者雇用実態調査」によると、「初めて勤務した会社で現在も働いているか」どうかという質問に対し、「勤務している」が50.9%、「勤務していない」が47.4%で、ほぼ半々だ。なお、初めて勤務した会社を辞めた理由は**図表14－３**の通りである。上位の理由はいずれも就職する前に調べたり、確認したりできることが多いことがわかる。

【図表14－３　初めて勤務した会社を辞めた理由】

	割合
労働時間・休日・休暇の条件がよくなかった	30.3%
人間関係がよくなかった	26.9%
賃金の条件がよくなかった	23.4%
仕事が自分に合わない	20.1%

注：３つまでの複数回答。上位４位までを抜粋。
出所：厚生労働省（2018）「若年者雇用実態調査」をもとに筆者作成

3－2　企業内キャリア（配置と昇進）の仕組みを捉える3つの軸

晴れて就職が決まり、企業に入社すると、次は配属と昇進の仕組みが関係してくる。企業の中での配置と昇進、すなわちキャリアの仕組みは、次の3つの軸で捉えることができる。その軸とは、「職能」、「中心性」、「階層」である（**図表14－4**）。

一般に、企業に採用され無事入社式を済ませると、初期配属が言い渡される。新入社員の配属先は様々だ。

企業で働く従業員は、営業部門や製造部門、研究開発部門、コーポレートスタッフ（事務スタッフ）の部門など「職能（あるいは機能）」という組織の中での役割ごとに所属が分かれている。野球でいえば、外野手、内野手、投手や捕手など役割が分かれているのと同じだ。どの職能領域に配属されるかは、大学での専攻（例えば、理系学部か文系学部か）、出身地、勤務地の希望、また企業側のニーズ（ある部署で若手の人材が不足している）などが関係してくる。

初期配属のあとは、数年から10年程度までは同じ職場、地域などで仕事を行うことになる。そのうち、人事異動（転勤）が訪れるが、そのタイミングは業界や企業、携わる業務によって様々だ。ちなみに、人事異動は所属する部署などが変わる配置転換を意味し、転勤は配置転換の際に勤務地（場所）が変わるものをいう。短ければ1年ちょっとで担当している仕事や職場が変わることもあるが、平均的には

３年から５年目での人事異動や転勤が多い。転勤先も国内だけに限らず、海外赴任となる場合もある。

企業は自らのビジネス環境に合わせて、様々な地域で事業活動をしているが、その活動の「中心」となるのは本社（ヘッド・クォーター）である。本社では社長をはじめ、多くの経営陣（役員）が将来の企業の計画を立案するとともに、日々重要な意思決定をしている。ここでいう「中心性」とは、組織の中核にどれぐらい近いのかを表しており、重要な役職や仕事をしているということだけではなく、組織のメンバーからの信頼の度合いも含まれる。

多くの従業員は経営陣の決定した方針を踏まえて、実行に移していく。実行に移すときには現場での活動が必須であり、企業はそのために国内・外の各地域に拠点（営業所や工場など）を設け、実際の生産や販売などを行っているのである。人事異動は、こうした本社と地域の拠点間でも頻繁に行われている。

人事異動や転勤を経て、仕事経験を積むと今度は昇進が待ち受けている。役職名

【図表14－４　企業内のキャリアの捉え方】

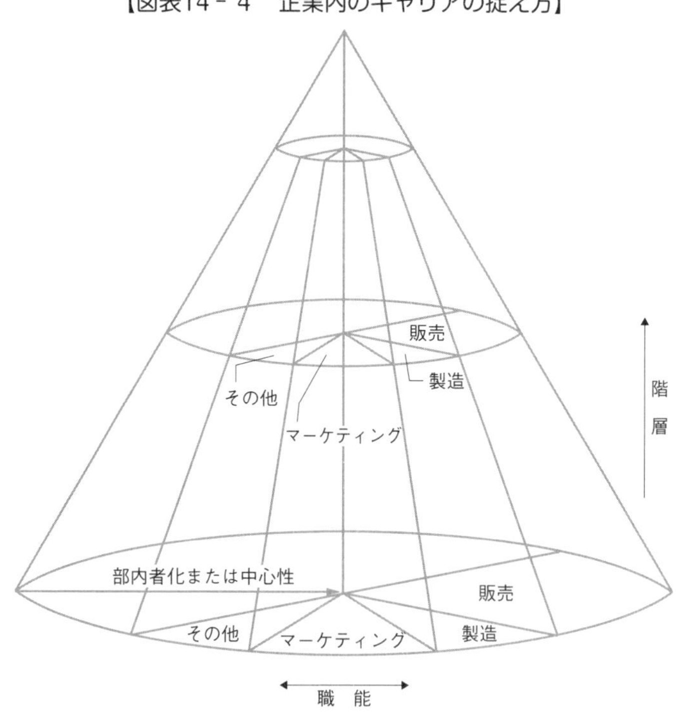

出所：シャイン（1991）「組織の３次元モデル」

は企業によって異なるが、多くは係長ー課長ー部長というふうに「階層」が上がるにつれてより大きな管理の責任（部下の数や意思決定に際しての金額の多寡）を負う。

このように、一般に企業の外から見た企業内のキャリアの仕組みは、職能、中心性、階層という３つの軸を移動していくようにつくられている（**図表14－４**）。

4 企業のキャリアに関する制度

ここまで採用から配置、昇進、退職と企業内での一連のキャリアの仕組みを説明した。企業は、こうしたキャリアの仕組みをより円滑に進めるため、様々な関連する諸制度を構築し、整備している。

ここで例として、ある高校の部活の野球チームに当てはめて考えてみよう。３年生はそのうち卒業するので、チームでは毎年次の投手（エース）となる選手を育てる必要がある。つまり新入生の中から、適性を見極め、計画的に投手を育成することが求められる。その年にたまたま投手候補が多いようだと、チームの状況に応じて、選手の中には投手から外野手などにコンバート（転換）する者もいるだろう。

企業も同じである。毎年新入社員が入社し、適性を見極めながら、その企業に必要な人材を育てるために、計画的な育成が必要である。その際には、様々なポジション（担当）で経験を積ませる必要が出てくる。また人材が不足しているポジションがあれば、そこにコンバート（転換）してもらうことも必要になるはずだ。企業のキャリアの仕組みとは、まさにこの計画的な育成とコンバート（転換）をいかに円滑に進めるかということになる。そのために企業が実施している制度を具体的に見てみよう。

Column14－1

ジョブ型雇用とメンバーシップ型雇用

日本と欧米などの雇用の仕組みには大きな違いがある。例えば、欧米ではジョブ型の雇用システム、日本はメンバーシップ型の雇用システムだと言われている（西村他（2022）『1からの人的資源管理』）。

高校の部活の野球チームの例で説明すると、ジョブ型の雇用システムの場合は、もし良い投手がいなければ適切な選手を外部から獲得してくる。例えば、すでに投手としての適性や技術を備えたある程度出来上がった選手を他校から引き抜いてくるイメージだ。

一方、日本のようなメンバーシップ型の雇用システムの場合、何とかしてチーム内の1年生や2年生を鍛えて、投手以外の内野手や外野手などからコンバート（転換）によって、良い投手に育てようというイメージである。

このような雇用システムの本質の違いを理解しておくことは、仕事に対する姿勢や自分のキャリアを進めるうえで大変重要である。**図表14－5**は、それらの特徴を比較し、整理したものである（濱田桂一郎『ジョブ型雇用社会とは何か―正社員体制の矛盾と転機』岩波新書、2021年）。

【図表14－5　日本と欧米の雇用システムの比較】

	ジョブ型 （主に欧米）	メンバーシップ型 （日本）
雇用の前提	職務を特定した雇用	職務が特定されていない雇用
雇用契約	職務が減少し、必要な人材が減れば、雇用契約は解除	職務が減少し、必要な人材が減っても、異動などにより雇用契約は維持
賃金	契約で定める職務によって賃金が決定 職務（イス）に値札が付いている	職務と切り離したヒト基準で賃金が決定 ヒトに値札が付いている ただし、客観的な基準がいるので、年齢や勤続年数を基準とする
	職務ですでに賃金が決まっている したがって、ごく一部の上位エリート層以外は職務についたあとはいちいち査定しない 上位エリート層は業績、成果評価	職務で賃金が決まっていないため、客観的基準として勤続年数を採用する そのため、定期昇給制が採用される（採用後、一定期間ごとに職務に関係なく賃金が上昇するが、一律ではなく個別査定によってバラつかせることが特徴）

採用	ある仕事を遂行する際は、必要な労働者のみをその都度採用する つまり、欠員募集と具体的なポストへの応募 採用の権限は各職場の管理職	新規学卒者の一括採用 内定は、労働と報酬の交換がないが、事実上の雇用契約 採用の権限は人事部（長期的なメンバーシップの付与）
異動	同一職務の中での昇進 企業内外の空きポストに応募して転職	定期的に職務が変わる定期人事異動が原則
教育訓練	職務記述書があり、その職務を遂行できる人が採用されるが、その際、資格や経験などの基準で配置する したがって、労働者は企業の外で、職務に向けたスキルを身につける 卒業証書は学校で身につけた特定の職務の特定のスキルを証明する書類	未経験者を採用し、配置する。 職務に対して素人なため、上司や先輩がOJTによる教育訓練が中心となる 上司や先輩が教えないと物事が回っていかない
解雇	経営上の理由により、職務がなくなった場合は正当な整理解雇となる 整理解雇について労使協議を行う	職務消滅による整理解雇は厳しく制限

出所：濱田（2021）の記述をもとに、筆者作成

グローバル社会の進展や日本の人口構成の変化など様々な環境変化により、企業は従業員との雇用関係についても見直しを迫られている。それに伴って、メンバーシップ型の雇用関係からジョブ型の雇用関係に切り替えていく動きも見られる。こうした雇用関係の変化が自分のキャリアにどのような影響を与えるのか確認しておく必要がある。

4－1　人事異動に関連する主な制度

一般に人事異動は企業（上司や所属長、人事部など）が決定し、従業員に伝えられる。つまり、いつ、どこで、どの仕事に就くことになるかは、自分自身で決定できることではない。一方で、従業員が自分の異動希望を伝える機会を提供する制度として「自己申告制度」を導入している企業も存在する。従業員本人の希望が叶えられるとモチベーションが上がることが期待できるからだ。また、これと似たような制度として、社内FA（フリーエージェント）、社内公募、社内ベンチャーといった制度が導入されている企業もある（**図表14－6**）。

【図表14－6　人事異動に関する諸制度】

制　度	概　　要	実施率
自己申告	従業員が希望する仕事や所属について申し出る制度	39.8%
社内FA	ある一定の条件（勤続年数やスキル）を満たした場合、異動希望部署に対し自分の経歴や能力・スキルを売り込むことができる制度	3.6%
社内公募	ある担当業務や役割、ポジションについて社内で広く募集する制度	16.4%
社内ベンチャー	新しい事業やビジネスを社内で募集し、そのアイデアが採用されると、提案者にその事業を任せる制度	3.0%

注：実施率は「労政時報」（2018）第3956号、p.35から引用
出所：「労政時報」（2018）データをもとに筆者作成

4－2　昇格や昇進に関連する主な制度

人事異動が組織内のヨコ（部門・部署や地域、職能間など）の移動だとすれば、昇格や昇進はタテ（階層）の移動ということができる。

この昇格や昇進の仕組みについて、企業では一般に２つの格付け制度がある。すなわち、職階制度と職能資格制度である。職階制度とは、よく耳にする役職の階級・ランク付けのことで、例えば、一般社員－係長－課長代理－課長－部長代理－部長といったものである。企業によってランクの呼び方や数は異なっており、対外的な呼び名として使われている。

一方で、職能資格制度は基本的には社内だけで利用する人事上の資格制度のことで、職務遂行能力（職能）を基準とした格付けの制度である。例えば、一般職能－指導監督職能―管理職能といった階層があり、一般職能には一般社員３級などの階級が含まれている（**図表14－7**）。ちなみに、職能資格の階級（呼称）と職階の役職の呼び名は必ずしも対応しておらず、役職の呼び名の方が幅広い階級に利用されている（例えば、表中では副参与の課長もいれば、副参事の課長もいる）。

企業の人事管理上では、職能資格制度の方が職階制度よりも重要なのだが、それは該当する職能資格の階級に応じて賃金が決定されるからだ。一般に、昇格とは職能資格の階級が上がること（一般３級から２級など）をいい、その中でも階層がワンランク上がること（一般職能から指導監督職能など）を昇進という。昇格や昇進

については、概ね既定の勤続年数とこれまでの人事評価をもとに候補者が選定され、企業によってはさらに試験（筆記試験や面接試験など）が課されたうえで、昇格や昇進が決定される。この職能資格制度は企業の約半数が利用している制度である（**図表14－7**）。

【図表14－7　職能資格制度と職階制度の例】

職能資格等級		職階（職位）	
階層	階級(呼称)	役職（管理職）	専門職
管理職能	参与	部長・部長代理	
	副参与		主幹技術員
	参事	課長	
指導監督職能	副参事		主査技術員
	主事	課長代理	
	副主事		主任技術員
一般職能	一般１級	係長	
	一般２級		
	一般３級		

注：あくまで一例であり、等級区分や役職などの呼び名も企業によって様々である。
出所：筆者作成

これ以外の昇格・昇進の仕組みとして近年増えつつあるのは、複線型人事制度、職務等級制度、役割等級制度である。

複線型人事制度とは、複数のキャリアコースを設定している人事制度である。**図表14－7**においても、役職（管理職）コースと専門職コースの２つが設定されており、複線型人事制度を採用している例といえよう。これは、管理職になりたいという人材だけではなく、技術的な専門性を高めたいという人材の要請にも応えるなど、多様なキャリアの選択を提供することを目的としている。

他に、職務等級制度とは、仕事や職務、業務を基準に等級に分ける格付けの制度である。先ほどの職能資格制度は、個人の職務遂行能力を基準としていたが、職務等級制度では担当する仕事や業務の方を基準とする点で違いがある。例えば、同じ営業部長という立場でも、本社の営業部長と地方の営業部長の仕事（内容）では、その取引総額や取引相手の重要さなど異なるはずである。この点を加味し、本社営業部長職は地方営業部長職よりも高い等級とする。職務の等級によって賃金が決まるので、誰が本社営業部長職を担当しても、同じ給与が支払われる。

最後に、役割等級制度だが、これは企業のミッション（使命）や戦略などから役割を定め、それに応じて等級に分ける格付けの制度である。この制度は、職能資格制度と職務等級制度を合わせたような制度で、例えば、ある部門の責任者（営業部長など）の役割や期待のイメージとして、求められる業務水準、部下の育成責任、能力やスキルの水準などを定め、それらの水準を達成しているかで評価し、格付けする。つまり、ある職務（ポジション）には、一定の役割が当てはまり、その役割を担う職務遂行能力が定められている。したがって、その職務（例えば、営業部長）に就くだけの職務遂行能力を持っている者が、その（営業部長としての）役割を担うことで、役割に対して給与が支払われる。個人の職務遂行能力が加味される点で職務等級制度とは異なる。各実施率は、**図表14－8**の通りである。

【図表14－8　昇格・昇進に関する諸制度】

制　度	概　　要	実施率
職能資格制度	職務遂行能力（職能）を基準とした格付けの制度	50.0%
複線型人事制度	複数のキャリアコースを設定している人事制度	45.5%
職務等級制度	仕事や職務、業務を基準に等級に分ける格付けの制度	24.1%
役割等級制度	企業のミッション（使命）や戦略などから役割を定め、それに応じて等級に分ける格付けの制度	30.9%

注：実施率は「労政時報」（2018）第3956号、p.35から引用
出所：「労政時報」（2018）データをもとに筆者作成

4－3　キャリアに応じた能力開発に関する主な制度

ここまで、企業の人事に関わる制度を説明してきたが、次にそのような人事異動や昇格・昇進に合わせて従業員の個々の能力を開発する制度を取り上げる。

先ほどの野球チームの例を再度当てはめてみよう。例えば、ある野球チームでは、新人の１年生は雑用や球拾い、声出しに加え、初歩的な練習を中心に取り組み、２年生になるとレギュラーを目指して本格的な練習に参加する。３年生は本番の試合に出場する者が多く、他校との練習試合などで実戦的な練習が中心となる。このよ

うに、その経験年数や能力レベルに応じて階層別に練習が組まれる。さらに、低学年のメンバーでも一部の能力が高い者に対しては、３年生などのレギュラーに交じって練習する選抜メンバーも出てくる。

企業にも似たような仕組みがあると考えるとよい。すなわち、階層別の研修制度と選抜型の育成制度である。

階層別の研修制度とは、勤続年数や職能資格水準、役職などに応じて、そのレベルにふさわしい研修を提供する制度である。例えば、新入社員研修、若手社員（入社３年目など）研修、中堅社員研修、新任管理者研修、年代別のキャリア研修などがあげられる。これらの研修は該当するほぼすべての従業員に対して実施され、知識や能力・スキル、働き方の意識の底上げを図ることを目的としている。

一方で、選抜型の育成制度は、次世代経営幹部（リーダー）育成、グローバル人材育成、リーダーシップ開発研修などが当てはまる。こちらは業績や潜在能力の高い一部の従業員を選抜し、将来の経営幹部候補やグローバルな（国際的な）人材として育成することを目的としている。

さらに他の研修制度として、選択型の研修制度も取り入れている企業もある。これは、問題解決やロジカルシンキング（論理的思考力）、語学、コミュニケーションスキル、財務・会計など特定の知識やスキルを習得することを目的とした研修制度である。当然ながら企業によってその研修内容は異なるが、一般に従業員が自分

【図表14－9　キャリアに応じた能力開発の制度】

制　度	概　　要	実施率
階層別研修	勤続年数や職能資格水準、役職などに応じて、そのレベルにふさわしい研修を提供する制度	新入社員教育 95.7% 中堅社員教育 70.7%
選抜型育成	業績や潜在能力の高い一部の従業員を選抜し、将来の経営幹部候補やグローバルな（国際的な）人材として育成する仕組み	29.3%
選択型研修	特定の知識やスキルを習得することを目的とした研修制度	26.4%

注：実施率は、階層別研修は産労総合研究所（2019）から引用。それ以外は、労政時報（2018）第3956号、p.43から引用。
出所：産労総合研究所（2019）データ、労政時報（2018）をもとに筆者作成

Column14－2

リカレント教育とリスキリング

社会人になってからも仕事で必要な能力を磨き続ける必要があるが、そのために各人のタイミングで学び直すことを「リカレント教育」という。リカレント（recurrent）は「周期的に起こる、循環する」などの訳で、大学など学校教育から離れた後で再び学びに戻るといった意味合いがある。

また、「リスキリング（reskilling）」という似たような用語がある。これは、現代のような仕事の環境が目まぐるしく変化する時代において、新たな仕事に就くために新しいスキル、また現在の仕事でもさらに高いレベルのスキルを身に付けることを意味する。リカレント教育と比べて、DX（Digital Transformation／デジタルトランスフォーメーション：ITなどのデジタル技術で人びとの生活をより良くしていくこと）の時代において、職業や仕事で価値を出し続けるために必要なスキルを習得する点を強調した用語である。

今後、AI（人工知能）やIoT（Internet of Things:モノのインターネット）などのIT技術がますます発展し、デジタル化社会の進展が加速する。次々に新しい技術が私たちの生活や仕事にも利用され、それらを使いこなす人材が必要とされているのである。

今後のキャリアの考え方として、１つの企業、１つの仕事にとどまらず、転職や副業（複業）など複数の仕事に関わりながら、自分自身の目標や理想を実現したいという指向がさらに高まるだろう。

このようなキャリアにおいては、ある１つの専門性を極めたからといって同じことを繰り返すだけでは、さらなる成長が望めない。時代に合わなくなった知識やスキルは捨て、新しい知識やスキルを取り込む必要がある（仕事のアンラーニング：「学びほぐし」と呼ばれる）。

社会動向に沿った新しい知識やスキルを継続的に身に付けるために、常に学び続ける姿勢が新たな人生のチャンスを生み出し、生き生きとした仕事との関わり合いにつながるのである。

で選択して研修を受けることができる。カフェテリアプランと呼ばれる選択型の福利厚生の一部としてこうした研修が受けられる場合もある。

このように考えると、企業においてキャリアに応じた能力を開発する仕組みには、全従業員の底上げを目的にした階層別研修制度、特定の優秀な従業員を育成する選抜型育成制度、また従業員が自律的に自分自身のキャリアを考え、ふさわしい能力を開発できる選択型研修制度などがあることがわかる（**図表14－9**）。

したがって、企業で働く個人は中長期的なキャリアを自分自身で想定しながら、企業が提供しているキャリアの支援制度を上手に活用するとよいだろう。

5 おわりに

この章では、企業におけるキャリア・マネジメントとして、主に企業の人事制度およびキャリアに関連する諸制度を見てきた。

企業は組織内の人材を中長期的に最大限活用するために、採用や退職の仕組み、人事異動や昇格・昇進の制度、またキャリアに応じた能力開発を促進する制度を構築している。企業のこうした仕組みを理解することで、自分自身のキャリアや能力を中長期的にどのように高めていけばいいのかについて考えるきっかけになるだろう。

就職活動自体は長くてもせいぜい２年間程度だが、入社後の仕事人生は少なくとも数十年間は続く長いものとなる。これから働く個人は、企業に自分のキャリアを任せっきりにするのではなく、自分のキャリアを自分でつくりあげる自律した意識を持ち、企業のキャリア・マネジメントを自分自身のキャリア・マネジメントにつなげて考えることが大切だ。

? 考えてみよう

① 興味・関心のある企業を１社以上取り上げ、ホームページなどを参照し、採用に関する情報を確認してみよう。

② 現時点で興味のある資格について考えてみよう。そのうえで、その資格が活かせる職業や企業での仕事について調べてみよう。また反対に、①で調べた企業で実施されている研修や教育訓練などから、習得が推奨されている資格や知識、スキルを調べてみよう。

③ アルバイトと正社員の雇用形態の違いについて調べてみよう。賃金、採用や解雇の条件などの違いについて整理してみよう。

参考文献

- 今野浩一郎・佐藤博樹『人事管理入門』（新装版）日本経済新聞出版社、2022年。
- シャイン. E. H.（二村敏子・三善勝代訳）『キャリア・ダイナミクス―キャリアとは、生涯を通しての人間の生き方・表現である―』白桃書房、1991年。
- 松尾睦『仕事のアンラーニング―働き方を学びほぐす―』同文舘出版、2021年。

次に読んで欲しい本

- 西村孝史・島貫智行・西岡由美『1からの人的資源管理』碩学舎、2022年。
- 平野光俊・江夏幾多郎『人事管理―人と企業、ともに活きるために―』有斐閣、2018年。
- 守島基博『人材マネジメント入門』日経文庫、2004年。

第 15 章

キャリア支援

1 はじめに

キャリアは自分だけで決められるわけではない。どれだけ能力が高くても、どれだけ努力を重ねていても、チャンスを与えてくれる人や困った時に助けてくれる人がいなければ、自分の望むキャリアや働き方を実現するには限界があるだろう。

皆さんも学生生活や社会人生活の中で、他者とのつながりの大切さを実感する出来事に遭遇したことがあるのではないだろうか。身近な人の働き方をモデルにして進学先を決めたり、就職活動で自分が志望する業界で働いている先輩から情報を得たり、就職活動の悩みや心配事を友人と相談し合ったり、入社後仕事のやり方を上司や先輩社員から教えてもらったり、海外事業所に異動になったときに駐在経験者から経験談を聞いたり、異業種交流会で出会った人がきっかけで転職することになったり、と挙げ出すときりがない。

個人のキャリアは、ともすれば個人自らが決めること、もしくは組織によって決められることと考えてしまいがちである。ところが実際は、他者との関わりの中で、支え合いながら、学び、成長していく部分も大きい。そこで本章では、人とのつながりや人脈、そこで得られる支援からキャリアを考えてみたい。

2 ピアニストのキャリア

2021年、日本人ピアニスト反田恭平氏がクラシック音楽の世界三大コンクールの１つ、ショパンコンクールで２位を獲得した。幼稚園の時からピアノを習っており、一時期ピアニストを志したこともあるカリアさんは、どういう人物が名誉あるコンクールに入賞するようなピアニストになれるのか興味を抱き、調べてみることにした。その中で見えてきたのは、反田氏のたゆまない努力と才能、そして彼を支える人々の存在であった。

２－１　ピアニスト反田恭平氏の誕生

耳に入ってきた音をそのまま再現できる。反田少年にとってそれは、当たり前のことだった。そのような才能を持ちながらも、「本業はサッカー、ピアノは趣味」だった反田少年は、骨折したことを機に、ピアノを本格的に始めるため、11歳の時に桐朋学園の音楽教室に入る。ここで出会ったのは、後に高校時代の恩師となる川島伸達先生や共にショパンコンクールで競うことになる小林愛実氏だった。

高校時代の反田氏は、金髪にビーチサンダル姿。服装も生き方も、誰にも縛られたくない、ただ自由に生きたいという反田氏を、川島先生は温かく包容しながら着実に育ててくれたという。音楽家の登竜門である日本音楽コンクールの前には、ソウルやニューヨークへと海外遠征に連れて行ってくれた。30代の若さでニューヨーク・ジュリアード音楽院の教授に就任したチェンモ・カン先生にアポをとり、プライベートレッスンも受けさせてくれた。全ての費用は川島先生のポケットマネーであった。そして、反田氏は、日本音楽コンクールで史上男性最年少１位を獲得する。

桐朋学園大学音楽学部の特待生となった反田氏は、日本音楽コンクール第１位が縁で、ロシアのモスクワ音楽院で教鞭を執るミハイル・ヴォスクレンスキー先生からレッスンを受ける機会を獲得する。レッスンの後、ヴォスクレンスキー先生から「私と一緒にロシアに来ないか？」と誘われた反田氏は、モスクワ音楽院に留学することを決めた。

モスクワ留学での最大の問題は、学費を自分で稼がなければならないことであった。学費を稼ぐために、定期的に日本に帰国してはコンサートを開く日々。この生活があらゆる人との出会いを急加速させたという。そこで出会ったタカギクラヴィアの高木裕社長は反田氏を気に入り、時価数億円はするピアノを弾かせ、食事をご馳走し、コンサートを管理するマネジメントの窓口を立ててくれた。タカギクラヴィアが所有するサロンで演奏もさせてくれた。そのサロンには、高木社長の計らいでいくつかの事務所の人が演奏を聴きに来ており、その中の１人が声をかけてく

れたことが、反田氏のメジャーデビューにつながる。

2-2 ショパンコンクールへの道のり

反田氏がショパンコンクールを強く意識したのは12歳の時、ドキュメンタリー番組がきっかけだったという。その後、幼なじみの小林愛実氏がショパンコンクールに出場。堂々とピアノコンチェルトを弾く彼女の姿を見ながら、「ショパンコンクールに出たい」という気持ちを強くしていく。ショパンコンクールで納得がいく結果を勝ち取るためには、3年は必要だと思った。5年に1度開かれるショパンコンクールの2020年大会を見据え、ショパンの祖国ポーランドで腰を据えて音楽を学ぶことを決意する。ショパンの作法、ショパンが何を思っていたのかを知りたかった。

モスクワ音楽院を離れ、ワルシャワ音楽院のピオトル・パレチニ先生に師事した。接触可能なコネクションを必死で探したもののどうしても見つからず、Facebookのメッセンジャーで「先生の門下生にしてください」とメッセージを送ったことがきっかけで演奏を認められ、めでたく入門することとなった。ショパンのイロハも知らなかったという反田氏に、パレチニ先生は親身になってレッスンしてくれた。

同時に、自分の演奏をコントロールし、精密機械のような精度で感情表現を形にするために、肉体改造にも取り組んだ。そうしなければ、ショパンの曲に没入し、ショパン自身に憑依することはできないと考えた。また、一発で存在を認識してもらおうと、髪型はサムライヘアに変えた。ショパンコンクールでは、1次予選、2次予選、3次予選、ファイナル全体で、ストーリー性と物語性を見出し、何が伝えたいのかを一本串にして提示する。無計画に挑んだところで、闘いに勝てるわけではない。そこで反田氏は、過去2回の参加者800人が弾いた曲をリストアップし、「正」の字を書いて緻密に分析を行った。同時に、リサイタルやツアーでショパンを弾きながら、自分の得意分野を見出した。どういう選曲が自分に合っているのか、なおかつ勝てる選曲は何か、長大な時間と労力を注ぎ込み、戦略を組み立てていった。

2-3 ショパンコンクール本番

そして迎えた本番。12歳から憧れてきたコンクールのファイナルの舞台に立ち、しかも２位という偉大な成績を残すことになる。その裏では多くの葛藤があった。１次予選が終わった後は、精神的に不安定にもなった。恩師のパレチニ先生に「もうやめたい」とメールを書き始めるほど追い込まれていた。日本で応援してくれている友達にも泣きを入れた。先生からも、友達からも、「あきらめるのはまだ早い。今苦しいのはみんな同じだ」と支えてもらった。続く３次予選では、緊張から１曲目つまずいたように感じ、これまで支えてくれたパレチニ先生への申し訳なさでいっぱいになった。しかし、先生はすかさず「顔を上げなさい。笑顔になりなさい。自信を持っていますぐファイナルのコンチェルトの曲を練習し始めなさい」とフォローを入れてくれた。今回のショパンコンクールの様子は、Youtubeでも配信されており、SNSでの日本から寄せられた応援メッセージやコメントには随分勇気づけられた。

コンクール直後の会見で、反田氏は次の言葉を残している。「教授だったり、家族だったり、友達だったり、全ての応援してくださった方々があって、この結果があると思います。ありがとうございました。」

これまでカリアさんは、天性の才能があり、地道な努力を積み重ねていける人であれば、コンクールで入賞するようなピアニストになれると思っていた。ところが、反田氏のインタビューやドキュメンタリーを調べていくうちに、才能や努力に加えて、恩師の指導や友人からの精神的なサポート、幼なじみからの刺激といった人との関わりによって成り立つ部分の大きさを実感した。そして、これまでの経験を振り返り、自分もまた、先生や家族、友人らから影響を受けたり、助けられたりしながら過ごしてきたことに気づくのであった。

3 つながりにより育まれるキャリア

3－1　メンタリング

反田氏が憧れだったショパンコンクールで２位入賞という快挙を成し遂げたように、自分が希望するキャリアを歩むには、個人の能力や努力だけではなく、機会や助言を与えてくれる人々が欠かせない。今回の反田氏の成功を大きく後押ししてくれたのは、恩師パレチニ先生であろう。パレチニ先生はショパンのイロハを叩き込

Column15－1

メンター

メンターの語源は、ギリシャ神話の『オデュッセイア』の登場人物メントルにある。メントルとは、『オデュッセイア』の主人公・オデュッセウスの親友であり、オデュッセウスがトロイア戦争に出発した際に、息子テレコマスの世話を託した人物である。

ギリシャ神話を読んだことがない人でも、「トロイの木馬」のことは聞いたことがある人は多いだろう。ギリシャ連合軍と都市国家トロイアとの間で起こったトロイア戦争は10年もの間続き、ギリシャ軍の攻撃は手詰まりになっていた。その時、木馬を作って人をその中に潜ませ、トロイアの市内に運び込ませることを提案したのがオデュッセウスである。その木馬作戦によって、ようやくギリシャ連合軍は勝利を手に入れた。ギリシャ連合軍を勝利に導いた英雄オデュッセウスは、トロイ陥落後、帰途についたが、その途中で海神ポセイドンの怒りを買ってしまい、10年もの間放浪することになる。

この20年にも及ぶオデュッセウスの留守の間に、メントルに託された役割は、テレコマスに政治学・帝王学を習得させた上で人間的にも成長させ、次の王にふさわしい人間へと育てることだった。だが、渡辺（2005）によると、実際、後見人としての役割を担ったのは、メントル自身ではなく、メントルの姿を借りた女神アテネであった。そして、女神アテネを裏で支援していたのは最高神ゼウスであった。ゼウスの指示で、メントルの姿をした女神アテネがテレコマスに付き添い、適切な指示や激励をしながら、テレコマスが危機を乗り越えられるように支援していたのである。そのおかげで、未熟な青少年であったテレコマスは、思慮深く勇敢な青年に成長し、父子は20年の時を経て再会することになる。この、もともとはギリシャ神話の固有名詞であったメントル（本当は女神アテネ）が、今では「若者が大人の世界や仕事の世界をわたっていくのを手助けする、より経験を積んだ年長者」という普通名詞に変換され、広く用いられるようになっている。

んでくれ、精神的に落ち込んだ時には励ましてくれた。キャリア研究では、反田氏にとってのパレチニ先生のような存在をメンター（mentor）、反田氏のような支援の受け手をプロテジェ（protégé）と呼ぶ。メンターとは、若者が大人の世界や仕事の世界をわたっていくのを手助けする、より経験を積んだ年長者を指す。そのメンターがプロテジェに提供する支援がメンタリング（mentoring）である。

キャシー・クラムによると，メンターから提供される支援は，大きく，キャリア的機能と心理・社会的機能の２種類に分けられる（**図表15－１**）。キャリア的機能とは，キャリア発達を促す支援行動であり，仕事のコツや組織の内部事情を学び，キャリア上の成功（例えば，昇進や昇格）に備えるために支援を行うことを指す。具体的には，望ましいプロジェクトや横の異動，昇進人事に積極的に推薦するなど，

【図表15－１　メンタリングの機能】

機　能	下位次元	定　　義
キャリア的機能	スポンサーシップ	プロテジェの昇進のために，公式に支援すること。望ましい横の異動や昇進人事に積極的に指名することも含まれる。
	推薦と可視性	プロテジェにとって将来の昇進の可能性を決定するような組織内の鍵となる人物との関係性を築き上げることができるように権限を割り振ること。
	コーチング	企業という世界をどのようにして効果的に渡っていくのかについてプロテジェの知識や理解を高めること。仕事の成果を積極的にアピールするために，どのようにプレゼンテーションをするのかについて共に考えることも含まれる。
	保護	突発的で，害を与える可能性のある上位の役員などとの接触からプロテジェを保護すること。将来の評判を脅かす不必要な危険性を減少すること。
	やりがいのある仕事の割り当て	やりがいのあるような仕事をプロテジェに割り当て，技術的なトレーニングと進行中の仕事の出来具合のフィードバックを行うこと。
心理・社会的機能	役割モデリング	プロテジェに必要な態度や価値観，行動を見習うモデルとなること。
	受容と確認	プロテジェに対して肯定的な関心を持つこと。
	カウンセリング	プロテジェが組織の中で肯定的な自己感覚を持つのを妨げる個人的な懸念や心配を探索できるようにすること。
	交友	お互いに気に入り，理解し，仕事に関しても仕事以外でも非公式なつきあいをもたらす社会的相互作用。

出所：クラム（2003）をもとに筆者作成

昇進を後押しするために公式に支援したり（スポンサーシップ）、組織の意思決定者の目に留まりやすいような仕事を割り当てたり、将来のためになるような機会を与えたりすることである（推薦と可視性）。また、仕事やキャリアに対する考えを共有し、フィードバックを行いながら、仕事やキャリアの目標が達成できるように戦略を提案したり（コーチング）、難しい仕事の期限を守るのを手伝うなど、その人の評判を脅かすようなリスクを削減したり（保護）、挑戦しがいのある仕事を割り当てたりすること（やりがいのある仕事の割り当て）を指す。

一方で、心理・社会的機能とは、信頼や親密さを築き、専門家としての成長や人間的な成長を促し、アイデンティティや自分の価値、自己効力感が高められるよう支援する行動である。具体的には、態度や価値観、行動の模範となったり（役割モデリング）、１人の人間として尊重し、無条件に肯定的な関心を示したりすることを指す（受容と確認）。また、個人的な懸念や心配事を率直に話せるような場や機会を提供したり（カウンセリング）、お互いを理解し、プライベートでも付き合ったりするような行動（交友）である。

３－２　発達的ネットワーク

ところが、反田氏が恩師のパレチニ先生から支援を受けていただけではなく、他の先生や友人といった様々な人々から支援を受けていたように、私たちは必ずしも１人の人だけから支援を受けているわけではない。しかも、支援を提供してくれるのは、年長者に限定されない。そこで、注目されるようになってきたのが、モニカ・ヒギンズとキャシー・クラムが提唱した発達的ネットワーク（developmental networks）という考え方である。発達的ネットワークとは、その人のキャリアに積極的に関心を持ってくれ、行動してくれる、複数のデベロッパー（developer）と呼ばれる支援者から構成される人の繋がりを指す。発達的ネットワークは組織内外に広がっており、デベロッパーには、同じ組織にいる上司や同僚、部下だけではなく、家族や友人、コミュニティといった仕事を超えた幅広い領域の人々も含まれる。それに対して、発達的ネットワークから支援を受ける方はメンタリングと同様にプロテジェと呼ばれることが多い。

メンタリングと発達的ネットワークでは、メンターは１人、デベロッパーは複数人と、支援者の数に違いがあるものの、提供される支援の内容は同じであることがわかっている。本章では、メンターとデベロッパーを合わせて、支援者と表現する

Column15 - 2

資本

キャリアにおける人とのつながりやネットワークは、メンタリングや発達的ネットワークの視点だけではなく、「資本」（capital）という視点で捉えることもできる。服部（2020）によると、個人が持つ資本には、心理的資本、人的資本、社会関係資本の3つがある。本章の焦点である人とのつながりは社会関係資本にあたる。

心理的資本とは、ある個人のポジティブな心理的発達状態を指し、「私の心はどこまで発達しているのか」に関わる資本である。自己への自信（自己効力感）や現在・未来に対するポジティブな帰属（楽観主義）、目標に向かう力（希望）、問題や逆境への耐性（レジリエンス）から構成される。

人的資本とは、従業員が持つ能力・知識・技能などの総称であり、「私は何を知っているか」に関わる資本である。機械設備と同様に、個人が持つ能力・知識、技能も個人自身や組織が教育・訓練のような投資を通じて創出することができると考えられる。

最後の社会関係資本とは、人と人との関係性に埋め込まれた資本を指し、「誰を知っているか」や「誰につながっているか」にかかわる資本である。これには、他者からの信頼や特定のコミュニティで共有された規範、人々が保有する社会的ネットワークなど様々なものが含まれる。個人の中には、社会関係資本を豊富に持つ人とそうではない人がいる。こうした違いが、アクセスできる資源の獲得可能性に差をもたらすため、それがパフォーマンスの差異として現れていると考えられている。社会関係資本は、人と人のつながりにかかわるものであるが、単につながっている、接触しているだけでは資本と呼ぶことはできない。当人たちに便益をもたらす何かがあってはじめてそれは資本となるという。本章が注目しているキャリア支援は、支援者からプロテジェに対して支援という便益がもたらされているため、社会関係資本の一部と捉えることができよう。

ことにしよう。ただ、メンターはキャリア的機能と心理・社会的機能の両方を提供するが、発達的ネットワークでは、デベロッパー全員が両方の支援を行うわけではないという違いがある。例えば、職場の上司は将来に必要な教育や指導を行ってくれるが、なんでも相談できる関係を築けるとは限らないだろう。また、友人は自分のことのように仕事の話を聞いてはくれるが、将来のためになるような人に引き合わせてくれるということは難しいかもしれない。

3-3 キャリア支援がもたらす影響

では、メンタリングや発達的ネットワークを通じて他者から受ける支援は、個人のキャリアにどのような影響を及ぼすのだろうか。反田氏のこれまでの経験を振り返ってみると、いつ、どのようなコンクールで受賞したのかといったキャリアの客観的な側面と、その時、何を思い、どのような気持ちを抱いたのかといったキャリアの主観的な側面の双方に、他者からの支援が重要な役割を果たしていることがわかる。これを組織で働く人に置き換えると、客観的キャリアは給与や組織内での昇進などであり、主観的キャリアはキャリア満足や職務満足などが当てはまる（第1章参照）。これまでの研究では、支援者からキャリア支援を受けている人は、受けていない人に比べて、報酬が高く、昇進の機会も多く、キャリアや仕事に対する満足度も高いことがわかっている。

では、支援者からキャリア支援を受けることが、なぜその人の客観的、主観的キャリアにつながるのだろうか。キャリア的機能と心理・社会的機能のそれぞれの視点から考えてみることにしよう。まず、キャリア的機能はプロテジェが希望するキャリアが歩めるよう道を開いてくれるような支援であり、具体的には、仕事の機会を与えてもらったり、重要な人物に引き合わせてくれたり、昇進人事に推薦してくれるといった行動が含まれていた。これらの支援は、プロテジェが成果をあげやすくするとともに、成果をあげたことが上司の目に留まりやすく、評価される可能性を高めるため、昇進や昇給につながると考えられる。また、昇進や昇給といった報酬が得られることによって「自分は認められている」という感覚や「きちんと評価されている」という感覚を味わったり、自分のやりたい仕事を任せられたりすれば、仕事や自分のキャリアに対して満足感を抱くのは自然なことだろう。

もう1つの心理・社会的機能については、親身になって相談に乗ってくれたり、仕事で落ち込んだ時に励ましてくれたりといった行動が含まれている。これらの支援は、仕事で直面している悩みや心配事を和らげる効果があるため、プロテジェは仕事やキャリアに対する不安が減り、満足感を抱きやすくなるのだろう。また、自分を気にかけてくれ、助けてくれる上司や先輩、同僚といった存在自体が、「この人のために頑張ろう」というモチベーションを高めてくれることもあるだろう。あるいは、相談に乗ってもらったり、解決策やアドバイスを教えてもらったりすることで、これまでは仕事やキャリアに関する悩みや心配事に費やしていた時間やエネルギーを仕事に投入できるようになり、それが昇進や昇給につながったとも考えられる。

3-4　キャリア支援の受けやすさを決める要因

では、支援者からキャリア支援を受けるためにはどうすればいいのだろうか。研究者たちは、これまでキャリア支援の受けやすさを決める、様々な要因を検証してきた。ここでは、3つの要因に注目して、キャリア支援を受けやすい人がどのような人なのかを見ていこう。

1つめは、類似性である。「類は友を呼ぶ」というように、人は自分と共通点が多い人に親近感を抱きやすい。皆さんも、知らず知らずのうちに、自分と似た人を友達に選んでいるという経験があるかもしれない。特に、この考え方に基づいて検討が行われてきたのが、性別や年齢といったデモグラフィック特性や、学歴、収入、職業などの組み合わせからなる社会経済的地位とキャリア支援との関係である。

性別を例にあげると、人は同じ性別の人と人脈を築きやすい傾向があるため、男性は男性から、女性は女性から支援を得やすい。そうすると、男性比率が高い組織や職場では、女性が情報やアドバイスを得るのが難しくなってしまう。また、日本企業では、管理職の割合が男性の方が高い企業が多いため、どうしても女性は組織内でより影響力を持つ人から支援を受けにくくなってしまう。これが女性のキャリア機会の少なさにつながっているとも考えられる。

2つめは、性格特性である。性格特性は、職場での他者との交流や付き合いを求める積極性や親密で協力的な信頼関係を求めるかどうかの志向性に関係するため、支援を受けるかどうかに影響を及ぼすと考えられる。数ある性格特性に関する理論の中で最も有名な理論として挙げられるのが、「ビッグファイブ」である。この理論では、①積極的に外の世界に向けて行動していく志向性を意味する「外向性」、②衝動や欲求を上手くコントロールし、仕事や勉学に一生懸命取り組む真面目さに関係する「誠実性」、③知的好奇心の高さを意味する「経験への開放性」、④感情や情緒面での不安定さやストレスの感じやすさを意味する「神経症傾向」、⑤人や組織に協力的に振る舞えるかどうかを意味する「調和性」、の5つの次元で人の性格を表す。たとえば、外向性が高い人は支援を受けやすい。外向性には対人関係上の社交性と自己主張や上昇志向が強いなどの積極性が含まれる。そのため、外向性が高い人は他者との絆や付き合いを好み、積極的にネットワークを築こうとするのだろう。それに対して、神経性傾向が高い人は支援を受けにくい。神経症傾向は感情や情緒面の不安定さやストレスの感じやすさを意味するため、神経症傾向が高い人は疑い深く、人との関係を築くことに躊躇する人が多い。また、支援する側もまた、神経症傾向が高い人とつながりを持つことを避けると考えられる。

3つ目は、能力の高さである。例えば、昇進を期待されている人は支援を得やすい。支援者にとって、プロテジェを支援し、優秀な人に育てるということは、「スターメーカー」としての自分の評判を高めることにもつながる。逆に、力不足の人に会社の今後を左右するような挑戦的な仕事を任せたり、信頼できない人物を誰かに推薦したりしてしまえば、自分の評判を危険に晒すことにもなりかねない。実際に、支援者がプロテジェを選ぶ際には、支援を必要としているかどうかではなく、能力や潜在能力、業績に基づいて決定していることが明らかにされている。これに即して考えると、能力や潜在能力が高い人の方が、評判を高めたり、周りへの影響力を増したりと支援者に見返りを提供する可能性が高いため、支援を受けやすいだろう。

4 おわりに

本章では、ピアニスト反田恭平氏の事例に基づき、メンタリングや発達的ネットワークといった人とのつながりや人脈、そこで得られる支援からキャリアを見てきた。他者から受けるキャリア支援とはどういうもので、自分が希望するキャリアを歩むには支援を受けることがどれだけ大切か、支援を受けやすい人はどういう人なのかがわかってもらえたのではないだろうか。一方で、例えば、女性や社交性や積極性が低い人、心配症の人、能力にあまり自信がない人は、自分はキャリア支援を受けることはできないのかと悲嘆に暮れているかもしれない。

諦めるのはまだ早い。どうすればキャリア支援が行われやすくなるか、少しずつではあるが、組織として職場としてできることがあることを示す研究も出てきている。また、女性は男性に比べて、同じ組織や職場の人から支援を受けることは少ないものの、組織の垣根を越えたつながりを積極的に持つことが多いことがわかっている。性格特性についていえば、外向性のうち自己主張が強い性向と神経症傾向の逆を表す精神的安定性は20～30代の伸びが大きいことも明らかにされている。能力は自分の努力によって高めることも補うこともできるだろう。

希望するキャリアを歩むためには、個人の能力や努力だけではなく、機会や助言を与えてくれる人々の存在が欠かせない。しかし、ひたすら誰かが助けてくれるのを待ち、能力を高めるための努力をしていない人に手を差し伸べてくれる人は少ない。自分でできることは何か、「この人を支援したい」と思ってもらうにはどうしたらいいのかを考え、動くことが、支援を得る近道なのかもしれない。

? 考えてみよう

① 本章の第２節で取り上げた反田氏の支援者たちが、それぞれどのような機能を提供していたか、図表15－１をもとに考えてみよう。

② あなたのこれまでの人生を振り返り、自分に影響を与えた人たちの名前を挙げ、どのような影響があったのかを考えてみよう。

③ あなたが支援を受けやすくするためには、どのような取り組みができるか考えてみよう。

参考文献

- Dobrow, S. R., Chandler, D. E., Murphy, W. M., & Kram, K. E. (2012). A review of developmental networks : Incorporating a mutuality perspective. *Journal of Management*, 38(1), 210-242.
- 服部泰宏『組織行動論の考え方・使い方―良質のエビデンスを手にするために』有斐閣、2020年。
- Higgins, M. C., & Kram, K. E. (2001). Reconceptualizing mentoring at work : A developmental network perspective. *Academy of management review*, 26(2), 264-288.
- キャシー・クラム『メンタリング―会社の中の発達支援関係』（渡辺直登・伊藤知子訳）白桃書房、2003年。
- ピティナ広報「反田恭平さん　第18回ショパン国際ピアノコンクール第２位入賞記者会見より」https://www.youtube.com/watch?v=8r8KEARHvGw（2022年10月15日閲覧）。
- 反田恭平『終止符のない人生』幻冬舎、2022年。
- 渡辺かよ子（2005）「メンタリング概念生成史の試み―Mentorから mentorへ」『学び舎：教職課程研究』１、60-69.

次に読んで欲しい本

- アルバート・ラズロ・バラバシ『ザ・フォーミュラ―科学が解き明かした「成功の普遍的法則」』（江口泰子訳）光文社、2019年。
- 中原淳『職場学習論　新装版―仕事の学びを科学する』東京大学出版会、2021年。
- 鈴木竜太『関わりあう職場のマネジメント』有斐閣、2013年。

終　　章

キャリアの終わりを考える：仕事世界からの引退

1 はじめに

私たちは、長寿化時代を迎えている。20歳の若者の平均余命は80歳を超え、50歳代の人たちは働き始めた若い頃に思っていたよりも、生活を支えるために長く働かなくてならないと思い、自分たちの親の世代とは異なる生き方を模索している。65歳で定年という節目を迎え職業生活から引退後、90歳近くまで生きるとすると、約20年～30年間にわたる残りの人生の過ごし方を考えることが必要になってくる。

『LIFE SHIFT』というタイトルの本が、ベストセラーになった。本では長寿化にともない、「学校で学ぶ→仕事をする→引退する」という3つのステージで生きる人を捉えて人生を全うする考え方が通用しなくなったことを取り上げている。元気な高齢者が増え、60歳頃に仕事の第一線を引退したあと、健康な日々を過ごす時間が長くなるという変化に、私たちは直面しているのだ。

何歳まで寿命があるのかはわからないから、その場その場で対応していけば何とかなるという考え方では、定年後に予想される長い人生を納得して過ごすことはできないだろう。また、引退後のキャリアの歩みが不安になり、いつ・何をするのかを予測するのは、絵に描いた餅のような話で、現実的なキャリア・マネジメントではない。

この最終章では、仕事生活の大きな節目、定年を迎える世代の事例をとりあげて考えていく。仕事世界からの引退の時期や引退後の過ごし方などを考えるときに、今までの人生で得たものを何かに活用したい、あるいは今までとは違うことに取り組んでみたいなど、私たち1人ひとりが考えながら模索するキャリアの道のりが続いていくことを受け止め、キャリアの歩みを続ける人の事例を参考にしてみよう。

2 定年前のキャリア選択

カリアさんの伯父さんは、大手総合商社に30数年間勤務していたが、60歳の定年を目前に退職をし、NPOの理事長になるという。カリアさんのお母さんは、伯父さんの退職と今後の新しい生活のスタートをお祝いする食事会を企画し、カリアさんもその集まりに参加することになった。

カリアさんは、食事会で海外での仕事の様子をよく話してくれた伯父さんが、なぜ早期に退職するのか尋ねてみた。「実はいろいろなことがあって決めたんだよ。そうだな、働き始めた頃から話していこうか」と、伯父さんは自分のキャリアのスタート、総合商社に入社を決めた経緯から話をはじめた。

2－1　伝票仕事から中国駐在へ

伯父さんは大学では経済学部の出身で、ゼミの先輩が商社で海外勤務していたことに憧れ、総合商社を中心に就職活動をした。希望通りに総合商社に入社できたが、すぐに海外勤務ができるわけではなく、3年間は国内の支社で事務的な仕事を中心に地味な業務を担当していた。今の時代なら「環境に慣れる、仕事を理解する」ために多少の時間がかかるから、「石の上にも三年」という諺の通りかなとわかるけれど、と前置きしながら、「その当時はつまらなかったよ、いつまで、伝票ばかりと向き合う仕事が続くのだろう、商社で勤務しているのに、海外赴任とかできないだろうか」と、伯父さんがこれからのキャリアに不安を覚えていたときに、転機があった。

それは、役員と若手社員のランチミーティングで、「これからは中国に注目することが大切だ」と熱く語る役員の話に、伯父さんは頷いた。その様子をみていた役員から、「君は中国に興味があるのか?」と語りかけられて、「はい」と返事をした。すると、3か月後に、伯父さんは中国に派遣されることが決まったのだという。

役員が「中国」と言ったとき、伯父さんは実は中国に特別な興味があったわけではなかったが、英語がそれほど得意ではなく、英語圏での赴任は難しそうだなと思い始めていたので、役員の「中国に注目」という話に反応し、このことがその後のキャリアに大きく影響することになった。

中国で勤務することが決まり、憧れの海外勤務という現実が近づいてきたが、伯父さんはそれほどワクワクしたわけではなかった。大きな期待感もなく、淡々と準備を進めることになった。

辞令を受け取り、半年間中国語の語学学校で勉強し、中国経済の中心地の上海で勤務することになった。最初は、急速に発展する中国で、日本企業が事業展開することを支援する業務を担当した。中国での取引に関する専門知識が深まるとともに、複数の日本企業の役員たちとのつながりもでき、総合商社で働く醍醐味を体感していった。伯父さんは、中国で大きな仕事をまとめられるようになり、やりがいを感じる日々を過ごした。

2-2　管理職昇進と壁

中国で数年間勤務したあと、日本に帰国した。国内では複数部署の異動を経験した後、管理職に昇進した。部下を持つようになると、伯父さんは部下に仕事をしてもらうための工夫を行ったそうだ。上司の自分は部下に仕事を任せてサポートに徹する。もし部下が失敗したら、それは任せた自分の責任だからという伯父さんの様子に、部下たちは信頼感を持って仕事に取り組んでくれたそうだ。こうして、部下の能力を伸ばし、成果を上げることができた。

50歳を目前に再度中国で赴任した時は、伯父さんは現地の子会社を取りまとめるポジションに昇進していた。

一方で、そこで大きな壁にぶつかることになった。伯父さんの前任者が展開していた事業の成果があがらず、撤退を決定しており、伯父さんはその撤退を指揮することになったのだ。

現地採用の支配人との衝突、取引先との困難な交渉と、いつ訴訟問題にも発展しかねない課題を抱え、本当に辛い日々が続いたという。そのときに心の支えになったのは、中国の他の部門で勤務している同期入社の友人たちの励ましだった。そして、２年間の努力の結果、何とか事態を上手く終息させることができた。

ところが、上司からはあまり評価はされず、伯父さんはがっかりした。そしてこのまま組織人として働き続けることに、少し違和感を持つようになった。

2-3　キャリア後期の模索

日本に戻り複数の部署で部長として勤務しながら、上司の評価に左右される立場ではなく、自分の経験を活かして起業したいという気持ちが固まっていった。

そこで、退職を視野に入れながら起業の準備を進めていたが、新会社設立の重要な協力先となる企業経営者が急に亡くなってしまった。伯父さんは、会社設立を目前にして、早期退職して起業するというキャリアを選ぶ選択を見送ることなった。

50歳半ばの伯父さんは、70歳ぐらいまで働きたいという気持ちがある一方で、このまま定年まで会社から指示される通りに働き続けるのか、これからの人生でどんな仕事をしたいのかが描けない状況に陥ることなった。

そんなときに、退職した親しい先輩から電話がかかってきた。ある地方で、地域の中小企業をつなぐ活動をしているNPOの理事になる気持ちはないかという話だった。先輩が今期で退任するにあたり、後任に組織間の連携とその運営に詳しい伯父さんを推薦したいという申し出に、伯父さんは「有難い」と思いながらも、返事をいったんは保留した。

NPOは自宅から遠方で単身赴任する必要がある。一方で、60歳で定年を迎え役職を外れて65歳まで再雇用される道よりも、自分の今までの経験を活かして新しい挑戦ができるNPOで働く道に心が動き、家族と相談のうえ、勤務先での定年を待たずに早期退職をして、NPOで働き始めることにした。

伯父さんは、健康で気力も体力もあるので、60歳になっても仕事は続けたい、働くのなら自分なりに今までの経験を活用して誰かの役に立つことがしたいという気持ちが固まったのだ。

2-4　新しいキャリアを歩む準備

これからのキャリアの方向性が決まると、伯父さんは気持ちが明るくなり、将来のことをいろいろ考えて行動をはじめた。

まず、一人暮らしの高齢の母親（カリアさんの祖母）の今後について、妹（カリアさんのお母さん）と話し合い、ケアマネジャーとも連絡をとりあって、介護付き有料老人ホームへの母親の入居の手配を整えた。また、引っ越しと不動産業者との取引の経験が豊富であった伯父さんは、空き家になった実家の片づけや売却手続きも行った。

伯父さんは、これからどうしようと模索していた時期に、キャリアコンサルタントの資格をもつ友人に、相談もしていた。50歳になり定年を視野に入れた勤務先のキャリア研修をきかっけに、今後のキャリアのことについて専門家に相談することの重要性に気がついたのだ。

「何歳になっても将来のことはわからない、だから不安がある。そんな状況を一人で抱えていても、退職の時期がどんどん目の前に迫ってくるばかりで、実は焦りの気持ちを感じることもあったんだ。そんなときに、専門家に相談し、今までのキャリアの道のりを聞いてもらったこと、そして、話すことで自分なりにキャリアのストーリーが浮かんできて、退職後に進むべき方向性が見えてきたんだ」

カリアさんは、伯父さんは順調にキャリアを重ねてきたと思っていたので、今回ゆっくり話を聞いてみて、驚くことが多かった。

長いキャリアの道のりには、いくつも転機があり、そのたびにどうするのか迷いながら決めるのは当然なんだろうと思った。そして、今まで学んだキャリアに関する専門知識を活用すると、伯父さんのキャリア・マネジメントについて、もっと詳しく整理できるのではないかと思った。

3 いくつもの転機と節目の選択

カリアさんの伯父さんは、60歳の定年を待たずに企業勤務からNPOの経営責任者へ、今までの仕事世界から引退して、新しいキャリアの歩みを始めることになった。カリアさんが聞き取った30数年間の伯父さんのキャリア・マネジメントのプロセスを、キャリアの時期（期間）に応じて整理してみよう。そして、伯父さんが今までとは大きく異なる一歩を、なぜ踏み出したのかも考えてみよう。

3－1　キャリアのスタートの時期

経済学部で学んだ伯父さんにとって、総合商社の仕事内容は全く見当がつかないものではなかっただろう。また、先輩が商社に勤務していたことから、同じような仕事をしてみたいと思ったという動機を抱いたことは、職業選択にあたっての価値観の重要性（第２章参照）を伯父さんがそれなりには感じたうえで、志望先を決めていたと思われる。

働き始めると、予想と実際が異なる現実にがっかりする。この伯父さんの姿から「リアリティ・ショック」（第３章参照）が生じていることがわかる。あとから振り返ってみると、「石の上にも三年」という諺の通りだと伯父さんが語っているように、新しい組織に慣れ、業務の意味も理解できていたが、当時は仕事に面白みは感じず、モヤモヤした気持ちもあっただろう。しかし、一定の経験を経て会社の状況がわかったことから、海外勤務を目指すのなら英語圏ではなく、中国勤務の方が自分のキャリアに可能性があるのだろうと感じ、役員の話に深く頷いたという偶然の機会をきっかけ（第７章参照）として、キャリアの転機を迎えることになる。

海外勤務が決まった伯父さんは、はっきりと見えた方向性に戸惑いつつ、その流れの中でドリフト（第４章参照）を始めていく。日本企業の中国進出を支援するという総合商社の立場だからできる仕事に熱中し、順調にキャリアを重ねていく。この時期の伯父さんは、キャリア・アンカー（第６章参照）が明確になり、キャリア・サバイバル（第６章参照）を重ねていったということだ。

３－２　キャリアの中期

複数の業務を担当し勤務地も変わりと、伯父さんはキャリア・コーン（第14章参照）の中心性が高い重要な仕事も担当し、順調に組織内で昇進をしていく。

また、部下に仕事を任せるという管理職（第10章参照）としての経験を重ねていく。業務を担当することと、部下に仕事を任せることの違いを意識し、より大きな成果をあげるように働き方を変えていけたことは、この時期に伯父さんが仕事経験を順調に重ねていくことにつながったといえよう。

このように、順調にキャリア・マネジメントができていると感じていた伯父さんだが、再度赴任した中国で、思わぬ壁にぶつかることなる。今までの延長線上にキャリアが単純につながっていくものではないことを経験する。そこでキャリア・チェンジ（第８章参照）が視野に入り、行動することになる。

３－３　キャリアの終期

企業勤務の経験やそこで得たネットワークを活用して起業（第11章参照）することを、伯父さんは実現できなかったが、組織という壁にとらわれないキャリア（第12章参照）があることに気がつき、視野が広がることになった。それが、60

歳を前に退職してNPOで働くという、新たな方向性に踏み出せる背後の要因となっているだろう。組織を中心に考えて働いてきた伯父さんは、長い仕事生活を通して組織間連携のマネジメントという専門スキルを磨く（第11章参照）ことができ、今後はその専門性を活かすキャリアを選択した。長年働いた組織を離れる伯父さんは、これから新たな道を探ること（第４章参照）になる。

また、伯父さんは、周囲のサポートを活用しながらキャリアを歩んでいることも見逃せない。中国での辛い日々を支えてくれた同期や相談に乗ってもらったキャリアコンサルタントなど周囲のネットワークを活用（第15章参照）して、キャリアの歩みを進めている。

自分のキャリアの選択と高齢の母親の介護との兼ね合いなど、ワーク・ライフ・バランス（第９章参照）も、キャリアの新しい一歩を円滑に踏み出すための大切なポイントとなっていた。伯父さんの様子から、周囲の人たちとうまく情報を共有しながら、キャリア・マネジメントを行うことは、何歳になっても必要だということがわかる。

キャリアは、自分の意思や思い、動機あるいは自分の能力やスキルなどによってのみ影響されるのではなく、入った企業組織の考え、偶然の出会いや経験、自分を含む家族との生活、時代背景など様々なことによって影響を受けて形成されていく。またキャリアを形づくる実際の仕事もあれをしたり、これをしたりと様々な経験をするのが普通である。キャリアの終期には、それら自分が経験した仕事経験を統合することがキャリア・マネジメントということになる。人生100年時代、仕事人生はもうすぐ終わりかと思っていても、その先にまだ仕事人生があることもある。あるいは統合したキャリアを振り返ることで、さらなる先の仕事人生が見えることもあるかもしれない。

4 おわりに

「これから、どんなことが待っているのか、自分は何ができるのか、ワクワクもするんだよ」と話す伯父さんの様子を見て、カリアさんは、伯父さんからNPOで働いてみた経験について教えてもらおうと思い、夏休みに伯父さんが働くNPOを訪問することを約束した。

伯父さんが選択した新しいNPOの理事の任期は数年間と限定されていて、仕事が始まる前からそのキャリアの終わりが明確にわかっている。仕事生活の第一線から退くことは、一定の区切りを視野に入れながら、キャリアを歩むフェーズに入ったことも意味しているのだろうと、カリアさんは気がついた。

キャリアのスタートでは、未来へと広がっていた長い時間だが、キャリアの終わりの時期には終点が見えてくる。だからこそ、納得して次のキャリアを選択することが大切で、そのためには今までの歩みを振り返り、これからどうしようかと真摯に考えることが必要になるのだろうと、カリアさんはキャリアとは何かという定義（第１章参照）を思い出しながら、食事会の会場のレストランをあとにした。

参考文献

• リンダ・グラットン／アンドリュー・スコット、池村千秋訳『LIFE SHIFT—100年時代の人生戦略』東洋経済新報社、2016年。

索　引

■ ま 行 ■

■ や 行 ■

■ ら 行 ■

■ わ 行 ■

■編著者略歴

鈴木　竜太（すずき　りゅうた）

神戸大学大学院経営学研究科教授　神戸大学　博士（経営学）

静岡県立大学専任講師などを経て、2005年神戸大学大学院経営学研究科助教授、2013年同教授、現在に至る。専門は組織行動論、経営組織論、キャリア論。

主著に『組織と個人キャリア発達と組織コミットメントの変化』（白桃書房、2002年）、『自律する組織人』（生産性出版、2007年）、『関わりあう職場のマネジメント』（2013年）、『経営組織論』（東洋経済新報社、2018年）などがある。

西尾久美子（にしお　くみこ）

近畿大学経営学部キャリア・マネジメント学科教授　神戸大学　博士（経営学）

大阪ガス株式会社勤務後、神戸大学大学院経営学研究科助手を経て、2008年京都女子大学現代社会学部准教授、2013年同教授、現在に至る。専門は組織行動論、経営組織論、キャリア論。

主著に『京都花街の経営学』（東洋経済新報社、2006年）、『舞妓の言葉、京都花街、人育ての極意』（東洋経済新報社、2012年）、『おもてなしの仕組み、京都花街に学ぶマネジメント』（中公文庫、2014年）などがある。

谷口　智彦（たにぐち　ともひこ）

近畿大学経営学部キャリア・マネジメント学科教授　神戸大学　博士（経営学）

日本たばこ産業株式会社の人事部、経営企画部などを経て、2010年近畿大学経営学部キャリア・マネジメント学科准教授、2018年同教授、現在に至る。専門はキャリア論。

主著に『マネジャーのキャリアと学習―コンテクスト・アプローチによる仕事経験分析―』（白桃書房、2006年）、『「見どころのある部下」支援法』（プレジデント社、2009年）、「救急救命士のコーチング行動に影響を与える先行要因」（経営行動科学 30(3)、151-165頁、2018年）などがある。

執筆者紹介（担当章順）

鈴木　竜太（すずき　りゅうた）……第1章・終章
神戸大学大学院　経営学研究科　教授

尾形　真実哉（おがた　まみや）……第2章・第5章
甲南大学　経営学部　教授

小川　憲彦（おがわ　のりひこ）……第3章・第6章
法政大学　経営学部　教授

加藤　一郎（かとう　いちろう）……第4章・第7章
釧路公立大学　経済学部　教授

宇田　忠司（うだ　ただし）……第7章・第13章
北海道大学大学院　経済学研究院　准教授

坂本　理郎（さかもと　まさお）……第8章
大手前大学　経営学部　教授

松原　光代（まつばら　みつよ）……第9章
近畿大学　経営学部　准教授

西尾　久美子（にしお　くみこ）……第9章・終章
近畿大学　経営学部　教授

谷口　智彦（たにぐち　ともひこ）……第10章・第14章
近畿大学　経営学部　教授

田路　則子（たじ　のりこ）……第11章
法政大学　経営学部　教授

勝原　裕美子（かつはら　ゆみこ）……第12章
オフィスKATSUHARA　代表

麓　　仁美（ふもと　よしみ）……第15章
松山大学　経営学部　教授

1からのキャリア・マネジメント

2023年5月1日　第1版第1刷発行

編著者　鈴木竜太・西尾久美子・谷口智彦
発行者　石井淳蔵
発行所　㈱碩学舎
〒101-0052 東京都千代田区神田小川町2-1 木村ビル 10F
TEL 0120-778-079　FAX 03-5577-4624
E-mail info@sekigakusha.com
URL https://www.sekigakusha.com
発売元　㈱中央経済グループパブリッシング
〒101-0051 東京都千代田区神田神保町1-31-2
TEL 03-3293-3381　FAX 03-3291-4437
印　刷　東光整版印刷㈱
製　本　誠製本㈱

ISBN978-4-502-45771-5　C3034